卓越管理论丛

开放远程教育工程技术建设和应用研究

——开放课题论文集

KAIFANG YUANCHENG JIAOYU GONGCHENG JISHU JIANSHE HE YINGYONG YANJIU

王宏　肖君　主编

内容提要

本书内容包括在线课程设计研究、混合式教学模式实验研究、资源用户体验测试分析研究、学习分析研究四大部分，由22篇相关文章组成。本书适合从事远程教育工作的专业人员及研究人员阅读参考。

图书在版编目(CIP)数据

开放远程教育工程技术建设和应用研究/ 王宏，肖君主编.—上海：上海交通大学出版社，2018
ISBN 978-7-313-20738-8

Ⅰ.①开… Ⅱ.①王… ②肖… Ⅲ.①开放大学—远程教育—工程技术—研究 Ⅳ.①G724.82

中国版本图书馆CIP数据核字(2019)第068250号

开放远程教育工程技术建设和应用研究
——开放课题论文集

主　　编：王　宏　肖　君
出版发行：上海交通大学出版社　　地　　址：上海市番禺路951号
邮政编码：200030　　电　　话：021-64071208
出 版 人：谈　毅
印　　制：上海天地海设计印刷有限公司　　经　　销：全国新华书店
开　　本：710 mm×1000 mm　1/16　　印　　张：17.25
字　　数：341千字
版　　次：2018年12月第1版　　印　　次：2018年12月第1次印刷
书　　号：ISBN 978-7-313-20738-8/G
定　　价：68.00元

前　　言

"上海开放远程教育工程技术研究中心"(以下简称工程中心)于2013年9月30日获上海市科学技术委员会批准筹建。上海工程技术研究中心是上海市研发基地的重要组成部分,是国家工程技术研究中心的后备力量。工程中心依托上海开放大学,以参与建设上海学习型社会和构建上海终身教育体系为主要使命,以"远程教育学习服务和数字实验技术"为研究中心,致力于开放远程学习平台、开放教学数字化实验环境、开放学习资源一体化系统、电子书包及其教学环境支持服务系统这四个研究方向。工程中心已建成开放教学数字化实验室,它是集教学、研究、测试、分析于一体的开放教学研究服务平台。目前已构建了数字化智能学习环境,能够支持多种学习场景的情景模拟,支持多屏互动的协作学习和3D影像、增强现实等体验学习,并提供录播、直播,支持远程教学交流等。实验室还提供开放学习测试分析,对在线课程、微课、电子书包等教学产品进行用户体验测试,利用实验室先进的设备,从网络环境、学习者行为体征、脑波、设备能耗等角度进行跨学科教学实验和评估分析。

工程中心积极围绕在线课程设计研究、混合式教学模式实验研究、资源用户体验测试分析研究和学习分析研究等多个研究方向开展开放课题研究,探索解决开放教学中的重难点问题,本论文集共收录22篇课题组提交的研究成果,主要概括如下。

1. 在线课程设计研究

在线课程是指在教学目标和教学要求的框架下,将教学内容和教学过程用网络的方式呈现,通过网络表现的某门学科的教学内容及实施的教学活动的总和,是互联网时代条件下课程新的表现形式,包括网络教学资源、线上和线下的教与学过程、教学效果(包括教学成果的考核)等内容,具有开放性、自主性、共享性、交互性和协作性的特征。该专题研究主要从以下几个角度展开:学习体验的在线课程设计分析,在线课程的教学设计与实现之探索,学习成果的混合学习设计,在线课程教学设计,等等。该专题研究得出了一些实用的结论，如目前较好的在线教学效果应该是线上与线下、现代教育方式与传统教育方式的有机统一和完美结合。较好的在线课程设计是将线下教学能够最完美地呈现在互联网状态下的一种设计，以达到最后用网络或线上教学完美替代线下的传统教学，并能够超越传统教学。

2. 混合式教学模式实验研究

混合式教学模式研究是适应时代的发展，实施在线教育发展的有益探索。该专题研究主要结合上海开放大学各专业的开放课程进行混合式教学模式的设计和研究。以混合式学习理论为基础，充分利用开放教学数字实验室系统以及新型网络学习平台、移动学习平台，设计出课程的教学方案，梳理出课程设计的关键核心要素及主要环节，提出了线上线下、不同新型媒体相结合的混合式教学模式的课程设计流程，并按其流程进行了课程设计与实践，同时利用实验室教学评估工具，对学习效果展开对比分析实验，探索了适应上海开放大学学习者的混合式学习模式。该专题研究对开放教育教学模式的改革有一定的应用价值，有利于促进教与学，其中基于微信平台和微课模式的教学方式具有较好的潜力。

3. 资源用户体验测试分析研究

数字化学习资源是指经过数字化处理的学习资源，包括文字、图像、声音、动画、课件和视频等，上海开放大学已研制了各类开放教学资源，向成人学习者提供学习服务，这些举措顺应了现代学生的学习习惯，满足了学习者对于学习资源多样化的需求。数字化学习资源体验是学习者在获取与利用信息产品或服务的过程中建立起来的一种主观的心理与感知，在数字化资源建设和使用中需要经常进行数字化资源学习体验评估，用以不断完善数字化资源的建设质量。该专题研究主要从用户体验方法出发，发现在线课程、微课、学习平台、课堂教学等教学产品设计中的学习体验问题，通过测试发现教学产品的使用效率、效能和用户满意度，并重点研究脑波注意力指数、脑波情绪指数、体态安静指数等学习满意度客观指标，对开放远程学习各类产品的用户体验设计和测试评估提供科学支持。通过该专题内这些具体研究的开展，得出了很多实用的结论，如多样化的数字资源对学生更具有吸引力，学习者的注意力和情绪在教学中虽然会不断起伏，但整体保持平稳。同时也发现了一些存在的不足，如要考虑教学资源内容与形式的规范问题，以及教学过程中的交流互动偏少等问题。

4. 学习分析研究

在线教育过程中对学习者的学习兴趣、学习心理和学习行为进行综合性分析，是实现有效指导、个性化服务、及时学习干预等学习支持服务的基础保障。该专题研究主要开展开放远程教学中在线学习行为的分析研究，为教师的课程资源建设优化、教师的学习支持服务和学生的学习优化提供数据分析支持。该专题主要以在线课程学习、教学管理平台等相关学习行为数据为基础，从教学需求的角度出发开展远程在线学习行为指标设计及数据分析，并以数据为依据加强对自身教学资源设计、教学管理等方面的提升。该专题研究成果可以对教学效果做出及时、准确的反馈，提供教育服务与个性化干预，有利于促进教与学。其中基于情感认知的开放学习者兴趣画像和面向大数据的多终端学习行为分析研究为提高在线学习学习者的学习兴趣和学习行为提供了强有力的依据，具有较好的参考价值。

本项研究工作得到了上海市科学技术委员会科研计划项目课题“上海开放远程教育工程技术研究中心”(课题编号：13DZ2252200)的资助。工程中心的王宏主任对本次开放课题和论文集进行了整体规划，肖君副主任对课题进行了具体的实施规划和指导，工程中心的王腊梅对具体的研究主题进行了研究跟踪和分析，工程中心的余晔和许贞在开放课题期间为各位教师提供了教学实验支持。最后，要感谢学校各院系老师对开放课题的大力支持和积极参与，感谢华南师范大学丁新教授在开放课题实施过程中提出的宝贵指导意见。

上海开放远程教育工程技术研究中心

2018 年 12 月

目　　录

第一部分　在线课程设计研究

第二部分　混合式教学模式实验研究

第三部分 资源用户体验测试分析研究

第四部分 学习分析研究

第一部分

在线课程设计研究

态势分析法视野下的在线课程建设研究*

——基于上海开放大学开放教学研究服务平台与已有在线课程建设的数据分析

杨　敏[1]　顾凤佳[2]

（1. 上海开放大学人文学院，上海 200433；2. 上海开放大学科研处，上海 200086）

摘要： 2015 年上海开放大学启动了新一轮计 130 门在线课程建设，与此同时，上海开放远程教育工程技术研究中心重点建设了开放教学数字化实验室——一个集教学、研究、测试、分析于一体的开放教学研究服务平台，用以科学地促进在线课程的建设与研究。本文在基于开放教学研究服务平台与已有在线课程建设的数据分析之上，基于态势分析法（SWOT 分析法）的视角，对上海开放大学在线课程设计教学实验已有的基础和经验、自身的不足、面临的机遇以及需要应对的问题这四个方面进行综合分析，尝试厘清上海开放大学当下在线课程建设的优势、劣势、机会和挑战，以期为上海开放大学的在线课程建设与研究提供参考和借鉴。

关键词： 在线课程建设；教学实验；态势分析法；优势、劣势、机会和挑战

引言

随着国际化背景下全世界开放教育的大力推进及中国学习型社会建构的逐步深入，开放学习中的在线课程（online course）建设已经成为各级各类教育领域的一个核心课题。而通常意义上的在线课程，是以学习者为中心进行教学设计，主要通过网络媒介表现的某门课程的教学内容及教学活动实施的总和，包括按一定的教学目标与教学策略组织的教学内容以及用于实施教学内容的网络教学支撑环境。主要包括：① 教学视频（teaching video）。这是将教师要传授给学生的知识、技能等内容制作成视频形式，以辅助远程教学。② 模拟实践（simulation practice）。模拟实践是指利用虚拟仿真实验室、电子学习工具等技术手段让学生在仿真情境中实践并掌握知识技能的教

* 本文为上海开放远程教育工程技术研究中心 2015 重点立项项目研究成果，项目编号 KFKT1504。

学活动，与线下的实践基地一体化设计。③ 即时测试(just-in-time quiz)。即时测试是指设置在视频中或视频后的与视频内容相关的简单测验题，用于即时检验学习者对于课程知识的掌握程度，题型通常为选择题。④ 多媒体课件(multimedia courseware)。多媒体课件是根据教学目标和要求，对一个或几个知识点经过严格的教学设计，实施相对完整的教学内容，以多种媒体的表现方式和超文本结构制作而成的辅助教学软件。⑤ 案例(case)。案例是指由各种媒体元素组合表现的有现实指导意义和教学意义的代表性事件或现象。为教学内容提供案例学习的资源库，应对不同知识点提供相应的案例，在案例学习的过程中促进知识的迁移和应用。⑥ 同伴互评(peer grading)。同伴互评是指一门课程中学生针对彼此的作业情况等，参照评分策略，对同伴的作业打分、写反馈意见等。⑦ 维基(Wiki)。维基是一种多人协作的写作工具。维基站点可以由多人维护，每个人都可以发表自己的意见，或者对共同的主题进行扩展或者探讨。

时至目前，学术界针对开放学习中的在线课程领域的研究主要集中在以下几个方面：一是在线课程的内容，包括教学视频、模拟实践、即时测试、多媒体课件、案例、同伴互评、维基等；二是在线课程的特征，包括教学日历的制定、教学模式的设立、教学资源的建设、教学活动的开展、课程开放的实施以及课程技术支撑等；三是在线课程的结构及要素，课程结构包括课程整体结构、在线课程要素、在线学习流程等；四是在线课程的建设策略，包括建设策略、支持保障、应用试验、设计模型等。

具体研究状况，从研究的不同视角来梳理，可以发现目前在线课程建设研究的类别与代表性研究成果大致如下。一是介绍与引进国外先进的在线课程建设的现状、经验以及对我国在线课程建设的启示，如曹云云的《国外优质大学在线课程运营与特征研究——基于 Edx 平台的 MOOCs 课程分析》，肖利的《美国在线课程评价项目分析研究》，张琳琳等的《英国在线课程嵌入式服务的实践研究》，郭富平的《美国在线课程的评价原则及启示》，耿益群的《美国高校在线课程教师绩效评价原则、途径及特点》，艾尔文·史蒙纳特·Q·阿利普等的《在线学习环境中课程完成原因探析》(英文)，Karen Hallet 等的《在线课程设计的六个环节》等。二是总结分析我国各层教育中在线课程建设概况，如夏收的《在线课程的发展现状及对策研究》，杨为民的《在线学习的现状与发展研究》，魏雪峰等的《同步网络课堂的理念、应用及未来发展》，钟志贤等的《远程教育的现状、挑战与发展——访远程教育专家 Michael G. Moore 》，孟庆宁的《"慕课"热潮重释：现实困境、行动逻辑与文化反思》，王晶等的《基于交互分析的协作学习过程研究——以"E - Learning 导论"在线课程分析为例》，胡晶等的《在线课程教学设计探索》，房俍等的《基于 Big6 的信息素养在线课程设计与实现》，康红兵的《基础教育阶段在线课程的实践合理性研究——基于慕课(MOOC)热潮的思考》，刘静的《基于活动理论的在线学习活动设计——"数据结构"课程在线学习活动的设计与实践》，余东先等的《在线学习环境的要素分析及设计策略》，Dr. Wolfram Laaser 等的《网络教学环境评价》，葛子刚等的《利用 Sakai 平台建立在线课程初探——以一门英语课程为例》，杨华的《网络教学平台的设计与实现》，彭耀峰的《MOOC 背景下我国开放在线课程发展瓶颈及路径选择》，郑起运的《在线课程"学习准备期"的研究》等。三是梳理对比国外与国内、国内与国内在线课程建设的区别与差异。李亚婉等的《中英合作开发在线培训课程的实践与反思》，沈珺的《MOOC 课程与开放大学在线课程对比研究》，章玳等的《在线课程的文化选择》，Terry Anderson 等的《在线学习的理论与实践》。所有这些，都为当下的在线课程建设研究提供了良好的基础。

而近期上海开放大学转型发展目标的确立以及教育教学改革的逐步深入，促使学校把开放学习中的在线课程建设纳入了重要的议事日程，并在广泛调研的基础上确立了首批 61 门、二批 69 门共计 130 门的在线课程建设。为此，上海开放大学课程资源建设中心制订了《上海开放大学在线课程标准》作为学校在线课程建设的指导性细则。同时，上海开放远程教育工程技术研究中心重点建设了开放教学数字化实验室——一个集教学、研究、测试、分析于一体的开放教学研究服务平台，构建了数字化智能学习环境以支持多种学习场景的情景模拟，支持多屏互动的协作学习和 3D 影像、增强现实等体验学习，提供录播、直播以支持远程教学交流等，也提供开放学习测试分析，对在线课程、微课、电子书包等教学产品进行用户体验测试，从网络环境、学习者行为体征、脑波、设备能耗等角度进行跨学科教学实验和评估分析，用以科学地促进在线课程的建设与研究，是一种研究的新视角、新思维。

态势分析法又称 SWOT 分析法，是一种企业发展战略研究法。它最早由美国旧金山大学管理学教授在 20 世纪 80 年代初提出，是为企业和行业组织提供的研究方法，基本原理是：根据自身的既定内在条件进行分析，找出自身的优势、劣势及核心竞争力。其中，S 代表 strength（优势），W 代表 weakness（弱势），O 代表 opportunity（机会），T 代表 threat（威胁）。而 S、W 属于内部因素，O、T 属于外部因素。在政治、经济、文化趋向全球化的当下，从跨文化的研究意识出发，把成功的企业研究范式引入政治文化教育领域，也是一种研究的新视角、新思维。本文的写作依托是"态势分析法视野下的上海开放大学在线课程建设研究"这一研究课题，旨在基于态势分析法的视角，以已有的在线课程建设的数据分析为基础，对上海开放大学在线课程设计教学实验进行全面、系统、准确的研究，分析上海开放大学在线课程建设的现有基础，面临的机遇与挑战，找出自身的劣势，寻求最佳的对策，以保证这一建设工作的顺利进行。

一、内部优势：已有的基础和经验

1. 学校多年来对在线课程建设的有力支持

上海开放大学多年来一直重视数字资源建设，尤其是课程资源建设，主要体现在以下几个方面：

(1) 制度建设。多年来上海开放大学都很重视对以数字资源为核心的教学资源及网络平台建设，从顶层设计到实施，都明确写在具有建设指导意义的制度里，如《上海开放大学十一五、十二五、十三五建设规划》《上海开放大学章程》，以及学科建设、专业建设、课程建设的各类规定与规范里。例如《上海开放大学章程》提出："学校充分利用教育电视传媒的优势及其他现代化传播手段，借助各种数字化终端与多媒体设备，建立多通道、多终端、快速便捷的互动平台，让教师、学生和社会成员成为学习资源的建设者和使用者，成为远程学习共同体的推进者。"[1]《上海开放大学十三五建设规划》明确规定："实施'在线优质资源建设工程'，引进、自建、共建优质在线课程资源，实现视频资源全专业覆盖。"[2]《上海开放大学深化综合改革方案(征求意见稿)》强调："建设'互联网+'在线教育环境。建设支持全网学习的智能化学习平台。以学习者为中心，建设教师空间、学生空间与管理空间，实现教、学、评、管的功能一体化。形成一点接入、界面友好、操作便捷的学习平台，支持全网教与学的实践探索，满足教师与学生的多种互动，支持多种终端接入，为学习者随时随地的学习提供个性化支持服务。建立高主干、覆盖全市所有分校的城域网，实现总校与二级汇聚点分校之间的高速连接。完善校园网系统，提升教学、科研、管理、服务的运行效率。利用云计算技术，实现数据中心资源的统一管理。加强信息管理，实现对学院、分校基本信息的管理及其信息化建设与应用的评估。"[3]2014年，为强化在线课程建设，制定了《上海开放大学在线课程标准》(试行)、《上海开放大学课程资源项目建设规范》(施行)、《上海开放大学在线课程项目教师团队建设经费预算与使用管理意见》(试行)(沪开大〔2015〕4号文)。

(2) 行政支持。为从行政上的服务与管理上强有力地支持课程资源建设，上海开放大学在教务处下设专门科室，具体负责落实与推进学校有关资源建设与网络建设的任务，为全校全系统此项工作的推进提供支持与服务。2013年开始，学校设立"课程资源中心"，专门为课程资源建设这一大类的有关工作提供支持服务。该中心建立以来，在全系统教师申报在线课程建设的基础上，批准立项的各类单项课程资源如表1所示(数据来自上海开放大学课程资源中心)：课程资源中心自成立以来集中力量推进在线课程建设。已经批准的在线课程，2015年上半年有61门，下半年有69门，合计130门。其中61门为2015年建设项目，69门为2016年建设项目。

表1　各类单项课程资源

2014年度单项课程资源立项					
序号	资源类别	数量	序号	资源类别	数量
1	全课程视频	4	5	多媒体课件	7
2	移动课程	3	6	案例库	6
3	虚拟实验室	5	7	试卷库	2
4	文字教材	12	8	其他	4

续表

2015年度单项课程资源立项					
序号	资 源 类 别	数量	序号	资 源 类 别	数量
1	案例库	8	4	试卷库	6
2	多媒体课件	5	5	文字教材	5
3	全课程视频	11	6	其他	2

(3) 经费支持。和从行政上强有力地支持课程资源建设这一策略相配套,上海开放大学对有关建设的经费支持十分充足。除了每年大额的网络平台建设、改进、维护经费之外,所有的单项课程资源立项与在线课程建设,都有较为充足的建设经费。以目前已经建设完毕的61门和正在建设的69门在线课程为例,每门课通过招投标实施的建设款为20万元,每门课给课程建设教师团队的经费,理工类、艺术类为8万元,文科类为6万元。

2. 多年来在线课程建设取得的坚实基础

时至2016年7月,上海开放大学已经建成的数字资源见表2(数据来自上海开放远程教育工程技术研究中心):

表2　已经建成的数字资源

数字资源建设情况统计汇总表(截至2016年7月)					
课程总数:524门					
序号	类　型	门数	占比	平均门数	建设年份及占比
1	视频	325	62%	13	2010年及以前:39门,占12%;2011—2013年:110门,占34%;2014年后:102门,占31%
2	音频	50	9.60%	16	2010年及以前:19门,占38%;2011—2013年:14门,占28%;2014年后:6门,占12%
3	文本	478	91%	36	2010年及以前:66门,占14%;2011—2013年:107门,占22%;2014年后:124门,占26%
4	多媒体课件	93	18%	12	2010年及以前:25门,占27%;2011—2013年:33门,占35%;2014年后:17门,占18%
5	虚拟实验室	9	1.70%	1	2010年及以前:2门,占22%;2011—2013年:2门,占22%;2014年后:2门,占22%

续表

序号	类　型	门数	占比	平均门数	建设年份及占比
6	网络课程	69	13%	1	2010 年及以前：30 门，占 43%；2011—2013 年：16 门，占 23%；2014 年后：9 门，占 13%
7	其他	100	主要包括：题库、导学辅导、记分作业、拓展资源（外部链接、分校链接）等		

表 2 的数据显示了以 2010 年为监测点的数字资源建设情况：

(1) 从数据的组织形式上看，资源类型包括视频、音频、文本、多媒体课件、虚拟实验室、网络课程以及其他种类，较为丰富多彩。

(2) 从存储介质看，这些资源可分为磁介质和光介质两种类型。其中，磁介质的有活动硬盘、优盘、磁带等类型，光介质的有 CD、DVD 等类型。所有常用的数字资源存储介质都在每门课程的网盘里。

(3) 从数据传播的范围看，这些课程资源都可以以广域网方式使用，即教师和学生可以在任何一个有 Internet 的地方，通过一定的身份认证方式（部分不需认证）访问数字资源。

(4) 从建设的数量与时间上看，总体数量较充足，核心资源占所有资源的总体比例较高，尤其是视频类课程、文本与多媒体课件。建设时间节点呈良性更新发展趋势，以 2010 年为节点，总体上可分三个建设阶段，即 2010 年及以前，2011—2013 年，2014 年后，能够与时俱进地保持对在线资源建设的补充与更新。

(5) 从建构内容上看，数字资源体现了课程的知识整合、实践应用与研究方向等构成的体系性、统一性。其中，视频、音频、文本、多媒体课件等资源，偏重于知识整合与研究方向的教学和指导，虚拟实验室和网络课程偏重于实践应用的指导。而知识整合、实践应用与研究方向这三个方面正是一门优质课程资源整合过程中逐层递升的三个阶段。只有知识整合才能满足学习知识的基础需求，实践应用又是学习知识的目标，研究方向则是课程资源的更高指导。

表 3　2008 年以来各类数字资源建设的获奖情况（数据来自上海开放大学课程资源中心）

2008 年（获奖数：20）			
序号	奖项名称及主办单位	奖项等级及数量	资 源 类 别
1	第八届全国多媒体课件大赛（教育部信息中心主办）	特等奖 1 个，一等奖 1 个，二等奖 1 个，优秀奖 7 个	多媒体课件（共 10 个）
2		三等奖 2 个，优秀奖 5 个	网络课程（共 7 个）

续表

序号	奖项名称及主办单位	奖项等级及数量	资 源 类 别
3	第十二届全国多媒体教育软件大赛(中央电教馆主办)	二等奖 1 个	多媒体课件(共 1 个)
4		三等奖 1 个,优秀奖 1 个	网络课程(共 2 个)
2009 年(获奖数:17)			
1	第九届全国多媒体课件大赛(教育部信息中心主办)	一等奖 1 个,二等奖 2 个,优秀奖 4 个	多媒体课件(共 7 个)
2		一等奖 1 个,三等奖 1 个,优秀奖 3 个	网络课程(共 5 个)
3	第十三届全国多媒体教育软件大赛(中央电教馆主办)	二等奖 1 个,三等奖 1 个	多媒体课件(共 2 个)
4		二等奖 1 个,三等奖 1 个	网络课程(共 2 个)
2010 年(获奖数:14)			
1	第十届全国多媒体课件大赛(教育部信息中心主办)	一等奖 2 个,二等奖 1 个,三等奖 1 个,优秀奖 1 个	多媒体课件(共 5 个)
2		二等奖 1 个,三等奖 1 个,优秀奖 5 个	网络课程(共 7 个)
3	第十四届全国多媒体教育软件大赛(中央电教馆主办)	二等奖 1 个	多媒体课件(共 1 个)
4		二等奖 1 个	网络课程(共 1 个)
2011 年(获奖数:15)			
1	第十一届全国多媒体课件大赛(教育部信息中心主办)	一等奖 1 个,二等奖 1 个,三等奖 2 个,优秀奖 4 个	多媒体课件(共 8 个)
2		二等奖 1 个,三等奖 1 个,优秀奖 2 个	网络课程(共 4 个)
3	第十五届全国多媒体教育软件大赛(中央电教馆主办)	二等奖 1 个,三等奖 2 个	多媒体课件(共 3 个)
2012 年(获奖数:48)			
1	第十二届全国多媒体课件大赛(教育部信息中心主办)	一等奖 1 个,二等奖 1 个,三等奖 3 个,优秀奖 11 个	多媒体课件(共 16 个)
2	第十六届全国多媒体教育软件大赛(中央电教馆主办)	一等奖 1 个,二等奖 2 个,三等奖 1 个	多媒体课件(共 4 个)

续表

序号	奖项名称及主办单位	奖项等级及数量	资 源 类 别
3	2012年全国教育技术理论与实践作品大赛(中国教育技术协会主办)	二等奖1个,优秀奖7个	多媒体课件(共8个)
4		三等奖3个	PPT(共3个)
5		二等奖3个,三等奖7个,优秀奖7个	实践研究论文(共17个)
2013年(获奖数:74)			
1	全国高校首届微课教学大赛(上海赛区主办)	一等奖3个,二等奖4个,三等奖12个	微课(共19个)
2	全国高校首届微课教学大赛(教育部全国高校教师网络培训中心主办)	优秀奖3个	微课(共3个)
3	第十二届全国多媒体课件大赛(教育部信息中心主办)	一等奖1个,二等奖2个,三等奖1个,优秀奖6个	多媒体课件(共10个)
4		二等奖1个	网络课程(共1个)
5		一等奖2个,二等奖2个,三等奖4个,优秀奖5个	微课(共13个)
6	第十七届多媒体课件大赛(教育部信息中心主办)	一等奖1个,二等奖1个,三等奖2个	多媒体课件(共4个)
7		三等奖1个	网络课程(共1个)
8	2013年全国教育技术理论与实践作品大赛(中国教育技术协会主办)	一等奖1个,三等奖2个	数字故事(共3个)
9		二等奖2个,三等奖4个,优秀奖8个	PPT(共14个)
10		三等奖3个,优秀奖3个	实践研究论文(共6个)
2014年(获奖数:18)			
1	第十四届全国课件大赛	一等奖4个,二等奖6个,三等奖2个,优秀奖4个	多媒体课件(共16个)
2	第十八届全国教育教学信息化大赛	二等奖2个,三等奖1个	多媒体课件(共3个)
3		三等奖1个	精品课程(共1个)

续表

2015 年(获奖数：98)			
序号	奖项名称及主办单位	奖项等级及数量	资 源 类 别
1	2015 年全国微课程大赛	一等奖 6 个,二等奖 5 个,三等奖 12 个	微课(共 23 个)
2	第十五届全国多媒体课件大赛	一等奖 5 个,二等奖 1 个,三等奖 1 个	课件(共 7 个)
3		一等奖 5 个,二等奖 17 个,三等奖 6 个,优秀奖 4 个	微课(共 32 个)
4	第十九届全国教育教学信息化大奖赛	一等奖 6 个,二等奖 8 个,三等奖 12 个	微课(共 26 个)
5		一等奖 1 个,二等奖 1 个,三等奖 1 个	精品开放课程(共 3 个)
6		二等奖 2 个,三等奖 5 个	课件(共 7 个)

3. 近年来在线课程建设的突出成就

通过对表 3 的分析可知：

(1) 就获奖的层级而言,自 2008 年以来,上海开放大学的各类教学资源在国家层面的比赛中屡获殊荣,且数量较大,种类较多,处于全国高校教学资源建设总体水平的前列。

(2) 就获奖的数量而言,资源获奖数基本呈明显上升趋势,2008 年 20 个,2009 年 17 个,2010 年 14 个,2011 年 15 个,2012 年 48 个,2013 年 74 个,2014 年 18 个,2015 年 98 个。

(3) 就获奖项目的覆盖面而言,由资源建设自身的设计与教学实验等实践成果,向实践成果＋对实践成果的研究转变。

(4) 就获奖作品的呈现方式而言,它们具有大致相同的特征。第一,教学内容呈现方式的多样化。它们超越了静态的文本、图像和 PowerPoint 模式,趋于多媒体化的综合运用,如：各种文本、音频、视频、动画等流媒体素材,做到了机动灵活、寓教于乐,尤其是各类虚拟现实教学中极具表现力的动画的普遍应用。第二,设计了方便灵活的导航系统来呈现主要任务,帮助学习者准确、快速、方便地进入学习内容。第三,强化了网络教育的自主学习特征,设计中注重学习的自主性、灵活性等特点。第四,体现了课程资源的开放性,包括内容的开放、技术的开放,课程设计常常留有必要的技术接口以备技术升级。第五,设计了高质量的交互环节和内容,包括一些交互性的虚拟实验和仿真模拟,凸显了课程内容的动态效果。

(5) 就获奖作品的内容设计而言,体现了多媒体课件与微课的共同性与差异性,其核心要素之差异对比概括如表 4 所示。

表 4　多媒体课件与微课的核心要素之差异对比

<table>
<tr><th colspan="2">多媒体课件核心要素</th><th colspan="2">微课核心要素</th></tr>
<tr><td rowspan="2">1. 教学内容</td><td>(1) 科学、规范</td><td rowspan="2">1. 作品规范</td><td>(1) 材料完整</td></tr>
<tr><td>(2) 知识体系</td><td>(2) 技术规范</td></tr>
<tr><td rowspan="5">2. 教学设计</td><td rowspan="4">(1) 教学理念及设计</td><td rowspan="5">2. 教学设计</td><td>(1) 选题</td></tr>
<tr><td>(2) 教学目标</td></tr>
<tr><td>(3) 教学内容</td></tr>
<tr><td>(4) 学习者</td></tr>
<tr><td>(2) 教学策略与评价</td><td>(5) 教学策略</td></tr>
<tr><td rowspan="2">3. 技术性</td><td>(1) 运行状况</td><td rowspan="2">3. 教学实施</td><td>(1) 教学呈现</td></tr>
<tr><td>(2) 设计效果</td><td>(2) 教学语言、节奏或教态</td></tr>
<tr><td rowspan="3">4. 艺术性</td><td rowspan="2">(1) 界面设计</td><td rowspan="2">4. 技术实现</td><td>(1) 操作与传播展示</td></tr>
<tr><td>(2) 教学视频制作</td></tr>
<tr><td>(2) 媒体效果</td><td colspan="2">5. 教学效果</td></tr>
</table>

4. 在线课程建设已经形成的特征与取得的经验

近年来，经过教职员的努力探索，上海开发大学在线课程已经形成了较为统一的范式和共同特征。

1) 在线课程建设形成了较为明晰的自我特征

(1) 教学日历设计：即教师组织课程教学的具体实施计划表，按模块划分每周的教学主题、学习成果、学习资源、学习活动等所有内容。

(2) 教学模式使用：采用混合式教学，以在线学习为主，适当结合线下面授和讨论等。其中整个课程学习的在线学习比例在50%及以上。其学习方式为教师引领、IT使能下的学生自主学习式。

(3) 教学资源制作：课程教学通常以视频为主要载体。视频为预先制作，可以在线播放。教学资源还包括教学讲义、演示文稿、教学案例、拓展学习资源。

(4) 教学活动灵活：建立学习者社区，以线上讨论为主，辅以线下讨论；授课教师设计作业及考试的机制；在视频学习中设置让学生自我检验所学知识是否已掌握的即时测试；还有作业、模拟实践等教学活动。

(5) 实行课程开放：凡开放大学的注册学生，无论是学历还是非学历，整个专业还是单科课程，都可以享受课程资源进行自主学习。技术支撑上，学习平台支持跨平台及移动终端等新技术的在线学习。

2) 形成了较为规范、科学的在线课程结构特点

(1) 课程整体结构。在线课程由课程信息、课程学习模块和课程学习管理三部分组成。课程学习模块可包含多个学周，每个学周应包含完整的教、学、习、考的内容，其

主要组成为教学主题、学习资源、学习活动、学习评价等。每个学周的学习资源里可包含多个知识点，学习者主要通过观看教学视频的形式进行学习，并可下载相关的文档等学习辅助资源。具体内容见表5。

表5　课程整体结构

层　　级	内　容　描　述
课程信息	包含课程介绍、课程界面、教学大纲、课程教材、教学日历、考核要求、课程团队、联系方式、常见问题等方面的介绍
课程学习模块	将课程学习内容分解为多个学习模块。学习模块下以学周为单位组成。每个学周包含完整的教、学、习、考等所有活动内容
课程学习管理	包括用户管理、公告管理、课程信息管理、学习资源管理、测试管理、作业管理、论坛管理、课程 Wiki 管理、课程评价、学习统计、学习评价管理等教师、学生、管理者在教学过程中所需完成的后台管理任务

(2) 教学日历结构表，包括教学模块、学习周、教学主题、学习成果、学习资源、学习活动、学习评价等核心要素，见表6。

表6　教学日历设计

教学模块	周	教学主题	学习成果	学习资源	学习活动	学习评价

(3) 建构了系统完整的课程整体结构图，见图1。

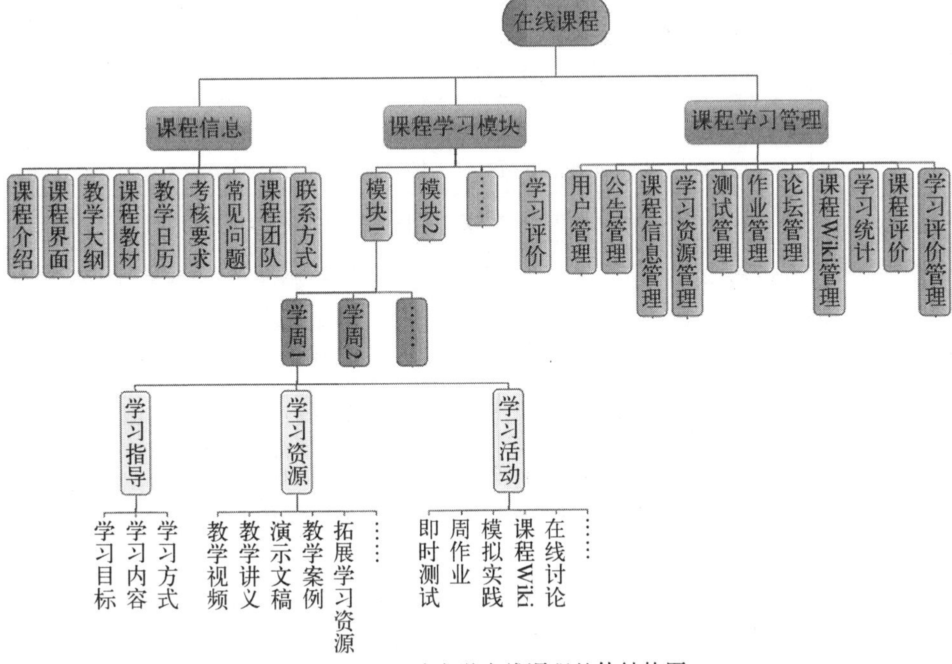

图1　上海开放大学在线课程整体结构图

3）具化了较为一致而又各具个性的在线课程基本要素

表7　在线课程要素表

<table>
<tr><td colspan="3">一、课程信息</td></tr>
<tr><td>要　　素</td><td colspan="2">要　素　描　述</td></tr>
<tr><td>课程介绍（导学）</td><td colspan="2">① 内容：对一门课程的概述，应包括课程特点、教学目标、教学内容覆盖面、学时数、学分数、教学方法及组织形式、授课对象要求、教材与参考资料等内容；② 形式：文字或者视频</td></tr>
<tr><td>课程界面</td><td colspan="2">反映课程内容的一幅展示图片，用于在线学习平台展示</td></tr>
<tr><td>教学大纲</td><td colspan="2">以纲要形式规定课程的教学内容，具体应包括课程的教学目的、教学任务、教学内容的结构、模块或单元、教学目标与任务、教学重难点、教学活动以及教学方法上的基本要求等</td></tr>
<tr><td>课程教材</td><td colspan="2">课程主教材及参考书目</td></tr>
<tr><td>教学日历</td><td colspan="2">教学日历是教师组织课程教学的具体实施计划表，明确规定教学主题、学习成果、学习资源、学习活动等，是课程教学活动的时间安排（包括每个模块下所设周的教、学、习、考所有活动的内容）</td></tr>
<tr><td>考核要求</td><td colspan="2">① 考核目标；② 考核方式；③ 成绩计算方式（考核包括形成性考核和终结性考核）</td></tr>
<tr><td>常见问题</td><td colspan="2">关于课程问题的汇总</td></tr>
<tr><td>课程团队</td><td colspan="2">① 教师团队成员背景介绍；② 教学职责介绍</td></tr>
<tr><td>联系方式</td><td colspan="2">① Email、电话；② 社交工具（微信、QQ等）</td></tr>
<tr><td colspan="3">二、课程学习模块</td></tr>
<tr><td rowspan="3">学习指导（模块或周学习日历）</td><td>学习目标</td><td>模块（周）的学习目标介绍，即教学主题说明</td></tr>
<tr><td>学习内容</td><td>模块（周）的学习内容介绍，即学习资源介绍</td></tr>
<tr><td>学习方式</td><td>模块（周）的即时测试、周作业、模拟实践、Wiki、在线讨论、集中辅导、其他，即教学活动安排</td></tr>
<tr><td rowspan="2">学习资源</td><td>教学视频</td><td>① 每学周个数：不少于2个，不同课程可根据实际需要提供视频个数；② 建议长度：5～10分钟或10～25分钟左右/个；③ 拍摄形式：建议人像为主，可根据需求插入PPT、其他视频、动画、即时测试；④ 标题名称：知识点主题；⑤ 内容：授课讲解内容、讲稿PPT/演示动画，可选择知识点学习、情境化学习、案例学习、问题/项目导向学习、探究式学习等适合成人学习的方式整体设计教学内容</td></tr>
<tr><td>教学讲义</td><td>① 每学周个数：1个及以上；② 形式：建议WORD、PDF或PPT格式；③ 标题名称：学周教学主题；④ 内容：主要教学内容，包括知识点、概念、公式、原理、例题等</td></tr>
</table>

续表

要　素		要素描述
学习资源	演示文稿	① 每学周个数：教学视频中使用的演示文稿1个以上；② 演示文稿形式：PPT或者PDF格式，多用直观形象的图片、图形、表格说明知识内容；③ 标题名称：知识点主题
	教学案例	① 每学周个数：不超过5个案例；② 形式：可使用文本案例或多媒体课件案例，文本案例建议采用WORD、PDF、PPT格式，多媒体课件案例可采用常见的多媒体格式；③ 标题名称：案例名；④ 案例编写：至少应包括案例描述、背景介绍、分析评价、应用建议四个要素
	拓展学习资源	① 每学周个数：每类拓展学习资源不超过5个；② 形式：拓展学习资源主要包括文献、多媒体资源、网站资源等主要形式，建议文献类拓展学习资源采用WORD、PDF格式，多媒体类拓展学习资源采用常见的多媒体格式，网站资源类拓展学习资源采用网址链接，可任选一种形式或者多种形式组合；③ 内容：与学周知识相关的拓展阅读材料
学习活动	即时测试	① 数量：针对每个知识点内容设置2～3个即时测试题；② 题型：选择题、问答题为主，提供参考答案及必要解释；③ 方式：可以独立于视频外，也可以嵌入视频中间或结尾
	模块或周作业	① 作业内容：综合考查每周所涵盖的知识点；② 作业数量：根据课程性质安排2个及以上作业，控制作业时间在30分钟以内；③ 评分标准：百分制或者等级制；④ 评分方式：根据实际需要提供教师评分、系统自评分、同伴互评分等多种评价方式；⑤ 作业要求：设定周作业的提交最终期限和提交方式；⑥ 诚信要求：预制诚信要求，学生选择是否同意，同意之后才能提交作业
	模拟实践	① 形式：与课程知识点相关的综合实验练习，采用在线虚拟实验的学习方式；② 内容：实验要求说明和虚拟实验环境的操作演示；③ 帮助：提供提示功能和实验参考答案
	Wiki	教师可以将学生讨论以及作业中优秀的部分提炼出来发布在此；学生共建课程笔记、课程字典；学生和教师可以不断针对一些话题进行修改和提出新的贡献
	在线讨论	讨论版讨论：教师可以预设课程学习模块相关的讨论话题供学生参与讨论，也可以开设讨论区供学生自由交流
		开设社交讨论工具号讨论：可通过设定QQ、微信号等社交工具进行答疑和发起话题
学习评价	评价方式：形成性评价通过视频学习、即时测试、作业、在线讨论等形式进行项数选择和设置	

续表

三、课程学习管理	
要　　素	要　素　描　述
用户管理	教师可浏览和编辑本课程的学习者信息；管理者可按分校、来源及其他需求进行学习者分组管理；学生可以更新个人部分信息
公告管理	教师可编辑和发布课程公告(如关于调课、线下答疑、活动、作业等的通知)
课　　程信息管理	教师对课程信息进行维护，包括增删和修订；学生可进行课程选择的个性化管理
学　　习资源管理	教师可上传、编辑及更新课程资源内容；学生可以将学习资源归类保存在个人空间
测试管理	教师可上传、编辑及更新测试题目内容
作业管理	教师可上传、编辑及更新作业内容以及给学生打分等
论坛管理	教师可对论坛内容进行删除、精华选择等
课　　程 Wiki 管理	教师可对 Wiki 内容进行删除、推荐等
学习统计	教师、管理者可查看课程相关学习数据的统计分析(如学习人数、讨论次数、测试结果、模拟实践统计、作业统计、考试统计等)并及时调整教学进度及促学督学；学生可以查看个人学习进度及学习记录统计(如教学视频观看记录、论坛发帖记录、作业成绩、测试成绩等)并及时调整学习进度
课程评价	教师编辑关于本课程的问卷调查内容，并可查看调查结果
学习评价管　　理	教师可对形成性评价和终结性评价进行项数选择和设置，并对所占比例进行管理，可设置通过标准的分数，可按不同角度对学习评价进行自动分析；学生可查看个人的形成性评价和终结性评价结果，成绩通过者可发放课程证书

按照上述要素表，学习者学习上海开放大学在线课程一般需要经过以下几个步骤：第一步，阅读课程基本信息，了解课程内容、要求等课程情况；第二步，按照课程进度开始学习，完成每模块(周)的学习活动，做好即时测试、课程问题讨论、作业提交、模拟实践等活动，取得学习作业成绩；第三步，进入个性化管理学习状态；第四步，学习结束后完成课程反馈调查，参加线上(或线下)考试，取得课程成绩。

4）在线课程素材使用形成了统一的技术标准

在线课程素材使用形成了统一的技术标准，强化了课程建设的规范性和学习者使用的有效性，见表 8。

表 8　资源技术标准

资源类型	规　　格
视频	① 视频采用统一的上海开放大学片头； ② 视频画质：采用高清格式，视频画面比例是 16∶9 的，前期拍摄分辨率不低于 1 280×720，建议采用 1 920×1 080 的分辨率拍摄，每秒画面不低于 25 帧，彩色视频素材每帧图像颜色均为真彩色，图像清晰，播放流畅，声音清楚； ③ 格式：前期编码格式为 H.264，视频比特率不低于 1 024 Kbps(可动态码率)，最低码率不得低于 2 048 Kbps，视频输出格式以支持多终端的 MP4 为主； ④ 字幕要使用符合国家标准的规范字，不出现繁体字、异体字(国家规定的除外)、错别字；字幕的字体、大小、色彩搭配、摆放位置、停留时间、出入屏方式力求与其他要素(画面、解说词、音乐)配合适当，不能破坏原有画面； ⑤ 音频采样频率不低于 48 kHz，立体 2 声道，量化位数不低于 16 位，码率恒定且不低于 128 Kbps，编码格式采用 MP3 或 AAC，音频与视频图像有良好的同步，音频部分应符合音频素材的质量要求，视频封装优先选用适宜网络播放的格式
文本	① 纯文本采用 UTF－8 编码或 GB18030 编码； ② 采用常见存储格式，如 TXT、DOC、DOCX、PDF、RTF、HTM、HTML、XML 等
音频	① 语音采用标准的普通话、美式或英式英语配音，特殊语言学习和材料除外； ② 音源应使用适合教学的语调； ③ 音乐类音频的采样频率不低于 44.1 kHz，立体 2 声道，量化位数不低于 16 位，码率不低于 190 Kbps；语音类音频的采样频率不低于 22.05 kHz，量化位数不低于 8 位，至少单声道，码率不低于 64 Kbps； ④ 音频播放流畅，声音清晰，噪声低，回响小； ⑤ 采用常见存储格式，如 WMA、MP3 或其他流式音频格式，建议优先采用 MP3 格式
图片	① 彩色图像颜色数不低于真彩(24 位色)，灰度图像的灰度级不低于 256 级，除手机素材外，图片最小分辨率为 1 280×720，扫描图像的扫描分辨率不低于 150 dpi； ② 采用常见存储格式，如 JPG、GIF、PNG 等，建议优先采用 JPG 格式
动画	① 动画色彩造型和谐，帧和帧之间的关联性强； ② 动画演播过程要求流畅，静止画面时间不超过 5 秒钟(互动动画除外)； ③ 采用 GIF、SWF(不低于 Flash8.0)存储格式或 HTML5＋javascript 文件(注：iOS 平台不支持 SWF 格式)； ④ 相关资源提交时需要提供 FLA 源文件及相应生产的 flv 文件或可直接运行的 HTML5＋javascript 文件
网页课件	① 网页目录层次清晰，命名简洁、准确、合理，使用英文或拼音作为文件名； ② 页面上要标明当前页面展示内容的标题； ③ 每个网页内要有完整的标签，每个网页内标签之间要写明该页的标题，并且与页面上的标题一致； ④ 网页内的所有路径写法均使用相对路径，如“images/logo.jpg”； ⑤ 避免出现大量的垃圾代码，使用网页编辑工具编辑网页，不要直接将 Microsoft Word、WPS 等文件内容粘贴到网页文件中； ⑥ 对于背景、表格、字体、字号、字体颜色等统一使用样式表(CSS)处理； ⑦ 网页的样式风格尽量一致，在背景、色调、字体、字号上不要相差太多；

续表

资源类型	规　　格
网页课件	⑧ 全屏浏览时不要上下、左右同时出现滚动条； ⑨ 如果有背景音乐，音量不易过大，音乐应与课件内容相符，并提供控制开关； ⑩ 鼓励采用 HTML5 编码，不含动态代码，不需要配置数据库就能完整浏览； ⑪ 兼容 Microsoft IE、Google Chrome、Mozilla Firefox 等常用浏览器，可直接用浏览器打开观看
虚拟仿真类	① 应具有漫游（职业场景、设施设备）、演示（操作规程、安全禁忌）、互动（设备拆装、仪器操作）、考核（过程操作、故障排除）中的一种或多种功能； ② 内容符合职业标准、技术规范、业务规程和行业属性，无科学性错误，并符合我国法律法规，尊重各民族风俗习惯，版权不存在争议； ③ 若其中包含少数民族或外国语言文字信息，应遵循其原内容完整性，使用原语言进行处理，有明确的版权标识信息； ④ 如果有解说，配音应标准、无噪声，声音悦耳，音量适当，快慢适度；如果有背景音乐，音量不宜过大，音乐与内容应相符，并提供控制开关； ⑤ 如有考核功能，还需有后台服务器支撑； ⑥ 除提交源文件外，还需提交能以单个文件呈现的预览文件（演示版），可以有多种开发平台，如三维的 Virtools、Quest3D、Vrp，二维的 Flash 等，因此允许多种格式，但应能在上海开发大学平台上运行
其他素材	① wrl、lcs、wmf、dwg、chm 等格式的素材，限于使用环境，若确定作为一类素材入库的话，请在提交每个下载用素材的同时再提交一个预览文件（文本 pdf 格式、图片 jpg 格式、动画或视频 flv 格式），下载用文件和预览文件都请打上 logo（防伪标记）； ② 非单个文件素材包如 zip、rar 等资源文件，在提供下载文件的同时，还请制作提交能以单个文件呈现的预览文件（文本 pdf 格式、图片 jpg 格式、动画或视频 flv 格式），下载用文件和预览文件都请打上 logo（防伪标记）

二、内部劣势：当前需要解决的问题

通过对上海开放大学已有在线课程建设及相关各类教学资源的数据分析，同时参阅上海开放远程教育工程技术研究中心开放教学数字化实验室对在线课程、微课、电子书包等教学产品所进行的用户体验测试，并在和国内外同类课程与资源进行优劣对比研究的基础上，梳理出上海开放大学在线课程建设当下需要解决的弱势与障碍。

1. 在线课程中的教学资源体系性不强

根据信息中心统计的最新数据显示，上海开放大学历年至今共建设有网上课程524门。每门课程内建设有各类网上课堂多媒体资源，包括视频、音频、文本、多媒体课件、虚拟实验室、网络课程以及其他类，这些课程覆盖了上海开放大学目前所有的专业，包括与各专业相关的公选课。数量不可谓不多，覆盖面不可谓不全。但是只要仔细了解具体建设过程和内容就可以发现：

(1) 从设计到建设到开放使用，都是由课程主持教师各自带领团队自行其是。由于建设时间前后不一，在不同时间段根据补缺补差需求建设的东西比较多，各类资源之间缺少足够的呼应和整体协调、互补和联动。

(2) 每一个专业的课程主持教师之间缺少沟通和呼应，更谈不上勾连与互动和谐，在建设课程时各走各的路，有些课程的内容存在相近和重复。

(3) 同一门课的主持教师，因人员变动和专业改造等原因，处在变化状态。课程建设者与课程主持者之间，原主持者与接替者之间，都缺少足够的沟通、交流与传递，因此导致课程资源前后不一致，使用方法与重点也各有说法，不够统一。

2. 在线课程中教学资源的质量差异较大

尽管学校有同一个教学平台，但由于此前很多年在管理制度上缺少严密科学的制作规定，缺少足够的量化质化的指导意见和严格的考核标准，使得每个课程内所建设的资源种类不尽相同，有的丰富多彩，有的过于单一。甚至有些课程只有基本的主干内容——课程公告、课程说明、教学大纲、教材信息、形考比例、参考资料、教学实施细则、实践教学实施细则、形考实施细则，很少有以多媒体形式制作的东西，包括视频、音频、课程文本、多媒体课件、虚拟实验室、网络课程等。

同时，课程之间教学资源的质量差异较大。有的是教师自己制作，受教育技术水平的限制，属于低端作品，数量也较少；有的是专业公司制作，教育技术的含金量较高，属于高端作品，数量也较多。有的课程主持教师责任感强，对课程内的资源建设倾注了感情和精力；有的主持教师则得过且过，课程资源建设只求大体上过得去就行。

而最主要的质量差异是课程中体现的教育精神和教学思想的差异。在现有的国际指标下，优秀的在线课程应该较为集中地融入对学生形成良好学习习惯的指导，学习兴趣的提高，注重知识点的落实与凸显，分层教学的实施，师生关系的互动和协调，以及专业领域的导引与研究，相关知识的链接等。这些，都需要课程主持教师长期的专业积累，尽职尽责的敬业精神，坚持探索与研究的学术精神，专业的连贯思考，与合作者的协作与沟通等，一些课程制作者可以做到，一些则远远未及。

3. 在线课程中的教学资源时效性较弱

(1) 就课程时效而言，有很多课程已经陈旧过时。一些课程就其本身特点而言，自身有着很强的时效性，如计算机类、物流类、语言类、管理类、法学类课程，所涉及的内容时效性极强，与科学发展、社会变迁、市场变化、文化与时尚等紧密相连，需要很快的更新速度才能贴近社会发展和学习者的需求。但在这些课程建设上，无论是主持教师的时间、精力、技术，还是对社会发展变化的调查能力，以及学校的管理支持和经费支持力度，都不能让课程主持教师有充足的时间和精力及时跟进变化发展，然后进行改造和优化，进行必要的更新换代。一些课程的过时、滞后、落伍，就成了必然存在的现象。

(2) 在线课程中的多媒体技术过于繁复，冲淡了课程的专业教学主题。一些课程为了吸引学习者的注意力，追求炫目的教学效果，达到课堂教学形式的丰富多彩，在一节课甚至更短时间的课程内，密集使用了主持人讲授、出镜、话外音、视频、动画，网页链接、学科知识点或技能点文字展示、经典示范案例、配套相关的练习、测试小组讨论等，让学习者目不暇接，跟不上变换的技术节奏，感觉不到课程的专业教学核心地位。

(3) 另一些在线课程则相反，主体部分全是机械的媒体播放，包括视频、音频，缺少分明的节奏，教学内容的厘清，重难点的点拨，整体上单调枯燥，从另一方面忽略了因材施教，忽视了学生学习积极性、能动性和智能的启发与挖掘，整个教学过程混沌一团、模糊不清，只是把课程内容机械地呈现给学生，教师沦为一个技术使用者和课件操作员，大大降低了学习者学习在线课程的实际时效性。

三、外部机遇：全球信息化大趋势带来的教育信息化契机

置身于全球化的大背景之下，充分了解在线课程建设乃至整个开放教育的外部因素，包括宏观经济发展、技术变革、社会文化等的变化，以及教育市场的趋势，准确及时地把握自身发展创新的契机，是上海开放大学教育教学是否能够与时俱进、是否能够脱颖而出的一个关键。在宏观与微观相结合的视角下，当下上海开放大学正面临以下几个发展契机：

1. 全球信息化大趋势下中国互联网的迅猛发展

对当今世界经济和社会发展而言，信息化不仅是一种以计算机为主、以智能化工具为代表的新生产力，更是一种崭新的思维方式和行动模式。时至目前，信息化如秋风劲吹，席卷全世界，已经完全改变了人们传统的生产方式、工作方式，颠覆了人们原有的学习方式、交往方式，更新了人们的生活方式、思维方式等。世界经济和社会发展因之进入一个前所未有的快速时代，人类社会也因之正在发生深刻的变化。

在此背景下，中国互联网发展迅速，根据 2016 年 1 月 22 日中国互联网络信息中心(CNNIC)发布的第 37 次《中国互联网络发展状况统计报告》显示的数据[4]，中国互联网发展呈现的和人们生活、教育相关的特征主要有以下几个方面。

(1) 半数中国人接入互联网。截至 2015 年 12 月，中国网民规模达到 6.88 亿人，互联网普及率达到 50.3%，中国居民上网人数已过半。其中，2015 年新增网民 3 951 万人，增长率为 6.1%，较 2014 年提升 1.1 个百分点，网民规模增速有所提升。

(2) 手机网民占比超九成。网民的上网设备正在向手机端集中，手机成为拉动网民规模增长的主要因素。截至 2015 年 12 月，我国手机网民规模达 6.20 亿人，有 90.1%的网民通过手机上网。而只使用手机上网的网民达到 1.27 亿人，占整体网民规模的 18.5%。

(3) 无线 Wi-Fi 普及迅速。随着各级政府和企业大力开展“智慧城市”与“无线城

市”建设的进程，公共区域无线网络迅速普及。手机、平板电脑、智能电视带动家庭无线网络使用，网民通过 Wi-Fi 无线网络接入互联网的比例高达 91.8%，较 2015 年 6 月增长了 8.6 个百分点。

(4) 移动互联网更贴近生活。网络环境的逐步完善和手机上网的迅速普及，使得移动互联网应用的需求不断被激发。2015 年，基础应用、商务交易、网络金融、网络娱乐、公共服务等个人应用发展日益丰富。其中，手机网上支付增长尤为迅速。截至 2015 年 12 月，手机网上支付用户规模达到 3.58 亿人，增长率为 64.5%，网民使用手机网上支付的比例由 2014 年底的 39.0%提升至 57.7%。

(5) 网民数量的激增和旺盛的市场需求推动了互联网领域更广泛的应用发展热潮。2015 年，有 1.10 亿网民通过互联网实现在线教育，1.52 亿网民使用网络医疗，9 664 万人使用网络预约出租车，网络预约专车人数已达 2 165 万。互联网的普惠、便捷、共享特性，已经渗透到公共服务领域，也为加快提升公共服务水平、有效促进民生改善与社会和谐提供了有力保障。

与全球社会信息化的大趋势同步，教育信息化已经在全球教育发展中如日中天，成为各国提升国家竞争力的战略制高点。2013 年，中国教育部科技司提出把“三通工程”定为“十二五”期间全国教育信息化工作的核心目标和标志工程，2014 年 3 月，教育部发布《2014 教育信息化工作要点》，明确要全面提升“网络学习空间”应用规模。2014 年 12 月，教育部、财政部、工信部、发改委和中国人民银行等，联合发布《构建利用信息化手段扩大优质教育资源覆盖面有效机制的实施方案》，提出把拥有网络教学和学习环境、网络学习空间应用，作为覆盖各级各类教育的发展目标。

2. 国家对信息化推进的高度重视

近年来，国家层面一直在积极推进教育信息化，搭建了相应的机构，出台了一系列政策指导文件：

2010 年 7 月 8 日，中共中央、国务院印发了《国家中长期教育改革和发展规划纲要(2010—2020 年)》，首次提出：“信息技术对教育发展具有革命性影响，必须予以高度重视。”

2011 年 8 月 26 日，教育部改组了教育部信息化领导小组。

2012 年 1 月 13 日，教育部提出要在全国 1 600 所大中小学校中开展教育信息化试点。

2012 年 3 月 13 日，教育部印发了《教育信息化十年发展规划(2011—2020 年)》，明确“各级政府是教育信息化工作的责任主体，教育信息化要以省级政府为主统筹推进。各省级政府要把教育信息化工作成效作为衡量本地区各级政府工作的一项重要指标，加强督促检查，实施年度考核。各级政府要统筹本地区教育信息化工作，尽快形成教育行政部门牵头，各相关部门配合支持、齐抓共管、协同推进的良好局面”，并提出“以教育信息化带动教育现代化”“以优质教育资源和信息化学习环境建设为基础，以学习方式和教育模式创新为核心”。

2012年5月16日，国家成立了教育信息化推进工作部际协调小组。

2012年10月9日，教育部、发改委、财政部、工业和信息化部等九部委下发的《关于加快推进教育信息化当前几项重点工作的通知》指出：“中央财政将通过相关经费渠道进一步加大教育信息化建设投入，保证学校购买教育信息化服务的经常性支出。”

2012年12月28日，国家教育资源公共服务平台正式上线运行，明确教育资源建设的投入机制为“基础性公益资源靠政策，优质资源靠市场”“企业竞争提供，政府评估准入，学校自主选择”“财政按生均经费投入，学校按使用支付，师生校园内免费使用”。

2013年4月2日，教育部下达了各省教育信息化“三通工程”年度任务指导性指标和指令性指标。

2013年4月10日，中央电化教育馆印发了《国家教育资源公共服务平台规模化应用试点实施方案》，在全国确定了32个试点地区，明确“在试点地区推进国家教育资源公共服务平台常态化连片应用，实现‘资源班班通’和‘空间人人通’，推动信息技术与教育教学的深度融合，形成网络条件下新型的教学方法和模式”。

2013年9月2日，教育部教育信息化推进办公室下发了《国家教育资源公共服务平台教育资源审查办法(暂行)》，明确了入选国家教育资源公共服务平台的数字教育资源审查原则、程序和评价指标体系。

2013年11月12日通过的《中共中央关于全面深化改革若干重大问题的决定》指出：“大力促进教育公平，构建利用信息化手段扩大优质教育资源覆盖面的有效机制，逐步缩小区域、城乡、校际差距。”

2014年11月16日，教育部、财政部、国家发展改革委、工业和信息化部、中国人民银行联合发布关于印发《构建利用信息化手段扩大优质教育资源覆盖面有效机制的实施方案》的通知，为未来6年的中国教育信息化绘制了一幅清晰的“施工图”。方案要求到2015年，全国基本实现各级各类学校互联网全覆盖，其中宽带接入比例达50%以上；到2017年，全国基本实现各级各类学校宽带网络接入；到2020年，建成与国家教育现代化发展目标相适应的教育信息化体系。

2015年5月23日，在青岛召开国际教育信息化大会，这是由联合国教科文组织、中华人民共和国教育部合作举办的国际教育信息化大会。来自全球90多个国家的教育官员、学者、校长和教师等汇聚一堂，以“信息技术与未来教育变革”为主题，共同探索教育与信息技术深度融合的有效途径，研讨信息技术在教育领域更加广泛的实施应用。习近平在致国际教育信息化大会的贺信中提出“建设‘人人皆学、处处能学、时时可学’的学习型社会”“让亿万孩子同在蓝天下共享优质教育、通过知识改变命运”。

2016年6月23日，教育部关于印发《教育信息化“十三五”规划》的通知，特别提出，要建立健全教师信息技术应用能力标准，将信息化教学能力培养纳入师范生培养课程体系，列入高校和中小学办学水平评估、校长考评的指标体系，信息化教学能力将纳入学校办学水平考评体系。

3. 国家和上海市赋予开放大学远程教育的重要任务

2012 年 6 月和 2012 年 12 月，教育部分两批批准成立 6 所开放大学。在给每一个学校的批复文件中，都有同一个定位："开放大学是以现代信息技术为支撑，面向成人开展远程开放教育的新型高等学校。"

而早在 2011 年 5 月，《上海市终身教育促进条例》就已规定："本市设立的开放大学，应当逐步整合成人高等教育资源，形成开放的学习平台。"

2016 年 1 月，教育部为强化对全国开放大学建设的指导思想，印发了《教育部关于办好开放大学的意见》，聚焦开放大学的 12 项重点任务：一是明确功能定位，开放大学以终身教育思想为引领，努力办成服务全民终身学习的新型高等学校；二是完善办学基础设施，重点加强信息化基础设施建设，营造数字化学习环境；三是强化信息技术应用，实现教学、管理、服务一体化，提高在线教育水平；四是完善办学系统，加强学习中心建设，提升线下支持能力；五是多种途径建设优质课程，满足多样化学习需求；六是根据经济社会发展、产业升级，完善专业建设制度，提高专业建设质量；七是创新学习组织模式，完善注册学习制度、自主选课制度，转变教师角色，加强学习支持与服务，提高教育教学效果；八是加强对教学全过程和学生学习效果的监测与评价，强化质量保障，确保"宽进严出"；九是建设"学分银行"，实现学习成果的积累和转换；十是适应教学变革需要，创新师资队伍建设，加快建成一支适应开放教育特点、擅长运用信息技术教学的专兼职结合的教师队伍；十一是鼓励开放大学通过联盟、共建等形式，与国内外高校、科研院所、行业企业等开展全方位的合作办学，形成社会广泛参与、资源共建共享、与行业企业紧密联系的办学模式，汇聚优质教育资源；十二是进一步落实和完善高等学校党委领导下的校长负责制，实行依法治校，完善治理结构，提高治理能力。这 12 项重点任务除一、十二外，余下全部关涉开放大学教育教学的信息化。而任务背后是强有力的支持。

上海市委市政府从 2011 年开始，设立市财政对上海开放大学建设的专项拨款，2011 年启动经费 3 151 万元。自 2012 年开始，市财政在此后 5 年内投入 1.5 亿元（每年 3 000 万元）专项资金用于上海开放大学的建设。而与上海开放大学建设相关联的 2012 年其他专项，如终身教育信息化建设、社区教育、进城务工人员培训等经费约 1 亿余元[5]。

4. 各种商业化互联网教育的运行与崛起提供了可资借鉴的范例

移动互联网、大数据、云计算等技术发展，在带动人们接收与反馈信息的方式发生巨变的同时，也带来了人类学习模式的改变。以营利为根本目的的互联网，在教育领域强劲拓展，各大网络平台针对各个教育群体的人群特征，推出了不同的教育产品：

针对幼教（学前教育）的学习工具，如悟空识字；针对基础教育（K12 阶段）的课外辅导和教育资讯，如学而思网校；针对大学阶段（高等教育）的大学网络公开课，如网易公开课、超星学术视频；针对毕业后教育（成人培训）的职业认证、职业考试辅导等，如尚德嗨学网；以及素质拓展学习，如天下网校的钢琴、瑜伽、健身等课程。

相较而言，各个互联网教育的运行与崛起从以下几个方面为上海开放大学的在线教育提供了可资借鉴的范例。

(1) 以让人类平等地认识世界为宗旨，普及艺术、科学、自然、文化、地理、生活、社会、人物、经济、体育、历史等基础知识的百度百科模式。

(2) 以在线分享文档为宗旨的百度文库模式。文档由百度用户上传，经过百度审核后发布，供网友在线阅读和下载，包括教学资料、考试题库、专业资料、公文写作、法律文件等多个领域的资料。上传文档可以得到一定的积分，下载有标价的文档则需要消耗积分。

(3) 以分享知识为目的的百度知道模式，用户自己具有针对性地提出问题，通过积分奖励机制发动其他用户来解决该问题。这让用户所拥有的隐性知识转化成显性知识，用户既是百度知道内容的使用者，同时又是百度知道内容的创造者，实现了搜索引擎的社区化。

(4) 爱奇艺教育频道模式。以幼儿、中小学、学历教育、职业教育、外语学习、管理培训等方面视频课程为核心，汇集国内外最优质教育资源，拥有海量精品视频课程，打造一站式视频学习。

(5) 网易公开课模式。一个“全球名校视频公开课项目”，首批 1 200 集课程上线，部分配有中文字幕。用户可以在线免费观看来自哈佛大学等世界级名校的公开课课程，可汗学院、TED 等教育性组织的精彩视频，内容涵盖人文、社会、艺术、科学、金融等领域，是一个公开的免费课程平台，让知识无国界。

(6) 网易云课堂模式。一个在线实用技能学习平台，主要为学习者提供海量、优质的课程，用户可以根据自身的学习程度，自主安排学习进度，课程数量已达 4 100+，课时总数超过 50 000 小时，涵盖实用软件、IT 与互联网、外语学习、生活家居、兴趣爱好、职场技能、经济管理、考试认证、中小学、亲子教育等十多种门类。

(7) 腾讯精品课模式。一个专注于知识分享的在线学习平台，将实用的应试辅导、公开课提供给广大有学习需求的用户，下设高考、外语、公务员、互联网、职场、经管等多个分类课程。

(8) 腾讯微信模式。一个为智能终端提供即时通信服务的免费应用程序，支持跨通信运营商、跨操作系统平台通过网络快速发送免费语音短信、视频、图片和文字。同时，也可以使用通过共享流媒体内容的资料和基于位置的社交插件“摇一摇”“漂流瓶”“朋友圈”“公众平台”“语音记事本”等服务插件。微信提供公众平台、朋友圈、消息推送等功能，用户可以通过“摇一摇”“搜索号码”“附近的人”、扫二维码等方式添加好友和关注公众平台，同时微信将内容分享给好友以及将用户看到的精彩内容分享到微信朋友圈。

四、外部威胁：面临的挑战

机遇从来都与挑战并存。上海开放大学在面临以上4个发展契机的同时，也遭遇几乎相当重量的压力，概括起来主要有：

1. 互联网商业教育和网络学院教育的成功拓展

1）互联网商业教育

在国家和各级政府层面大规模发展在线教育的同时，以市场运作为形式的互联网教育更是如火如荼。时至当下，市场上有数千家在线教育企业，其业务拓展几乎涵盖了所有教育领域与行业，几大互联网企业也形成了各不相同的运作特色。

（1）网易模式。网易的教育运作的网易公开课、网易云课堂、有道词典已聚合了世界范围最优质的学习和使用资源，拥有巨大的流量价值，目前已经成为很多学习者最喜欢的网上学习项目。

（2）百度模式。百度的主要产品有：百度文库、百度知道、百度百科、爱奇艺教育。百度的运作范式是从优质教育资源聚合开始做起，因为它本身具有搜索优势。其目标是改善教学互动体验，为学习者提供个性化学习服务，提供优质的B2B2C平台。

（3）腾讯模式。腾讯正在通过微信占领移动互联网的基础地盘，以腾讯微讲堂产品对互联网教育小试牛刀。可以推知，它基于微信平台而辐射出的知识分享与教学互动，或有极大的施展空间。

近年来，和传统的PC时代相比，在线教育自2010年之后呈爆发趋势。行业规模上，2011年以来我国在线教育用户保持着10%以上的高速增长。其中，2014年在线教育用户规模为7 796.90万人，同比增长16.03%，在线教育市场规模达到998亿元，同比增长18.85%。

而在线教育的运行格局上，三类主要在线教育平台已经形成：第一，K12教育平台（以一起作业网、提分网与阿凡题等为代表）；第二，高等教育平台（以万门大学与啄木鸟教育等为代表）；第三，职业教育平台（以沪江网、开课吧与无忧英语等为代表）。也因此，在线教育平台受到了资本的高度追捧[6]。

2）网络学院教育

与此同时，网络教育学院也在全国普遍开花结果。它们开展的网络教育以从业人员的继续教育为主，教育层次有：高中起点专科、本科，专科起点本科。2002年，教育部批准设立网络教育学院的有68所高校，开展现代远程教育试点，学员可以自主安排学习时间，选择学习内容。专业设置一类是该高校招牌专业，一类是就业前景良好的热门专业，其特点是注重实用性，很受用人单位欢迎。这些网络教育学院的在线教育特色如下。

（1）名师授课，共享名校优秀教学资源。

（2）实行弹性学制，学生自由选择在线学习课程。

(3) 网上课堂和课件丰富多彩,教学互动迅速及时。

(4) 在线课程学习实行学分制,学费低廉且按学分收取,每学分100元左右。

(5) 使学校的学科优势和教育资源优势最大化,主要以在线授课+面授为主要教学形式,学生在线学习、完成作业、考试、互动等,教师在线授课、答疑等,将教与学网络化。

(6) 学历教育和非学历教育并举。学历教育面向社会招收学生,主要通过在线教学方式完成学历和学位教育的教学工作;也面向全日制在校生开设在线课程,学生方取得单科学分,同时可实现校际的课程互选和学分承认。非学历教育面向社会开设在线教育课程,课程内容包括课程培训、岗位培训、证书考试和自学考试助学活动等,为社会从业人员参加学习提供在线学习支持服务。

十几年来,网络教育学院在教育部的大力支持下,进行了在线教育的多方探索,如课程体系、教学内容、教学方法、课件制作、自学、辅导、作业、实验和实践教学、网上测试、教学质量保障和监控等各个教学环节的在线教学模式,协作开发内容丰富、高质量的在线教学资源、试题库及在线测试系统等,已经建立了成熟的资源共享和运行机制,形成在线教育资源建设的滚动发展机制。在此基础上,网络教育学院的在线资源建设成就卓著,影响力甚广,拥有为数众多的毕业生和在校学习者。

2. MOOC(大规模在线开放课程)模式自身的缺陷

(1) 在线课程重平台、重技术、重应试的特点,忽视了教育应有的严谨性、人性化、面对面的熏陶作用。在线课程为吸引学生的注意力,使用了多种媒体手段,集声音、图像、文字于一体,炫目多姿,似乎只有把所有信息都转述为绚烂的视觉语言,在快速变化的效果中,才能迎合新生代学习者的欢迎和需要。但是,真正的学习与教育,是严谨、系统、安静的,如何鼓励学生集中注意力,如何让学生安静地倾听与思考,并维持思考过程不受外界打扰,从而掌握深奥系统的知识,都需要有知识魅力、人格魅力的教师来完成,需要培养学习者的专注能力才能达成。并不是所有的教育都是快乐轻松的,也不是所有的学习都可以由学习者自顾自、自定步调完成的,需要在现实中一组人、一个群体互相协作,面对面共同讨论、互相帮助。因此,在线课程重平台、重技术、重应试的特点本身也在以技术绑架学习者,让学习者陷入一种孤独无助。

(2) 在线课程所承载的"多线程任务"特点,以能够为学习者提供广泛的在线支持为亮点,包括:课程任务布置、学习评估、学习者的互动交流等,尤其是让学习者通过伙伴评价和计算机辅助测评完成学业的诸多环节,让每一个专业教师淡出了传道授业解惑的角色。对于学习者来说,似乎能够给予他们网上学习技术指导,才是最重要的。美国著名教育家保罗·韦地博士通过调研总结出的好教师的人格魅力,诸如:友善的态度、尊重课堂内的每个人、仁慈和宽容、耐心、兴趣广泛、良好的品性、良好的仪表、公正、幽默感、关注个人、坦诚等,都难以有充分的时空在面对面的互动教学中传递给学生。

(3) 在线课程所拥有的另一些特征——课程的参与者众多,同时在线的人数众多,教学形式具有视频授课+文本+网站+微信+互动空间等特点,在提供给学习者更大自由空间学习和交流的同时，也消解了传统大学教学氛围和校园浸染的优势，一如沃顿商学院教授所说："学习的内容不光只有课程本身，还有很多集体的社交体验，之所以要去大学学习，主要原因在于它可以帮助你成长以及学会如何工作。"大学校园文化作为社会文化的一部分，以大学师生为主体，以课内外文化活动为主要内容，以校园为活动空间，以校园精神为核心，是一种群体文化，也是社会文化中的精英部分。校园里所进行的知识继承、文明传播、思想融合、学术传承与创新，对学习者发挥的导向作用、凝聚作用、激励作用、辐射作用、规范作用、调节作用等，都是在线课程及其虚拟校园所代替不了的，也是当下在线课程及其虚拟校园所缺失的。

3. 上海市民在城市发展背景下学习需求的新变化

(1) 高层次人才和劳动力素质提升在上海城市发展背景下的新需求。上海正处在一个前所未有的新时期：持续创新驱动发展，经济转型升级，大力建设国际经济、金融、贸易、航运中心，加快建设具有全球影响力的科技创新中心。为此，作为上海城市建设者的广大市民（固定人口与流动人口），尤其是在岗员工产生了学习与提升的新需求，即：全面提高个体劳动力素质，加快作为高层次人才的自我培养。然而，目前上海主要劳动年龄人口平均受教育年限为 11.7 年，高等教育比例为 32%[7]，与发达国家的国际大都市相比有很大差距。同时，非沪籍人口的文化程度整体偏低，20～59 岁非户籍劳动力中初中及以下学历占近 70%，其中 35 岁以上人口专科及以上学历不到 10%（据"六普"统计数据）。拟订中的上海教育"十三五"规划提出：到 2020 年，上海主要劳动年龄人口受教育年限要达到 12.3 年，高等教育比例将达到 38.5%。这对作为上海成人高校之一开放大学的学历与非学历教育及其资源建设提出了新需求。

(2) 市民学习需求在学习型社会建设过程中的新要求。《上海市中长期教育改革和发展规划纲要（2010—2020 年）》的总体目标之一，是到 2020 年，上海要"率先基本建成学习型社会"。就物质发展而言，人均 GDP 达到 5 000 美元是国际上划定的基本具备构建终身教育体系的物质数据。上海市国民经济和社会发展统计公报显示，2015 年上海市生产总值达到 2.5 万亿元，人均生产总值突破 10 万元（相当于 1.5 万多美元）。近几年，上海市民的学习需求已发生的转变之一，就是逐渐从生存性需求转向发展性需求，对教育供给的多样性、教育服务的个性化要求日益强烈。在岗人员需要完善知识结构，提升学历层次、职业能力和个人素养；社区居民需要丰富精神文化生活，提高生活品质；外来务工人员需要实现求职与发展。这些新需求，都给上海开放大学的学习资源建设带来了难得的机遇和开拓空间。

(3) 学习者在"互联网＋"背景下对学习资源建设及其教学模式的迫切需求。在全球信息化大趋势下，信息化浪潮已经席卷全球，信息技术已极大地改变了以课堂、教师、教材为中心的传统教育教学方式，要求教育理念和制度体系产生革命性变革。为此，《国务院关于积极推进"互联网＋"行动的指导意见》（国发〔2015〕40 号）明确："探索新型教育服务供给方式。鼓励学校利用数字资源及教育服务平台，探索网络化教育新模式。鼓励学校通过与互联网企业合作等方式，对接线上线下教育资源，探索教育公共服务提供新方式。推动开展学历教育在线课程资源共享，推广大规模在线开放课程等网络学习模式，探索建立网络学习学分认定与学分转换等制度，加快推动高等教育服务模式变革。”为此，开放大学必须加强教育资源的共建集聚、共享开放，学习支持服务要从信息化走向智能化，构建以学习者为中心的服务模式，以此真正实现教育服务的个性化。

五、总结

SWOT 分析视野下的优势、劣势、机会与威胁，是一个由 4 个元素构成的 2×2 矩阵。S 所代表的 strength（优势），W 所代表的 weakness（弱势），O 所代表的 opportunity（机会），以及 T 所代表的 threat（威胁），在意义上指向分明。优势，代表了自身占据的制高点或长项。劣势，即弱点，是相对其他人而言自身较为明显的缺点。机会，是自身事业、业务或项目可以利用的优势元素。威胁，即面对的挑战，在当下环境中可能产生的麻烦与障碍。其中，S、W 属于内部因素，O、T 属于外部因素，4 个元素形成的矩阵如图 2 所示。

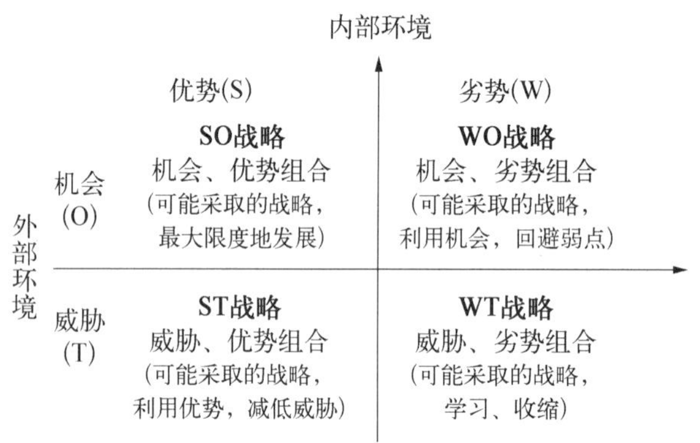

图 2　SWOT 分析矩阵图

基于以上所作的阐述和论证，针对上海开放大学在线课程建设的优势、劣势、机会和挑战，笔者认为当下应该从以下几个方面采取行动：

（1）在已有的基础与成果之上，抓住当下全球信息化大趋势与中国互联网迅猛发展这一机遇，紧密结合国家和上海市赋予开放大学的远程教育任务，借鉴各种商业互联网教育成功模式，扩大在线课程的建设成果，使之进入国内先进的行列。

（2）针对自身存在的不足，诸如在线课程的教学资源体系性不强、教学质量差异较大、时效性较弱、总体效果达不到传统面授教学水准等，注重“优质教师＋精品内容＋精彩表达”的在线课程建设范式，尽快突破现有的弊端和局限，努力推出高质量的学历与非学历在线课程。

(3) 直面压力和挑战，注重发现、汲取互联网商业教育和网络学院教育等在线课程的成功经验，及时总结、运用并推广到自己的实践中来。也着力克服在线开放课程模式自身的缺陷，逐步弥合其与实体校园教育的距离，缩小与新时期学习者学习需求新变化之间的差异，使之更人性化、个性化、社会化。

(4) 充分利用上海开放远程教育工程技术研究中心提供的开放教学数字化平台，科学地进行在线课程跨学科的教学实验和评估分析，深化在线课程的建设与研究，推进平台的创意与创新发展，从把互联网当作一种教育工具，朝着把运营互联网作为一种思维方式和创新方式这一核心落脚点转变。

参考文献

[1] 上海开放大学.上海开放大学章程 沪教委发〔2013〕3 号之附件[Z].上海：上海开放大学.

[2] 上海开放大学.上海开放大学十三五建设规划(征求意见稿)[Z].上海：上海开放大学.

[3] 上海开放大学.上海开放大学深化综合改革方案(征求意见稿)[Z].上海：上海开放大学.

[4] CNNIC.第 37 次中国互联网络发展状况统计报告[EB/OL].(2016-02-28)[2018-02-23].http://tech.sina.com.cn/i/2016-01-22/doc-ifxnuvxh5133709.shtml.

[5] 杨敏，魏志慧.中国开放大学创建过程中的政策形成研究——以上海开放大学为例[J].开放教育研究，2013(1)：21-24.

[6] 产业研究院.2016—2021 年中国在线教育行业市场前瞻与投资战略规划分析报告[EB/OL].(2016-03-28)[2018-03-02].http://www.qianzhan.com/analyst/detail/220/151211-d66fe366.html.

[7] 上海市人民政府.上海“十二五”规划[EB/OL].(2016-03-25)[2018-03-04].http://www.shanghai.gov.cn/shanghai/node2314/node25307/node25455/index.html.

在线课程学习满意度研究

——以“个人理财”为例

祝小兵

（上海开放大学经济管理学院，上海 200433）

摘要：本文以“个人理财”在线课程为对象，对在线课程的使用情况以及教学平台的满意度进行了一些调查，分别围绕学习内容、脑波数据、PPT 课件、视频课件以及课程总体满意度进行调查，通过分析学生使用之后的反馈意见，得出对建设在线课程的一些思考和建议。

关键词：在线课程建设；学习满意度；学习平台

引言

近年来，在线课程的制作已经成为很多学校重点建设的工作，上海开放大学也以每年上线几十门在线课程的速度在推进。但是，作为学习的主体，学生们对在线课程的使用情况如何？学习后对在线课程的满意度怎样？本文以“个人理财”在线课程为对象对此进行了一些探讨，通过调查学生使用之后的反馈意见，分析并得出对建设在线课程的一些思考和建议。

一、在线课程学习满意度研究的发展过程及现状

在线课程兴起于 MOOC(massive open online courses)，即为慕课。2012 年以来日益受到瞩目，人们为此将 2012 年称为大型开放式在线课程之年。大型开放式在线课程成功实现了一种高端的知识交换。它可适用于专家培训、各学科间的交流学习，以及特别教育的学习模式——任何学习类型的信息都可以通过网络传播。清华大学校长陈吉宁(2013)表示，在线教育提供了一种全新的知识传播模式和学习方式，将引发全球高等教育的一场重大变革。这场重大变革，与以往的网络教学有着本质区别，不单是教育技术的革新，更会带来教育观念、教育体制、教学方式、人才培养过程等方面的深刻变化。这种新型的网络教育理念就是任何人在任何地方、任何时候可以学到任

何知识，这就是教育公平的实质。

教育部在2015年4月28日出台的《关于加强高等学校在线开放课程建设应用与管理的意见》提出，将借鉴国际先进经验，发挥我国高等教育教学传统优势，推动我国大规模在线开放课程建设走上“高校主体、政府支持、社会参与”的积极、健康、创新、可持续的中国特色良性发展道路。意见提出，正密切关注世界范围内迅速兴起的大规模在线开放课程（“MOOC”）等新型在线开放课程的发展，将积极推动大规模在线开放课程与高等教育教学改革的大讨论，以开放、包容、务实的态度，鼓励高校和社会参与者兴利除弊，共同构建具有中国特色的在线开放课程体系和课程平台，促进其在更新教育观念、优化教学方式、提高教育质量、推动教育改革等方面发挥更积极的作用。

在线课程学习满意度是指学习者对在线课程的学习平台、学习资源、网络课件、教学交互等方面进行体验之后得出满意程度的一个重要指标，对在线课程的设计形式、质量体系起到了非常有价值的反馈效果。但是，对于学习满意度究竟应当选择哪些指标来建立一个合理的、有说服力的指标体系，在这之前的研究资料中没有达成共识。

“满意”一词的本意是指意愿得到满足，这是一种主观感觉。满意度则是一种满意的量化程度。在教育学中，学生是客户，课程是产品，因此可以运用学员学习的满意度来作为衡量在线课程建设质量好坏的一个指标。

学习者要达到一定的学习满意度，关键在于两个方面：其一，学习效果对学习动机、需求与期望的实现程度；其二，学习过程是否能让学习者感到愉悦。因此，学习满意度作为一种主观感受，受多种因素的影响。国外一些学者和专家从多方面研究了课程的学习满意度问题。帕尔默和弗纳（1959）在研究教学方式与学生满意度的关系时，发现混合式教学法比较受欢迎，学生满意度高，而且在学习活动中，如果参与活动的目的能达成，满意程度也较高。贝茨等（1970）从学校环境与设备、教学管理措施与规划、教师素质、教学方法、学习成果及同学关系六方面测量大学生的学习满意度，被美国各大学广泛使用。马韦塔（1981）归纳了影响学习满意度的五个方面内容：教学过程与内容、教材情况、教学方法、师生互动与教学者素质。因为在线课程还属于比较新的概念，大多数国内学者的研究还停留在网络课程学习满意度方面，如邹晔（2004）从网页规划、资源设计、学习导航、评价体系、交互实现、教学视野和学习支持等方面进行测评，构建了网络课程学生满意度测评体系，并通过描述性统计进行定量分析等；王耐寒（2011）从现状、影响因素和具体案例研究网络学习的满意度问题，并构建了学习满意度影响因素的层次模型，总结了四大影响因素：教学交互、学习平台、学习资源、网络课件；王宁、琚向红、葛正鹏（2014）的研究结果表明，界面设计友好、课程内容明确与重点突出、拓展资料充足以及良好的教学交互效果作为影响学习满意度的主要因素，是衡量网络课程建设质量的重要评价内容。但是王刚、张屹、常虹（2010）在《在线课程资源评价系统的设计与实现》中提出建立在线课程资源评价指标体系，利用NET技术在软件工程方法的指导下建立基于 Web 在线课程资源评价系统的设想，算是较早提出了对在线课程资源进行评价的观点。

本文尝试结合“个人理财”在线课程来探索在线课程学习满意度对教学资源建设的影响。“个人理财”在线课程按照上海开放大学在线课程的有关标准，以学习者为中心进行教学设计，主要通过网络媒介表现出该课程的教学内容及教学活动，包括按一定的教学目标与教学策略组织的教学内容以及用于实施教学内容的网络教学支撑环境。

“个人理财”在线课程最早从 2010 年开始建设，已经完成并投入教学使用的教学资源有：书面教材及配套的学习辅导教材、电视录像教材、微课、PPT 课件、网络课程等，其中文字教材是 2014 年 7 月刚完成修改的第二版，该网络课程是按照上海开放大学一贯坚持的一体化资源模式设计的，并获得了“国家开发大学精品课程”的称号及上海开放大学教学成果三等奖，而相关的电视录像教材以及 6 节微课则是 2014 年 10 月份最新制作完成的，其中的微课“你知道该买哪种保险吗”获得了第四届全国微课程大赛一等奖。作为一门内容非常丰富完整的在线课程，了解哪些资源最能吸引学员的注意力，激发学员的学习热情，学员在线学习满意度最高，对于设计在线课程是非常有帮助的，可以更好地体现以学习者为中心的设计理念。

二、在线课程学习满意度问卷调查结果分析

在线课程设计是一个技术含量比较高的过程。作为在线课程学习资源的设计者，我们需要考虑：建设一门在线课程资源的文字、图形、声音、影像、动画等媒体适合承载什么样的信息？怎么把学习内容分配到这些媒体上？怎么形成以学生学习为中心的教材？怎么交互？怎么答疑？怎么形成统一连贯的社交媒体计划？怎么进行大数据分析？分析的结果怎么用？在统一的学习资源里，哪些部分放在终端？哪些部分放在云端？以及云端学习平台的结构等。需要考虑的因素太多了，如同解方程，多一个“元”，难度就不知大多少。

现在上海开放大学远程教育工程技术研究中心提供的基础设施及技术服务使得对学习者进行数据分析成为可能。将学习者使用在线课程的种种数据（终端种类、时间、地点、时长、学习特征等）反馈到云端进行大数据分析，可以有效地判断学习者是怎么学习的，喜欢哪一类媒体和资源，难点在哪里等。通过分析和使用数据可以做到形成性考核自动测评，科学分析教学效果与学生体验效果，评估得失，并为改进提供依据。从宏观上，学习机构可以分析出哪些专业和课程受学习者喜爱，学习者学习时间、使用的媒体和终端的分布，地域、年龄、职业差异等。这比问卷调查等研究方式要科学、准确得多，并且实时就可以获得数据。通过对这些数据进行分析，从而得出在线课程学习满意度的深度分析，对提高在线课程的质量起到了非常好的引导效果。

2015 年下半年，我以上海开放大学国顺路校区会计专科班为试点，在上“个人理财”这门课程的时候，分别针对学习内容、脑波数据、PPT 课件、视频课件以及课程总体满意度，总共进行了 5 次问卷调查，从而得到了一些数据。现在对一些重点性的数据进行分析。

1. 针对学习内容的调查数据分析

在这一部分的调查问卷中，我们设计了 10 个问题，其中第 3 个问题“你对本课程的哪一项辅助工具最感兴趣?”选项最多的是“老师面授”和“PPT 课件”，说明大部分学生还是喜欢面授形式为主、网络自学为辅的教学模式。因为这门课程的特点，绝大部分学员都表示该课程很实用，非常有兴趣和想学好这门课，对任课老师以及本课程学习过程的设计非常满意。

2. 针对脑波数据、PPT 课件、视频课件的调查数据分析

在这次调查过程中，我们还采用了上海开放大学远程教育工程技术研究中心提供的脑波测试仪，对部分学生在学习过程中的注意力指数和情绪指数进行了测试，并对测试结果进行分析。表 1、表 2 和图 1、图 2 就是对五位学员测试的结果。

表 1　注意力指数

	学生 1	学生 2	学生 3	学生 4	学生 5	注意力平均值
视　频	40	65	68	64	60	59
PPT 讲解	42	41	46	54	40	45
视　频	42	31	41	39	41	39
视　频	40	50	51	57	39	47
讨　论	42	37	39	49	47	43
视　频	39	37	44	55	44	44
PPT 讲解	55	43	47	52	30	45
视　频	37	39	43	48	40	41
PPT 讲解	44	40	68	48	49	50
视　频	51	42	54	48	45	48
PPT 讲解	45	33	50	55	47	46
做　题	62	42	48	51	50	51
视　频	57	44	无记录	37	55	48
教师讲解	67	44	无记录	51	43	51

表 2　情绪指数(放松度)

	学生 1	学生 2	学生 3	学生 4	学生 5	放松度平均值
视　频	53	57	52	48	56	53
PPT 讲解	49	50	47	50	48	49
视　频	57	43	44	57	42	49
视　频	44	52	47	52	31	45
讨　论	46	46	49	57	37	47
视　频	42	43	42	55	47	46
PPT 讲解	41	51	50	53	43	48
视　频	50	49	49	46	46	48
PPT 讲解	55	42	51	50	42	48
视　频	51	53	52	46	50	50
PPT 讲解	46	42	52	45	47	46
做　题	44	47	49	41	46	45
视　频	41	55	无记录	45	40	45
教师讲解	45	47	无记录	46	42	45

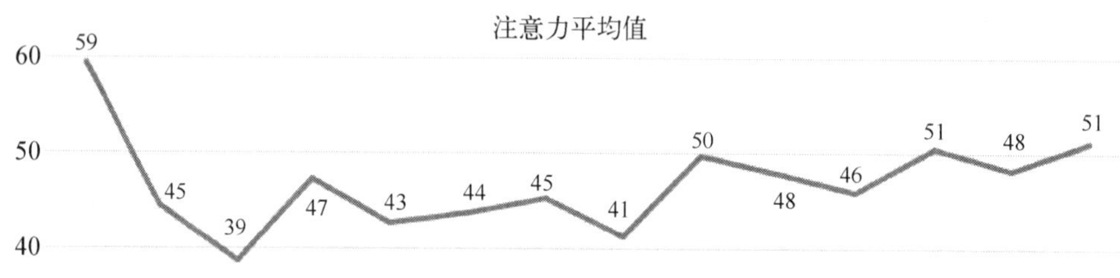

图 1　注意力平均值

测试结果显示，在播放第一个视频的时候学习者比较兴奋，能够保持较高的注意力，进入第二个阶段就进入了常态。注意力的两个最低点是在看视频的时候出现的。

从后面几个阶段的数值看来，在教师运用 PPT 进行讲解的时候，注意力一般都会有小幅提升，说明在教师讲解的阶段学习者的注意力会有所提高，而在后面几次的视频中，注意力又有小幅滑落。综合来看，教师的课堂面授讲解对学习者来说更有吸引力。

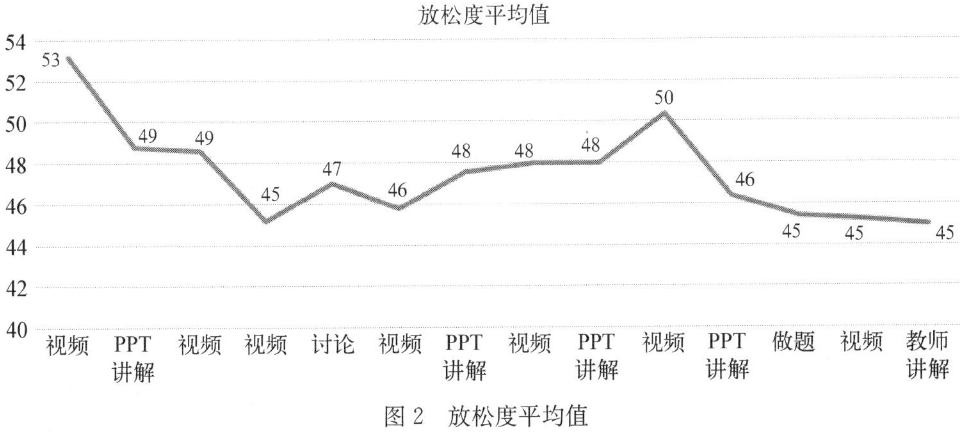

图 2　放松度平均值

从放松度指标来分析，学员在看第一个视频的时候，状态较为放松。在教师讲解第一段 PPT 时，放松度处于一般状态，后期也都处于较为平稳的状态，在第四阶段观看视频时，学习者已进行过休息，所以这个阶段是注意力较高并且带点紧张感的状态，学习状态良好。

3. 针对课程总体情况以及学习平台的调查数据分析

在这一部分的调查问卷中，我们设计了几个有关课程总体性的问题，包括像“在整个学习过程中，我的心情很愉快”，以及“在课程学习过程中，我对自己的学习表现感到很满意”等学习者心理方面的问题，图 3 显示了有关答案。

在这次调查中，我们还特意对有关学习平台的使用情况进行了调查统计，总体上对学习平台的反馈情况良好，认为该学习平台界面有吸引力，导航清晰，学习中可以在

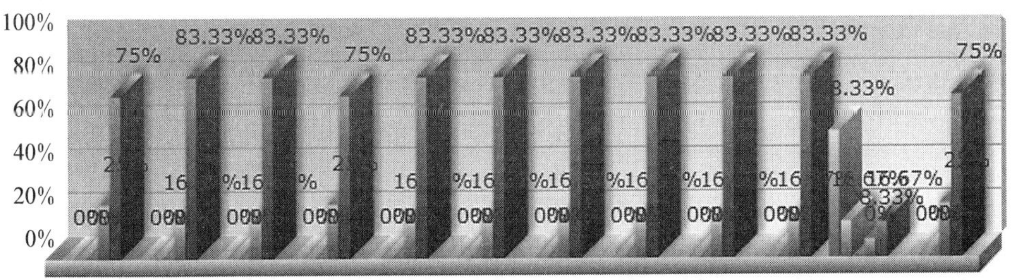

图 3　有关课程总体情况调查统计

平台上很方便地找到相关课程的学习资源，等等。图 4 是有关学习平台使用情况调查的统计情况。

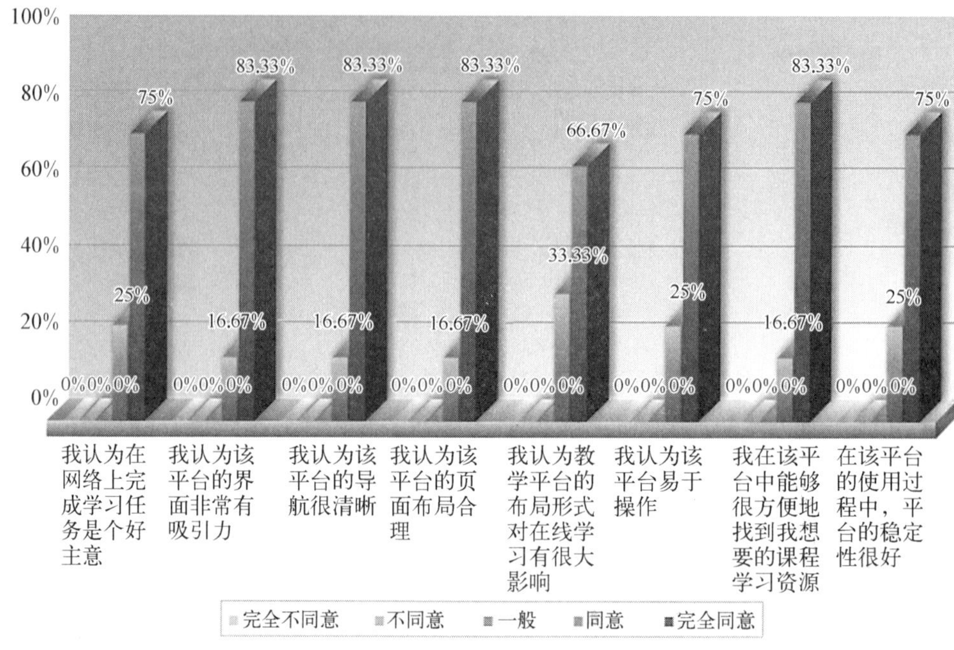

图 4　有关学习平台使用情况调查统计

但是，在调查中发现，学习平台仍然存在一些问题，比如登录身份认证时网速较慢，平台功能不完善，缺乏搜索、提醒功能等。图 5 显示了有关学习平台交互问题调查统计情况。

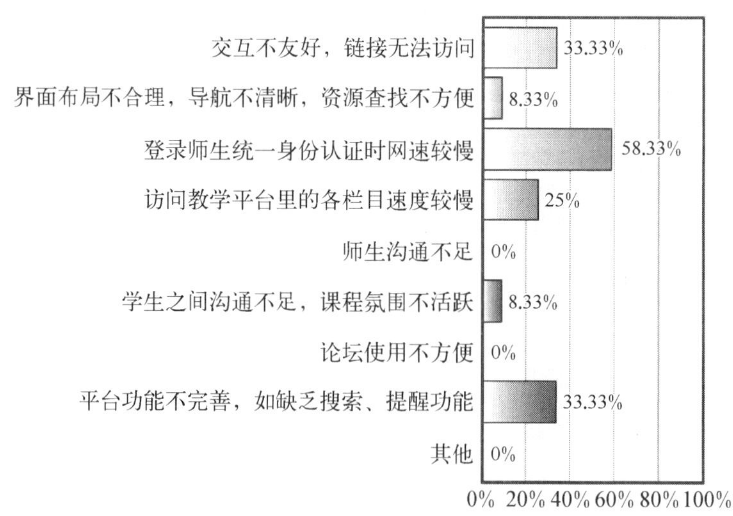

图 5　有关学习平台交互问题调查统计

三、结论与启示

通过前文对在线课程以及学习平台的调查反馈，我们可以得出结论：在线课程学习满意度是一种主观心理感受，要重视学生的个体因素进行设计。心理学中个体因素是影响学习满意度的主要因素之一。本次调研对象基本是年龄相近、已有受教育水平相同且属同一教学层次的学生，个体差异较小，这可能是造成实证分析结果中个体因素不是在线课程满意度主要影响因素的原因。随着教育水平的提高，开放教育的学习主体其个体特征差异将更加明显，而不同的人群对在线课程的教学需求也不同。孔子在几千年前就强调要“因材施教”，上海开放大学的校训也是“有教无类，乐学致远”，因此，在线课程建设必须针对不同年龄、不同区域、不同受教育水平的学习者的要求，满足经济社会和社会成员的多样化需求。

1. 在线课程建设要以“学习者为中心”，优化质量评价指标

学习满意度在一定程度上体现了在线课程的建设质量，相关影响因素应作为检验其质量的重要评价指标。因此，在对远程开放教育在线课程进行评价时，如吸引学生注意力、学习平台交互等几个显著的影响因素应列为最重要的评价指标；而对于影响不显著的变量，可结合实际予以较小的权重，有的变量也可不列入课程评价指标，以使在线课程评价指标的设置与赋值贴近实际，体现以“学习者为中心”的远程教育理念，发挥在线课程的优势和特色。

2. 在线课程使用效果方面，教学交互对学习满意度的影响显著，而通过在线课程能及时解决学习难题的影响则表现不显著

远程开放教育非常强调教与学的交互，在前面的统计分析中，交互对学习满意度的影响显著，说明在线课程能有效实现学习者—教师—资源—平台的四维互动。通过在线课程能解决学习中遇到的难题这一表现不显著，说明目前远程开放教育中，在线课程并不能完全有效地帮助学生答疑解惑，可能还需要面授课程帮助学习者掌握相关知识点。

3. 课程界面设计对学习满意度的影响显著，而课程栏目的设置影响不显著

界面设计友好与否直接影响学习者的情绪，统计分析显示，界面设计越友好，学习满意度越高。而在栏目设置上，表现不明显，可能许多在线课程栏目的设置比较类似，缺乏创新性，学习者对此反应不强烈，因此对学习满意度的影响不显著。在线课程的界面设计要尽量达到用户友好的标准。学习者对在线课程最直观的接触是课程界面与栏目，友好的界面设计能有效激发学习者的学习兴趣。在线课程的用户友好不仅包括人机界面、导航、信息架构等，还包括一些特殊的设计理念，因此需要借鉴一些优秀的在线课程设计案例，提高人机交互的质量，达到用户友好的标准。

4. 设计适用的在线课程资源与学习指导

区别于 MOOCs 授课对象，参与远程开放教育的学生，有着更清晰的学习目的，最关注的是与学习成绩直接相关的内容，如“课程导学”“复习重点”“学习建议”等。鉴于在线课程内容是否明确、重点是否突出、是否具有能够扩大知识面的补充资料这三点对学习满意度的影响显著，因此在设计在线课程时，要将这些栏目放在显眼位置。课程设置要充分发挥导学和助学的作用，在满足学生情感需求的同时，通过导学和助学，帮助学生获取相关课程知识，提高自学能力，实现学习过程的最优化。

5. 正确看待技术在在线课程建设中的作用，重视交互对教学效果的影响

诚然，在线课程依靠电子信息和网络技术实现全方位开放式教学，但技术只给予课程展示的平台和手段，我们更应注重的是课程质量建设。在信息技术迅速发展的今天，学习者的上网技能已明显提高，网络技术环境也相应改善，因而其对学习满意度的影响已降低；反之，教学交互对学习满意度的影响显著。因此在开展网络教育的过程中，应不断探索适合自身发展的具有远程特色的教学模式，逐渐从“以讲授为主”向“以互动为主”的教学模式转变。从某种程度上说，学习满意度不仅来源于学习目标的实现，也来自主动参与学习的快乐。开放大学如果能在交互方面取得竞争优势，则可以更大程度地满足学习者的需求。

参考文献

[1] 王宁，琚向红，葛正鹏.开放教育网络课程学习满意度影响因素[J].开放教育研究，2014(6)：111－118.

[2] 王刚，张屹，常虹.在线课程资源评价系统的设计与实现[J].图书馆工作与研究，2010(12)：46－49.

[3] 邹晔.网络课程学生满意度测评[J].开放教育研究，2004(4)：40－43.

[4] 王小梅，李林.台湾大规模开放在线课程的发展现状[J].世界教育信息，2014(6)：68－70.

[5] 杨孝堂，陈守刚.泛在学习的理论与模式[M].北京：中央广播电视大学出版社，2012：36－37.

[6] 王耐寒.网络教育学习满意度影响因素的研究[D].山东师范大学，2011(6)：1－56.

[7] 黄震.在线课程：重塑高教版图[N].中国教育报，2013－04－08(005).

[8] 沈敏.“开放在线课程”正在猛烈冲击传统大学[N].新华每日电讯，2013－07－19(006).

[9] 牛宇鑫.在线课程“慕课”将改变教育行业[N].中国信息化周报，2013－09－09(019).

[10] 刘蔚如.清华发布“学堂在线”大规模开放在线课程平台[N].新清华，2013－10－18(003).

[11] 康叶钦，李曼丽.小规模限制性在线课程“来袭”[N].中国教育报，2014－01－14(007).

[12] 王阳.“指尖上的学习”渐成世界潮流[N].上海科技报，2013－07－12(001).

“英语视听说(1)”课程基于学习成果的混合学习设计

刘苏景

(上海开放大学人文学院,上海 200433)

摘要: 研究利用 Compendium - LD 工具对“英语视听说(1)”课程进行混合学习设计,其特点是以学习者为主体,以学习成果为导向,一体化设计课程学习活动与学习评价,并采用自主学习为主、面授和在线教学为辅的混合学习模式完成课程学习。该混合学习有助于优化成人英语学习者的学习环境,能够调动其主观能动性,促进学习者实现学习成果,但对学习者的学习能力、时间管理能力和对学习支持服务等提出了更高的要求。

关键词: 混合学习;学习成果;英语视听说(1);Compendium - LD

引言

随着教育信息技术的发展与应用以及 MOOCs 的出现,高等教育从单纯面授模式转向在线模式或混合模式已成为不可逆转的趋势[1]。混合学习多指传统的面授辅导教学与在线辅导教学在一门课程教学过程中以不同比例混合,以促进学习者更好地实现学习目标。鉴于开放远程教育的特点,科学、合理的混合学习设计将有助于促进学习者顺利完成课程学习。研究尝试以上海开放大学商务英语(专科)专业“英语视听说(1)”课程为例,尝试构建基于课程学习成果的混合学习模式,并借助 Compendium - LD 学习设计工具,完成对该课程的混合学习设计。

一、课程混合学习模式

“英语视听说(1)”课程尝试采用以学习者自主学习为主、参与以课堂翻转的方式组织的面授和在线辅导教学的混合学习模式(见图 1),以学习成果为导向,以学习任务为驱动,以过程性评价与终结性评价相结合的学习评价,进行课程学习。

1. 自主学习活动

课程学习者需要课下借助学习平台中的教学视频以及单元教学讲义自主完成教

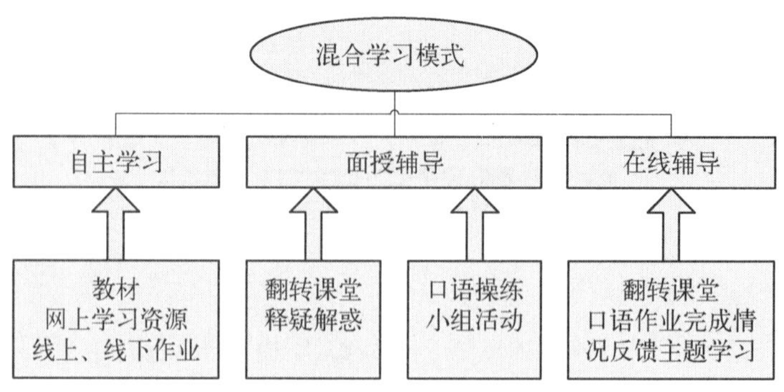

图 1 “英语视听说(1)”课程混合学习模式

材单元学习内容,包括单元词汇、句型、口语、视听学习,完成教材中相应的练习题目以及学习平台上由计算机评阅的客观记分作业和由辅导教师批阅的主观记分作业。客观记分作业包括听力单选题、视听单选题和视听填空题 3 种题型,主观记分作业即单元主题口语作业,采用录音上传的方式完成。此外,作为学习活动之一,完成每周的学习日志也是学习者自主学习的一部分。

2. 课堂面授学习活动

课程的面授辅导课包括两个环节:一是释疑解惑环节,一是单元口语学习环节。前者基于翻转课堂,由辅导教师集中回答学习者课下自主学习过程中发现的学习问题;后者重在营造英语口语教学的学习环境,通过讲解单元重难点词汇与句型,开展指定主题的口语小组交流活动,弥补学生自主学习过程中英语口语操练学习方面的不足,同时促进其顺利完成单元口语作业。课堂面授辅导课学习活动既包括吸收型活动,也包括做的活动,比如口头完成一个英语对话,并把对话写在笔记本上。

3. 在线辅导学习活动

课程的在线辅导课与面授辅导课同等重要,且因为在线辅导课在学习平台上进行,允许课后学习者回顾、浏览,因而在线辅导课是课程混合学习设计的重要组成部分。在线辅导课包括两个环节:一是“破冰”环节,一是“学习”环节,后者以辅导教师为主,采用问答方式启发、引导学习者发问并回答教师或同伴的问题。学习者在在线辅导教学结束之后,应进一步完善其单元口语作业,完成当周的学习日志。

二、基于学习成果的混合学习设计

“英语视听说(1)”课程混合学习设计采用了英国开放大学知识媒体研究所主导开发研制的 Compendium - LD 学习活动表征工具。该工具采用灵活的可视化界面,支持学习设计,其最大的好处在于把教师从关注学习内容中解放出来,转移到关注学习活动,以学习者为重,关注学生应学习的知识[2]。图 2 即为利用该工具对“英语视听说

(1)”课程进行的基于课程学习成果的混合学习设计方案。课程教学设计中根据单元模块内容，每两周完成一个单元的学习，且混合学习模式中单元辅导教学可选择面授或者在线的方式。

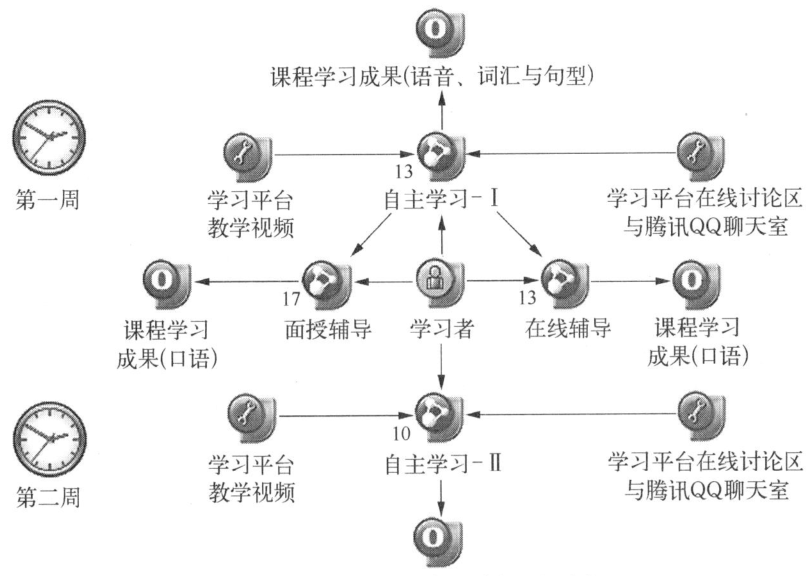

图 2　基于学习成果的混合学习设计

1. 学习成果

学习成果(learning outcomes)是教学设计的起点，也是其终点[3]。学习成果类似于课程的学习目标(objectives)，指学习者完成该课程的学习之后应达到的学习要求或所期待的成果，也就是通过该课程的学习，学生能达到怎样的学习效果。学习成果大体上可以分为五大类，即知识技能、认知策略、言语信息、态度和动作技能[4]。对于学习者而言，合适的学习成果才是有意义的。在英国开放大学被广泛使用的基于预设学习成果(intended learning outcomes)的学习设计模型[5]，体现了学习成果、学习活动与学习评价三者之间的紧密联系。该模型具体内容如图 3 所示。

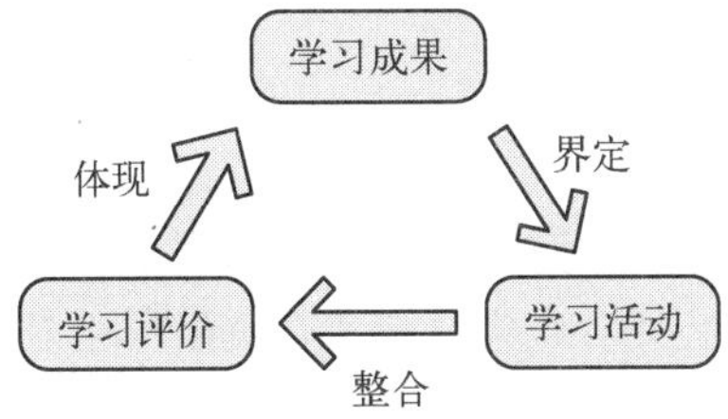

图 3　英国开放大学基于预设学习成果的学习设计模型

学生在学完“英语视听说(1)”课程之后,应实现的学习成果具体包括5个方面:

(1) 语音。能够准确掌握英语句子的升降调读法,英语句子中虚词弱读、实词重读的朗读技巧以及英语中缩略词('s, n't 等)和固定结构(want to, what do you, what does 等)的读法。

(2) 听力。掌握一定的听力技巧,如熟悉时间、数字表达法,掌握一定的听写与速记技巧;能够听懂题材熟悉、句子结构比较简单、基本上没有生词、语速为每分钟80~100个英语单词的日常生活中的一般简短对话,例如:关于见面问候、天气、爱好、旅游、工作、家庭等话题。

(3) 口语。能够对日常生活中的简单主题进行英语口头交际,例如:见面寒暄、天气、体育爱好、休闲活动、家庭环境等。要求口语表达语言得体,语法基本正确,语音语调正确,并能够对上述常见的英语交际主题与语境做出快速反应,做到用词准确、恰当;能够结合课程教学完成相关主题的10篇英语短文写作(60词左右),并可以流畅复述。

(4) 视听理解。能够看懂、听懂简单的英语视频内容,并能完成相应的理解练习。例如:见面寒暄、旅游、体育锻炼、身体健康、家庭、工作等方面的交际内容,以及情节较简单、语言简洁、类似《狮子王》的英语原版动画片,并能对长度在3分钟左右的电影视频进行有条理的概述。

(5) 词汇与句型。能够掌握日常生活中的常用词汇,例如:关于描写天气、人物、体育活动、健康状况、工作要求等方面的词汇;掌握常用的交际英语用语,例如:关于问候、寒暄、邀请、询问、计划、购物等话题;能够掌握150个左右常用交际功能的习惯表达法。

2. 学习活动与学习任务

在“英语视听说(1)”课程混合学习设计中,从整个课程的角度而言,主要包括学习者的自主学习活动、课堂面授学习活动和在线辅导学习活动3种(如图1所示)。

3. 学习评价

“英语视听说(1)”课程混合学习设计中,课程学习评价与学习活动一体化设计,包括形成性考核和期末考试两部分。形成性考核强调学习过程,在评价学习者的平时学习成效的同时,促进学习者的学习过程管理。

(1) 课程的形成性考核:占课程考核总成绩的50%,由网上记分作业(70%)和课程辅导教学参与(30%)构成,保证每周1次记分作业,每两周1次面授或在线教学辅导课,督促学习者每周都能学有所获。

(2) 课程期末考试:占课程考核总成绩的50%,包括笔试和口试两部分,前者由听力判断正误题、听力单选题、英语经典动画片段理解单选题和视听填空题4种题型构成,后者由英语自我介绍、朗读英语句子和看图说话(对话)3种题型构成。期末考试题型设计与形成性考核的题型设计保持一致,学、练、考一体化设计。

表1　课程形成性考核构成表

形考方式与比例	形考作业内容	说　　明
网上记分作业(70%)	10个主观记分作业(口语作业)(60%)	分别在教学周第1,3,5,7,9,11,13,15周完成
	8个客观记分作业(视听作业)(40%)	分别在教学周第2,4,6,8,10,12,14,16周完成
辅导教学参与(30%)	面授辅导教学参与(50%)	5次面授课
	在线辅导教学参与(50%)	4次在线讨论
合　　计	4类形考内容	18个作业

4. 学习支持

学习支持是在线教育教学的重要环节[6]，全面、到位的学习支持与优质的学习资源、合理的学习活动一样，能够增强课程黏性，促使学习者对课程学习保持较强的学习动机和兴趣，是混合教学实现良好效果不可或缺的保证。“英语视听说(1)”课程混合学习设计中的学习支持包括以下3个方面：

(1) 明确学习任务。课程辅导教师制定详细的课程教学活动安排表，确保学员清楚课程学习任务，比如辅导课的授课形式(面授或在线)、周数、时间、主题。表2为教学周第1～4周的教学活动安排表。

表2　第1～4周的教学活动安排表

周次	学习形式	学习内容或活动	备　　注
1	面授辅导	(1) 课程介绍：课程目标、教学内容、学习设计、课程考核等； (2) Unit 1——口语主题学习：用英语进行自我介绍与介绍他人。	
	自主学习	(1) 借助网上学习资源——第一单元词汇和句型教学视频等，自学教材第一单元Lesson A； (2) 观看第一单元的口语教学视频，完成“英语短文写作1——自我介绍”，同时上传该口语作业的音频文件； (3) 完成学习日志-1。	学习日志：记录自己所学知识点、学习难题、心得等；完成“记分作业-1”
2	自主学习	(1) 借助网上学习资源——第一单元听力和视听教学视频，自主学习、完成教材第一单元听力学习(P4～6, Listening Activities 1～3)和视听学习(P12～17)； (2) 观看学习英语动画片《疯狂原始人》的2个片段； (3) 完成学习日志-2。	完成“记分作业-2”

续表

周次	学习形式	学习内容或活动	备　　注
3	自主学习	(1) 借助网上学习资源——第二单元的词汇、句型、口语教学视频，自主学习教材第二单元所涉及的主题词汇、句型表达等英语知识； (2) 完成“口语作业-2”和“口语作业-3”并完成上传； (3) 完成学习日志-3。	
	在线辅导	(1) 释疑解惑； (2) 口语作业点评； (3) 组织学员进行主题讨论，进一步完善“口语作业-2”和“口语作业-3”并完成上传。	完成“记分作业-3”
4	自主学习	(1) 借助网上学习资源——第二单元的听力和视听教学视频，自主学习、完成教材第二单元听力学习(P22～24，Listening Activities 1～3)和视听学习(P31～36)； (2) 观看学习英语动画片《冰雪奇缘》的2个片段； (3) 完成学习日志-4。	完成“记分作业-4”

(2) 提供课程学习流程。课程重视合理的学习过程设计，指导学生认真完成自主学习任务。自主学习主要包括单元词汇、句型、口语、听力和视听5个模块的学习，建议学员每单元第一周的学习始于学习平台上的单元词汇、句型和口语教学视频，完成教材中的相关练习，学习教学讲义以巩固学习成果，并完成形成性考核主观记分作业即口语作业的录音与上传，检测学习成果的实现情况；第二周借助学习平台上的单元听力和视听教学视频，完成教材中相关的视听练习，完成视听记分作业，并与教师、同学沟通、交流，开展学习反思活动。

图4为利用Compendium-LD工具完成的、以第5单元为例的课程学习流程图。

(3) 通过腾讯QQ等社交工具及时提供学习支持服务。除了通过电话、电子邮件等常规手段提供的学习支持以及学习平台上附带的作业提醒、学习进度导航等学习支持以外，借助腾讯QQ等社交工具提供课程学习支持也是有效、灵活的方式之一。这类学习支持主要包括上传课程学习资源(比如辅导教学用的幻灯片、期末复习资料等)，通报作业完成情况，提醒学习活动，分享学习心得，提供学习方法指导，解答学习中遇到的问题，及时干预“问题”学生等，通过师生、生生之间频繁的交流互动，增进相互理解，有利于营造良好的学习氛围与激发、保持学生的学习动力，增加课程黏性。

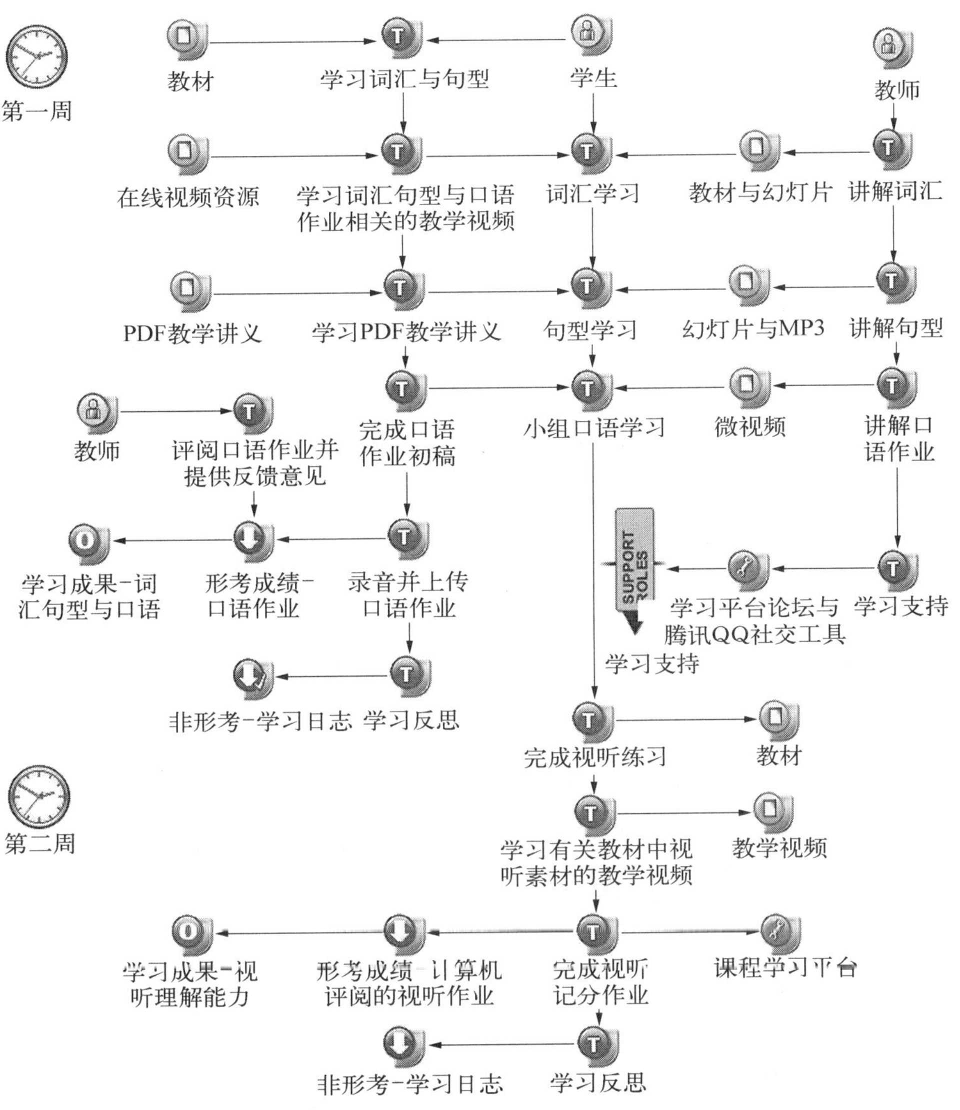

图 4　以课程第 5 单元为例的学习流程图

三、思考

“英语视听说(1)”课程以学习者为中心，学习成果为导向，学习任务为驱动，学习评价过程性和终结性一体化设计，以学习者自主学习为主，辅以面授教学和在线教学的混合学习设计，不仅契合开放教育成人英语学习者的学习特点，能够缓解工学矛盾导致面授辅导课出勤率低、学习效果不理想的困难，还使学习更灵活、方便，有助于学习者利用零散时间进行学习。笔者认为，对课程进行混合学习设计，必须考虑课程学习对象、课程教学情况（学习成果、学习活动与任务、学习评价等）以及保证在线学习有效进行的客观外在条件如学习平台、网络技术、在线课程资源等影响因素，而且还要清楚，混合学习是否有助于课程学习效果的优化，主要取决于学习者能做什么和作为学习促进者的教师与教辅人员能做什么。对此，笔者有两点思考。一是学习者层面。学习者有无学习意愿、自学能力强弱很大程度上决定着混合学习设计的促学效果。一个人首先要想学，才有可能学好。因此，开展混合教学时，首先应深入了解学习者的需求，激发其学习动机与兴趣，并在学习过程中帮助其保持强烈的学习意愿与兴趣，例如以谈心的方式进行师生交流，建设学习社区，树立学习榜样，加强同伴之间的交流学习，结合学习者的职业发展，提供专业学习建议等。其次，应提高学习者的自学意识和能力，通过开展短期课程或讲座提高学习者的信息技术素养、时间管理能力和自我管理能力，改善其学习习惯和增加其学习策略知识，指导学习者在反思中学会学习[7]，使学习者“会学习”。二是学习促进者层面。学习促进者不仅包括课程教学人员，还包括教学辅助人员，例如学习支持、信息技术支持等人员。开展混合学习，离不开优质的学习资源，离不开功能强大、界面友好、使用便利的学习平台，离不开到位、全面的学习支持和良好的学习环境，这样学习者才能有好的学习体验。因此，为保证混合学习的促学作用，学习促进者应以团队的方式通力协作，例如成立课程资源制作团队、教学团队，加强在混合教学和翻转课堂教学方面的研究与实践，打造学习支持服务团队，开发学习平台便利的交互功能与后台数据统计功能，在为学习促进者提供适时学习支持的同时创造教学研究环境，为学习者提供自我学习管理与监控的依据，从而营造良好的学习环境，使学习者乐学、好学。

参考文献

[1] 韩锡斌，翟文峰，程建钢.cMOOC 与 xMOOC 的辩证分析及高等教育生态链整合[J].现代远程教育研究，2013(6)：3－10.

[2] 陈斌，魏智慧.开放的学习与学习的开放——访英国开放大学教育技术研究所格兰尼·科诺尔教授[J].开放教育研究，2011，17(3)：4－9.

[3] Gagne R M, Wager W W, Golas K C, Keller J M. Principles of instructional design[M]. Wadsworth：Cengage Learning：2005, P2.

[4] Gagne R M. The conditions of learning (4th ed.) [M]. New York：Holt, Rinehart and Winston, 1985.

[5] 白滨，陈丽，斯蒂芬·J.斯威森比.英国开放大学质量保证关键要素研究[J].开放教育研究，2014，20(1)：9－34.

[6] 孙洪涛，郑勤华，陈丽.中国 MOOCs 教学交互状况调查研究[J].开放教育研究，2016，22(1)：72－79.

[7] 裴娣娜.教学论[M].北京：教育科学出版社，2006.

基于"服务学导论"学习体验的在线课程设计分析

黄河笑

(上海开放大学理工学院,上海 200433)

摘要: 以学习者对"服务学导论"在线课程学习的体验为基础,从学习者的视角出发,结合开放教育学习者的学习特点,对学习活动、学习资源、学习支持服务等在线课程设计要素进行分析,探讨适合开放教育学习者的在线课程设计策略和方法。

关键词: 在线课程;学习体验;课程设计

引言

自 MOOC 概念提出以来,在线教育已经在全球范围内得到了广泛的关注与重视。信息通信技术的发展促进了学习方式的演进,新的学习方式则促进了学习领域的理论技术的发展[1]。在开放教育领域,在线学习也成为一种不可逆转的趋势。英国开放大学 Futurelearn 学习平台、中国成人高校 MOOC 联盟学习平台、国家开放大学学习网、北京开放大学 School 平台、广东开放大学网络教学平台等在线学习平台应运而生。MOOC 作为一种新的开放教育模式受到了教育界的热捧[2]。上海开放大学作为首批更名的开放大学成员也在在线教育方法方面进行着积极的探索与尝试,2015 年开始建立并试运行新的在线学习平台,经过两年的使用与应用,性能日趋稳定,功能日趋完善。"服务学导论"是软件工程专业的专业必修课,是上海开放大学第一批在线课程建设资源,也是第一批试点课程。基于此,笔者以"服务学导论"课程为例,通过对学习者的学习体验分析来探讨在线课程设计的方法和策略,以期为优化上海开放大学在线课程设计提供一些思路和方法。

一、在线课程设计

学习体验是教学活动揭示、展现、提升生命意义的关键[3]。依据上海开放大学在线课程资源建设标准,结合"服务学导论"课程的特点,以上海开放大学学习者学习需求为导向，开展课程的设计。“服务学导论”在线课程设计主要包括课程介绍设计、课程结构设计、学习资源设计、学习活动设计、学习评价设计、学习支持服务设计等部分。

1. 课程介绍设计

“服务学导论”在线学习是从浏览课程介绍开始的，故对课程介绍的精心设计非常重要。本课程主要通过课程简介、课程文件和课程导学两方面进行设计。课程简介以简洁的文字描述课程的内容，使学习者整体了解课程的信息和学习要求；课程文件主要以课程说明、课程信息、实践教学实施细则等文件为主，并且以文本文件的形式呈现；课程导学通过生动形象的数字故事呈现整个课程的学习内容、学习要求、学习目标等信息，激发学习者的学习兴趣和学习动机。

2. 课程结构设计

课程结构一目了然，明确了学习视频、资源、活动、作业如何进入，如何关注课程公告、考核标准等。“服务学导论”课程结构设计在上海开放大学在线学习平台支持功能的基础上，以学习者重点关注的内容为设计聚焦点，并以简洁、好用、方便的层次设计为导向，将主要内容以模块的形式进行呈现，主要分为两级：一级为学习模块，二级为学习视频和记分作业。

3. 学习资源设计

在线学习资源的类型多样，包括微视频、文档类、动画类等[4]。“服务学导论”在线课程主要采用微视频学习资源。“服务学导论”的资源主要设计为微视频和文档类两种。主要学习内容为微视频，按照学习模块，以知识点为重点，共设计开发 29 个微型视频学习资源。微视频主要以动画、图片、音频等多媒体资源的整合编辑为主，每个微视频的时长为 5～10 分钟。课程其他信息主要以文档类为主，包括课程文件、课程辅导材料等。

4. 学习活动设计

活动是学习者学习的必要条件。在线学习活动是学习者利用在线学习方式，围绕某一知识内容完成相应学习任务及其所有操作的总和。“服务学导论”在线课程的学习活动主要根据课程标准和教学大纲的要求，在对教学目标、教学内容以及学习者特征总体分析的基础上，以知识点学习为重点，设计一系列学习活动任务。通过调研发现，上海开放大学 90％以上的学习者关注学习测试结果，因此设计学习活动主要包括微视频学习和记分作业两种学习形式。每一学习模块包括 3～6 个微视频和 1 个记分作业，共有 8 次记分作业。记分作业是对学习模块知识的测试练习。

5. 学习评价设计

学习评价包括形成性评价和终结性评价两大部分。形成性评价活动主要包括对学习者在线学习活动、测试练习、小组活动、知识共享等学习过程的评价[5]。总结性评价指课程结束后的期末考试。“服务学导论”课程也采用形成性评价和总结性评价两种方式，形成性评价主要以 8 次记分作业的成绩为主，占总成绩的 40％；终结性评价以期末考试的形式呈现，占总成绩的 60％，并且采用上机考试的方式。

6. 学习支持服务设计

高质量的学习支持服务是在线学习有效发生必不可少的因素[6]。“服务学导论”课程以总校主持教师为主，充分利用分校面授教师，建立了课程学习支持服务团队，并且以微信群、QQ群的形式及时为学习者提供学习支持。充分发挥学习者小组的作用，将自然学习班分为多个在线学习小组，小组长作为学习小组的负责人可以及时汇总学习者的学习问题并向授课教师反映。除了学习支持团队外，学习平台还提供了学习日历、短信提醒等多种支持方式。学习者有任何问题都可以通过多种渠道寻求帮助。

二、学习体验分析

在线课程学习体验是学习者对在线课程学习过程及结果的感知与体验，它是学习者对在线课程环境、在线学习活动、学习交互等多方面的感知和反映。

为解决课程设计中可能存在的问题，为了解学习者在线学习的学习体验满意度，笔者对“服务学导论”2016年秋季软件工程一个班级的学习者进行了问卷调查，问卷采用不记名的作答方式。参与问卷调查的学习者有20人，有效率达到100%。调查结果如下。

1. 总体满意度

从课程内容设计、教学计划安排、学习活动设计、学习资源设计、学习评价设计等方面对学习者对课程的学习体检满意度进行了调查，调查数据结果如表1所示。

表1　课程学习体验纬度结果分析

纬　度	问　　卷	均　值	标准差
课程内容	教学内容十分合理	4.03	0.86
教学计划	我能适应教学进度的安排	3.95	0.92
学习活动	学习活动设计合理	3.78	0.91
学习资源	提供的资源能满足我的学习需求	3.93	0.96
学习评价	课程评价合理	3.80	0.91
	符合我的预期期望		
	能够巩固我的学习		

从调查数据分析发现，大部分学习者对课程的学习体验是趋于满意的，均值到达到了3.78以上。说明“服务学导论”在线课程的设计基本能够满足大部分学习者的学习需求，能够给学习者带来良好的学习体验。课程内容选取的原则是实用性，能与学习者的生活实际结合起来。调查发现，80%以上的学习者对课程学习内容的选取表示满意，因此可以看出对于开放教育，学习者对课程内容的态度趋于实用性，越与学习者

的生活、工作有关，越能得到学习者的青睐。从教学计划的调查数据可以看出，采用教学日历，并且按照每周学习一定模块的形式，能够很好地满足学习者的学习需求，大部分学习者能够根据学习进度进行学习。但在实际的教学之中，因上海开放大学总—分校、主持—面授的特点，会出现个别分校、个别学习者未在教学计划时间内完成的情况，表现比较突出的是“记分作业”不能在规定的时间内完成。对于此种情况，主要采用个别化指导与帮助的方式进行处理，也取得了一定的效果。从学习活动、学习资源和学习评价的整体满意度来看，学习者对“服务学导论”课程的教学设计是满意的，对于微视频的学习资源是认可的，对于记分作业的过程性评价是能基本满足学习者的学习评价要求的。数据的分析与调研的结果是一致的。在调研访谈中发现：85%以上的学习者的主要目的是通过课程的学习获得学分，获得知识与掌握技能反而成为他们的附加项。因此，在进行课程教学设计的时候，需要在满足教学要求的基础上，尽量为学习者提供方便，尽量满足学习者的学习需求。从数据分析可知，学习者对课程学习的效果满意度是较高的，在线学习的方式也被大部分学习者认可。

2. 学习态度

参加调查的学习者经历了上海开放大学学习平台的转换，早期的上海开放大学学习平台主要以课程资源的呈现为主，而且主要作为课堂面授学习的补充。现阶段采用的学习平台融合了多种学习工具和教学支持，可以支持多种模式的教学。“服务学导论”在线课程采用的是在线学习与面授学习相结合的混合式教学模式，不完全是网上学习，还提供多次面授辅导课程。学习者对于采用在线学习的态度，调查数据结果如图 1 所示。

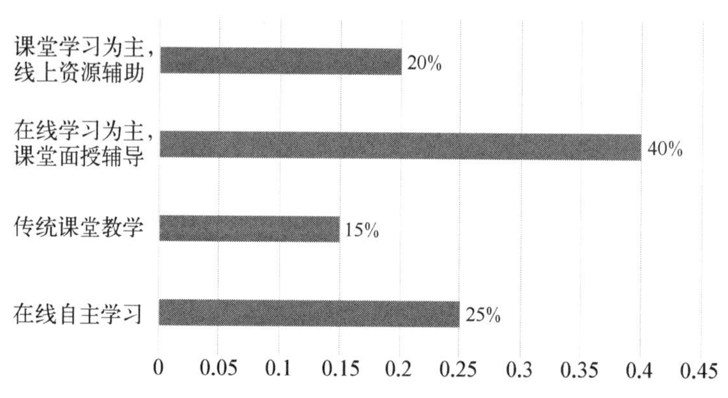

图 1　学习者对不同学习模式的态度调查数据分析

通过数据分析发现，不同学习者对不同的学习模式持有不同的态度，仅有 40%的学习者对以在线学习为主、课堂面授辅导的教学模式表示比较满意。通过线下的访谈发现，大部分学习者具有明显的工学矛盾，大多数学习者没有整段的时间来进行学习，很多学习者是向公司请假或下班后来学校上课。而且，有部分学习者也出现了心理倾向传统课堂教学模式但又不想按照教学安排来上课的矛盾心理。在线自主学习虽然成为开放教育的一种趋势，但是调研的学习者对于在线自主学习还是抱有观望的态度，大部分学习者认为，如果完全开展在线自主学习，担心自己不能约束自己，而且也缺少面对面的交流与沟通。

对于“服务学导论”所采取的在线自主学习占 60%、课堂面授占 40%的教学模式，并且形成性考核占总成绩的 40%、期末考试占 60%的教学评价方式，大部分学习者认为是乐于接受的，能够满足大部分学习者的需求。调查数据结果如图 2 所示。

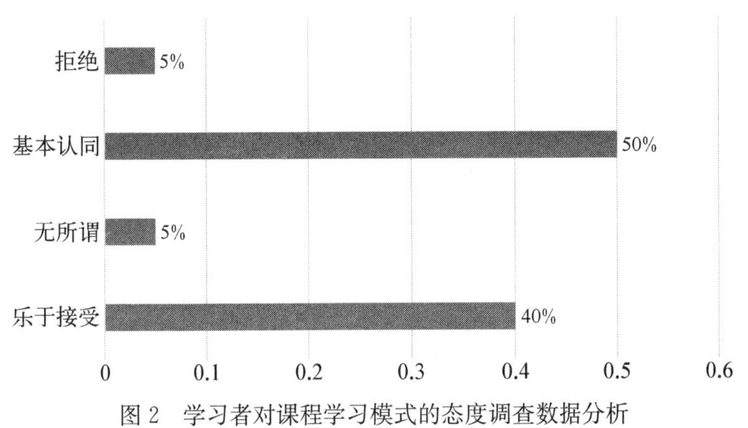

图 2　学习者对课程学习模式的态度调查数据分析

通过数据调查结果可以看出，90%的学习者对“服务学导论”采取的教学模式是认同的，其中 10 人表示基本认同，占调查人数的 50%；8 人表示乐于接受，占所调查人数的 40%；1 人选择了无所谓，1 人选择了厌烦和拒绝，占所调查人数的 10%。从调查数据可以看出，在开放教育学习者之中，仍有一部分学习者对于学习模式不怎么关心，并且学习者的学习需求不尽相同，而且要求比较多。

3. 学习效果评价

从课程学习的有用性方面进行了学习者对课程学习的自我评价，主要包括知识和技能对学习者是否有用，对学习者的能力提高是否有用，对职业生涯是否有用等方面。调查数据结果分析如表 2 所示。

表 2　学习者对课程学习的自我评价

纬　度	问　　卷	均　值	标准差
学习有用性	通过课程学习，我学到了想要的知识和技能，对我个人非常有用	3.96	0.95
	通过课程学习，我的能力得到了很大的提高	3.50	0.80
	通过课程学习，对我的工作具有很大帮助，有利于我的职业发展	2.80	0.75

从调查数据分析发现,“服务学导论”在线课程的设计能够满足学习者对知识、能力、职业等方面的需求。70%以上的学习者认为课程的学习能够帮助学习者获得服务学方面应有的知识,并能够掌握一定的服务设计相关技能。20 个学习者之中有 12 人从事计算机软件、快递、地铁等相关服务设计行业。在课程学习对学习者的职业发展是否有用方面,有 50%以上的学习者认为对职业发展有用,这与学习者现有的职业是一致的。

三、总结与建议

学习体验关系到学习者的主观感受,以学习者为中心,将学习者的学习体验纳入在线课程设计之中是学习者的主体性诉求,是在线学习分析与评估的一个特有维度和独特视角。笔者结合“服务学导论”在线课程的设计与实施,开展了一定的教学实验,并从学习者学习体验的视角分析了在线课程设计的应用效果,有利于我们更深入地研究开放教育学习者的学习特点以及更有效地开展在线课程设计。笔者的研究还只是做了一点点实验,还有很多问题值得深入探讨,如在线课程学习体验结构及影响因素模型的建立和科学论证,学习体验与在线课程学习成效关系的验证,在线课程设计策略与教学模型等。

笔者通过“服务学导论”在线课程的建设、设计与实施,总结出以下对于开放教育在线课程设计的建议:

立足课程本身特点,深挖学习者的需求,课程整体结构的设计需要系统性与独立性并举。每一门课程具有一定的课程体系,这种课程的系统性不能任意打破,在设计在线课程时可以采用模块化的设计,每个模块之间既要保持课程的内在体系,又要有各自的独立性。这就要求模块的划分要有技巧,需要精心策划。

课程资源建设多样性与单一性并存。不同学习者对课程资源的要求是不同的,而且文理科课程的差异也决定着需要用不同的资源类型加以呈现。在线课程资源的建设需要根据课程的特点进行策划,现阶段主要流行的是以微视频为主,兼顾文档、多媒体课件等辅助资源类型。而且微视频的建设要根据不同知识点,选取图文动画型、情景模拟型、现场拍摄型等不同形式的呈现方式。

学习活动设计关注学习者的协作性与交互性。成人学习者的学习目的性比较强,具有一定的功利性,而且成人学习者更需要协作和合作的意识。在设计在线课程学习活动的时候,需要增加小组活动、互动交流等学习环节的设定,激发学习者的互动性,并利用微信、QQ 等社交工具增强学习者与学习者之间的交互,增加学习者之间的“黏性”。

课程评价注重过程性与终结性的合理设置。全部采取过程性评价容易导致学习者仅仅是为了做而做,全部采用终结性考试有可能导致盲目的应试考试。而且,成人学习者的特点，也决定了需要采用灵活的考核方式。在线教育的发展，并且学习平台功能的日趋完善，为学习者的过程性考核提供了更多的方式，也提供了更多的分析数据。

参考文献

[1] 冯翔，吴永和，祝智庭. 智慧学习体验设计[J]. 中国电化教育，2013(12)：14-19.

[2] 张伟，王海荣. MOOC课程学习体验及本土化启示[J]. 现代远距离教育，2014(4)：3-9.

[3] 陈亮，朱德全. 学习体验的发生结构与教学策略[J]. 高等教育研究，2007(11)：74-77.

[4] 马秀麟，毛荷，王翠霞. 视频资源类型对学习者在线学习体验的实证研究[J]. 中国远程教育：综合版，2016(4)：32-39.

[5] 侯凤芝. 在校大学生在线学习行为研究[D]. 浙江师范大学，2010.

[6] 马红亮，等. 引入国外开放课程构建网络学习新模式[J]. 电化教育研究，2011(9)：68-74.

开放学习模式下在线课程的教学设计与实现之探索

——以上海开放大学“社区矛盾纠纷与解决”在线课程的开发为例

焦　娇

（上海开放大学公共管理学院，上海 200433）

摘要：信息技术的发展使人类社会进入了后工业时代。人们对知识和信息的需求不断增加，终身学习成为不二的选择。由于工学矛盾和其他学习障碍的出现，使得学习方法和手段越来越与传统的学习方法不同。学习方式的改变带来了教学方式的转变。上海开放大学作为一所为人们提供终身学习的大学，为了方便学习，提高教学质量，不断探索新的教学模式，企图使学校包括学历教育和非学历教育在内的教学能够在新的社会需要下，提高教学质量。本文章以上海开放大学“社区矛盾纠纷与解决”在线课程建设开发为例，阐述了开放学习模式下的在线课程教学设计理念和使之得以实现的实践探索。

关键词：开放学习模式；在线课程；教学设计；实现

引言

近年来，随着信息技术的不断发展，知识呈大爆发势态。人们可以根据需要，通过网络学习任何需要的知识。各种搜索引擎的出现，使知识的获得越来越快捷和方便，这也使得知识的传授方式越来越快速化、便捷化。人们企图通过各种现代化的方式将各种知识进行网络化呈现。于是 MOOC、微课还有其他方式的教学形式和方法层出不穷，因此，现代教育、教学的内容、方式和模式也面临着越来越严峻的挑战。传统的面授教学不断向网络教学转变，在线课程也不可避免地随之出现。实践中，这种网络 MOOC、微课的教学内容往往短小、精致，设计时只针对人们的精力集中时间以及现代社会要求的高效率需要，对知识进行碎片化设计，在五至十分钟的时间内将某一个知识点进行清晰的呈现。这样，人们可以根据自己的需要，用搜索引擎找到自己所需的任何一个知识点进行学习。这种知识点的碎片化学习和教学设计为快餐式的学习者提供了巨大的方便，使人们可以不受时间的限制，不受地点的约束，不受地区甚至学习基础的限制，快速地学习。这种碎片化、快餐化的教学方式也因此受到社会大众的欢迎。为了适应社会的发展，各种层次的教学机构、学校也在积极探索以网络形式呈现的教学设计，以期满足互联网时代学习者的各种需求。

众所周知，学校教育，尤其是学历教育，其与社会的大众化教育或者说市民教育有所不同。市民教育在于提升社会大众的素质，这种素质的提升可以表现为不同知识的积累和学习，并不要求系统化和专业化，它既可以是一个泛泛的了解，也可以是对某一知识点的碎片化掌握。对于这样的学习要求，MOOC 和微课的呈现方式基本上就可以满足。然而，与之不同的是，学历教育是一种专业的系统化教育，有系统化和专业化的要求。因此，如何将一门学科或学科里的一门知识系统地在网络上呈现，并有效地进行教授，而且还能与学科里的其他课程有机地统一，使学习者能够掌握学科所要求的教学内容，达到教学目标，是学历教育网络化后面临的最突出的一个问题，也是迫切需要解决的问题。因此，在线课程面临的不仅是便捷使用和碎片化的有机呈现问题，还有学科内容的系统化和有机统一的问题。在需要进行学历认证的高等院校，正面临着传统的教学方式向现代教学方式转变的局面和困惑：一方面需要对教学过程和教学质量进行监控；另一方面需要对教学内容和教学呈现方式进行探索并加以革新，使教学过程、教学质量及教学内容的呈现等环节能够有机结合，以适应现代社会的进步及发展。因此，在在线课程已成为时代趋势的今天，无论人们愿意还是不愿意，在线课程的建设始终是人们无法回避的现实。

一、开放学习模式与在线课程

1. 开放学习的内涵与开放学习模式

开放学习，也可以称为开放式学习，与其相对应的应该是封闭式学习。有人指出，开放学习是与以学校、课本、课堂为主要学习平台的封闭式学习相对应，通常是指以学习目标和任务为导向，通过多种学习方式和学习手段，最终获得知识、解决问题的一种学习方式。这种学习方式与传统的学校课堂学习方式有所不同，获取知识的渠道呈现出多样性的特点，学习的方式也呈多样性特征。然而，最后的学习效果却与课堂学习的效果相当。笔者认为，对于开放学习，我们可以尝试从以下几个方面进行理解。第一，课程学习资源的开放。学习者可以根据自己的需要，随心所欲地利用学习资源，不需要像传统课堂学习那样循规蹈矩地按照学习进度有顺序地进行利用。第二，课程资源对所有学习者开放。在传统的课堂学习中，学习资源可能只能由具有特定身份的学习者使用而其他学习者却不能使用。比如从前，复旦大学某专业课程的学习资源，只有专业注册的学生才有资格学习，而其他学习者就没有资格使用。但是，在开放学习的理念下，课程资源不仅可以供具有特定身份的学习者使用，不具有某种特定身份的其他学习者也可以使用;学历教育的学习者可以使用,非学历的专业或非专业学习者也可以使用。对于上海开放大学而言,这些学习者既可以包括上海开放大学的注册学生,也可以是社会市民,只要有学习课程相关知识的意愿,则课程资源均可对其开放并且为之使用。从这个方面来看,课程资源即将面对的学习者组成成分将会比较复杂,这种复杂性就要求课程资源的设计必须要有层次的区分,即要进行基础、提高等层次的区分才可以满足不同学习者的学习需求。第三,学习方式的开放。所谓学习方式的开放是指:学习者可以采用传统课堂学习的方式获得知识,也可以采用非课堂学习的方式获得知识,只要能够达到课堂学习的要求,实现学习目标,则该学习成绩就应该得到确认。由于学习者可能会来自各个年龄段,所以不同年龄的学习者也相应地具有不同的学习方式偏好。比如年长的可能更喜欢传统的教学手段,年轻的可能更愿意使用现代化的教学手段和方法。从这个意义上看,在线课程的学习方式设计应该包括多种方式,不仅应该有线上的教学,也应该包括线下的教学;线下的教学设计不仅应该包括传统的教学方式,也应该有非传统的教学方式;多种教学方式之间还需要有关联,可以让学习者在不同的阶段有不同的选择,并都能够达到相同的学习效果,能供不同的学习者随心所欲进行选择。第四,学习过程的开放。线上与线下、网上与网下各个学习环节应该相互融合、相互统一、相互补充。所以,在线课程的设计理念应该是允许相同的学习者在不同的学习环节采用不同的方式来完成学习。

另外,开放学习概念虽然由来已久,但是对于开放学习模式的构建却仁者见仁,智者见智,没有一个统一的模式。文章认为,不同的专业和不同的课程,学习模式可能会有所区别;对于不同的学习者,可能学习模式也不尽相同。即便如此,开放学习的模式至少应该具有如下共同性:即学习的自主性、学习方式的多样性、学习目的和任务的明确性、学习结果的相同性等。

2. 在线课程的含义

所谓在线课程,是指在教学目标和教学要求的框架下,将教学内容和教学过程用网络的方式呈现,通过网络表现的某门学科的教学内容及实施的教学活动的总和,是互联网时代条件下课程新的表现形式,包括网络教学资源、线上和线下的教与学过程、教学效果(包括教学成果的考核)等内容,具有开放性、自主性、共享性、交互性和协作性的特征。在线课程建设的目的就是为了满足采用开放学习方式的学习者的便捷学习,当学习者没有机会参与课堂学习时,利用网络同样能够获取与课堂学习相当的知识,同样程度地掌握相关知识,并完成学习任务。在线课程的实质是为了方便学习者的学习,将原本属于课堂教学的内容通过多媒体在网络上呈现,以帮助学习者完成学习任务,解决问题。

二、开放学习模式下的在线课程教学设计——以“社区矛盾纠纷与解决”在线课程教学设计为例

在线课程的教学设计主要是通过网络媒介表现的某门课程的教学内容及教学活

动实施的总和，包括按一定的教学目标与教学策略组织的教学内容以及用于实施教学内容的网络教学支撑环境。由于开放学习是以教学任务为驱动源、以学习者为中心进行的教学设计，所以，在进行教学设计时，首先要明确的就是教学任务。如果是专业学习，则应该在专业学习目标的指导下，设计各门课程的教学任务。每一门课程的教学任务也需要层层分解，通过课程章节的小任务的完成来实现。教学任务明确后，再根据教学任务组织教学资源和使用教学资源，目的是让学习者了解资源使用的目的，了解资源的作用。除此之外，设计者需要说明教学资源如何使用，以及各种教学资源的内在联系。“社区矛盾纠纷与解决”在线课程的教学设计，就主要是将课程的内容进行合理分解，再将内容以多媒体形式呈现，在教学大纲的指导下，以及每个内容中确定任务的驱动下，用一个合理科学的整体设计，将碎片化的教学内容，系统有序而又有趣地呈现在网络上，使互联网学习者可以随时随地进行学习。为了实现以学习者为中心的教学目的，课程教学主要以在线教学为主，辅之以必要的面授教学和线下讨论、线下实践参与等形式，让线上线下的教学内容和任务相互配合，有机结合和统一，既可以各自单独实现教学任务的完成，也可以相互配合完成教学任务。因此，“社区矛盾纠纷与解决”课程的教学设计有三种，学习者选择其中的任意一种设计均可以完成课程的教学任务。

第一种设计：使用全网络教学。学习者可以完全通过课程的在线学习资源进行教学内容的学习，完成教学任务。由于在线学习的局限性，所以对全网上学习的教学资源建设的要求较高，需要建设能够完美替代传统面授教学的教学资源。

第二种设计：线上学习和线下学习相结合。虽然有教学任务的驱动，但是由于种种原因，较传统面授教学（或课堂教学）的效果而言，线上学习的效果往往较差，对于一些重点、难点问题的讲解，可以设计一些面授或线下的学习环节。有些实践环节，也应尽可能在线下完成。

第三种设计：使用完全的线下教学，即采用传统的课堂教学和线下的其他教学方式进行教学。对于一些特殊的学习者，由于特殊的原因，不能在网络环境下学习，比如上海开放大学普晟分校，其学员均为在监狱进行劳动改造的罪犯，他们不能进行在线学习；再比如，上海开放大学存在着相当数量的残疾人学生，对于眼盲或耳聋的学生，网络学习绝对不是他们的最好选择。由此，可以设计线下教学环节，方便其完成教学任务。

三、开放学习模式下在线课程教学设计的实现与反思

1. 开放学习模式下在线课程教学设计的实现

以“社区矛盾纠纷与解决”在线课程为例，该课程在线建设项目于2016年1月顺利

建设完成，并于 2016 年 9 月底才投入使用。2016 年 12 月，课程建设项目小组抽取了“社区矛盾纠纷与解决”课程开设的松江分校进行课程的使用效果问卷调查。参与此次课程问卷调查的学生有 25 人。由于该 25 人均来自上海开放大学城市公共安全管理专业，均为大海开放大学本科学历教育学习者，所以，数据中并不包括非学历学习者的使用反馈。接受调查的学习者的年龄绝大多数为 26～35 岁。这部分学习者目前是上海开放大学城市公共管理专业人数最多的群体。这部分学习者最重要的学习目的是为了能够居留上海，获得居住证积分而进行学历学习。此部分群体从数据分析上来看，绝大多数(72％)能够熟练使用网络学习工具进行学习。92％的受调查者认为：他们可以根据在线课程设计的时间点进行自我管理、自主学习并主动提交网上作业，不需要监督。对于课程资源的呈现方式，虽然小组进行了多种媒体、多种形式的网络教学方式探索，绝大多数的学习者仍然最愿意接受稍微传统一点的多媒体呈现方式：76％的人最喜欢的多媒体资源是电子文档，包括 WORD、PPT、PDF、EXCEL 等文档。这其中，最受欢迎的是 WORD 文档形式。他们认为，这种形式更能形象、具体、完整地呈现教学内容，虽然不够活泼，但对于要完成学习任务的学习者而言，最好的就是 WORD 文档形式，这也是最接近传统纸质教材的一种形式。其次比较受欢迎的形式是视频资源，视频资源中既有教师的讲解，也有电子 PPT 的互动支持，是另外一种与传统面授教学比较接近的教学方式，因为视频资源中，教师的重点强调以及表情和语言都能给学习者留下较深的印象，有利于知识点的理解和掌握。在学习的过程中，绝大多数人均认为教师的讲授非常重要，能够极大地提高学习效率。此外，调查结果显示，76％的人认为此门课程的学习效果非常好，88％的人对此门课程的教学资源及设计持非常满意的态度，100％的人表明愿意向其他人推荐学习此门课程，从这个角度也说明了此门课程的在线建设及学习模式设计是比较成功的。

2. 开放学习模式下在线课程的教学设计的反思

由于问卷调查人员来源的局限性，本次调查的数据无法显示非学历学习者的学习效果及相关学习偏好。只能说，项目的建设中相关开放教学模式的教学设计中，针对学历学习者的设计是成功的。从相关的调查数据分析中，我们可以看出，虽然现代信息技术不断进步，新技术层出不穷，对于学习，传统的教学方式或与传统教学方式最为接近的多媒体教学方式仍然是最受欢迎的教学方式。这固然与传统教学的优点和长处直接相关，也与学习者的学习偏好不无联系。但从现阶段社会上 MOOC 的发展从热捧到冷遇也可以看出一些端倪：传统教学方式与思维方式根深蒂固，其教和学的效果是公认的，所以，教学是教与学互动、是有系统要求的、必须达到一定教学目的一种有规律的活动，而不是一种盲目的市场选择。文章据此可以认为：至少在现阶段，类似上海开放大学一样的成人终身教育的在线课程的建设，在充分考虑市场需要的前提下，在线教学的网络教学模式应该包括两部分，即在线学习和非在线学习，要允许学习者根据需要自由地在在线学习和非在线学习两种状态下互换。教学资源的建设和呈现方式除了线上资源还应包括线下教学资源的建设和完善，并且两者能够相互补充、互相转换、相互配合、有机统一。通过此次项目建设，不难发现，在线课程教学设计和内容呈现上还存在着以下不足：

（1）课程导学的重要性体现及完善。无论是对于学历学习者还是非学历学习者，课程导学都是一个非常重要的部分。在设计时通常只重视了学历学习者的需求，从学历教学的知识结构与学习考核方面进行了充分的考虑，平台的建设者也只考虑了学历学习者的愿意和需要。但是如果课程要进一步市场化，就必须在导学平台上增加类似网络搜索功能的“引擎”。在此部分中，设计者要将一些重点知识，即在教学大纲和教学要求的框架上进行导学，也要对非学历的市民教育进行引导，对碎片化的学习内容进行介绍和引导，引导其学习意愿，使有学习意愿的学习者可以借助“引擎”顺利地找到想学习的知识点。

（2）教学日历及学习目录需要进一步完善。此部分也是对教学设计的一种完善。根据课程的教学要求，有效地构建和设计教学内容，并完整有序地进行呈现。项目建设中，此部分往往是根据教材的教学章节进行呈现，但是在这处设计中，无法突出一些可以市场化的碎片 MOOC 或微课的知识点，失去了对非学历学习者的吸引力。

（3）线下资源与线上资源的关系需要进一步设计和明确。线下的资源主要是传统教学中使用的书面教材、教辅材料、面授教学以及课程实践环节的安排等。无论是学历还是非学历教育，面授教学的重要性都无法否认，面授教学必须与线上教学相互结合。实践中，面授教学与线上学习的结合点还不清晰，如何更好地结合或契合还有待进一步探讨。

（4）在进行线上教学方式和手段的创新时应持一种谨慎的态度。并不是越新的网络呈现方式教学效果越好，教学有其自身的要求和特点，从调查的结果来看，其实是与传统教学手段越接近的网络教学方式越受学习者欢迎。

（5）在进行线上教学资源设计和建设的同时，还应重视线下教学资源的建设和设计。在线课程的建设中，往往只重视线上教学资源的建设、设计和创新，忽视了对线下教学资源的建设、设计和创新。

四、结语

在线课程是学历教育和非学历教育必须具备的内容，是现代教育不可或缺的手段。在线课程教学模式的设计与实现关系到教学的效果、教学任务的达成甚至会产生一定的社会影响，是一个非常重要的环节。现阶段，在传统的教学方式和思维仍然有强大影响力的环境下，作为过渡，在线课程的教学设计还需要线上教学与线下教学的完美结合，以满足不同学习者的不同学习要求。所以，目前最好的在线教学效果应该是线上与线下、现代教育方式与传统教育方式的有机统一和完美结合。据此，最好的在线课程设计是将线下教学能够最完美地呈现在互联网状态下的一种设计，以达到最后用网络或线上教学完美替代线下的传统教学，并能够超越传统教学。

参考文献

[1] 武丽娜.数字化学习人心就能否认基本理念与方法——以开放教育学习指南为例[J].北京广播电视大学学报，2013，(5)：21-24.

[2] 余胜泉，汪晓凤."互联网+"时代的教育供给转型与变革[J].开放教育研究，2017(1)：29-35.

[3] 陈丽."互联网+教育"的创新本质与变革趋势[J].远程教育杂志，2016(4)：3-8.

[4] 柏尼·特里林，查尔斯·菲德尔.21世纪技能：为我们所生存的时代而学习[M].洪友译.天津：天津社会科学院出版社，2011：41-83.

微学习视角下的在线课程设计与实践

齐元沂[1]　韩慧敏[2]

(1. 上海市电视中等专业学校，上海 200433；2. 91251 部队，上海 200940)

摘要： 伴随着新理念和新技术的不断涌现，微学习日益成为人们学习的一种方式。本文从微学习与微课程的概念和特点出发，初步设计了微学习视角下的在线课程教学设计模型，并以"办公自动化"课程为例进行了教学实践，以调查问卷的形式分析了学习者对课程的学习满意度。

关键词： 微学习；微课程

引言

随着信息技术手段的不断发展，手机、IPAD、平板电脑等移动设备日趋普及，微信、微博等新兴产品不断融入人们的工作和学习。利用移动终端，利用碎片化的时间进行学习已经成为人们工作、生活的一部分，这种转变正在影响着传统教育的模式和方式。基于此，微学习的概念逐步走入人们的视野，微学习的学习形式也逐步得到了广大学者的关注和研究。环境的改变必然引起教育教学方式的改变。微学习时代的到来，必然引起人们学习方式的变化，也对开放大学的教学模式提出了调整的要求。在线课程作为开放大学教育教学模式改革的核心要素之一，关系着教师的教与学生的学，关系着教育教学的质量和学生学习的自主性、有效性。

一、相关概念界定

1. 微学习

Lindner[1]认为，微学习(micro-learning)是基于微型内容和微型媒体并存在于新媒介生态系统中的新型学习。Bruck[2]认为，微型学习是一种在数字网络新媒体环境中学习的同时，更加关注微型学习所指向的一种新型的知识组织结构。Theo Hug[3]认为，微型学习是处理比较小的学习单元并且聚焦于时间较短的学习活动。祝智庭[4]等认为，微型学习是一种新型学习形态，micro-learning 中的"micro"有微、小、轻等含义，这种微小不仅体现为构成微型学习的内容组块的知识含量，还包含对其品性、格调判断的意味，其中蕴含着对这种学习发生发展的认识以及学习参与者对待学习的心态。微型学习是数字化学习的一种学习方式，是学习者与被分解为许多小模块的学习内容的交互。吴军其[5]等认为，微学习是规模相对较小的学习单元和时间相对较短的学习活动。郑绍红[6]认为，微学习是以新媒体为技术支持，通过微内容、微时间、微过程、微媒介、微资源而开展的学习活动。

笔者认为，微学习是一种新媒体时代的新型学习方式，以新技术为支持，学习者通过各种工具在一定聚焦时间内处理比较小的学习组块的学习活动。

2. 微课程

微课程最早是由美国阿依华大学附属学校于 1960 年首先开创的，被称为微型课程，也可称为短期课程。它实质上由一系列独立的单元所组成，每个单元包含一个独特的概念或活动，这些相对独立的单元就构成了微型课程。黎加厚[7]认为，微课程是时间在 10 分钟以内、有明确教学目标、内容短小、能集中说明一个问题的小课程。祝智庭[8]认为，微课程是一种适应现代快节奏，适合移动学习、泛在学习、碎片化学习等而围绕某个教学主题精细化设计的、讲座长度不长于 10 分钟的内容精、容量小的新型课程形态。焦建利从微课兴起的根源和应用发展角度，将微课定义为“以阐释某一知识点为目标，以短小精悍的在线视频为表现形式，以学习或教学应用为目的的在线教学视频”[9]。张霞[10]等认为，微课程是针对某门课程或某个专题，以相互承接、紧密相连、前后呼应的一系列微课为主，并辅以教学设计、课件、习题检测等辅助性教学资源和相关教学活动的微型课程。

笔者认为，微课程是以微课为主，并有明确的学习目标，由一系列微课、学习活动、学习资源、学习支持等要素构成的微型课程。

二、微学习与微课程的特点

1. 微学习的特点

微学习是利用现代信息技术，以微学习内容为对象，为满足学习者的不同学习需求而产生的。微学习具有内容简洁性、形式多样性、载体便捷性、时间灵活性、学习趣味性、资源丰富性等基本特点[11]。吴军其[12]等认为，微学习的主要特点可归纳为：学习时间相对短小，而且分散在学习者的日常生活中；学习内容相对独立，都是由微小的板块组成；学习形式相对灵活，学习内容和地点可以根据学习者的实际情况随时改变；学习内容以多媒体方式呈现，一般是数字化的。黄贵英[13]等认为，微学习的“微”特点主要表现在五个方面，即微内容、微资源、微媒体、微时间、微过程，而新媒体技术是微学习得以实现的重要技术支撑。李艺[14]等认为，微学习的特点可概括为时间短、内容片段化、学习个性化、多媒化。张振虹[15]等认为，微学习的特点可概括为全民化和终身化、学习时空泛在化、学习内容片段化、学习过程个性化、学习体验轻松化、学习环境生态化。

2. 微课程的特点

微课普遍被认为的最主要的特征是“内容短小、精悍”，适合在移动终端上展现。微课具有的特点：教育性、目的性、趣味性、共享性[16]。余胜泉[17]等认为微课程具有以下特点：教学针对性强，内容少而精；教学时间短、容量少；支持多种媒体，但需尽量简化；内容开放，支持进化控制；多终端显示自适应；通过语义表征结构。郑炜冬等人认为微课以视频为主要载体，围绕学科知识点（如重难点或教学环节）进行设计制作，时间短，内容精，支持多种形式的自主学习。微课的本质精髓是短小精悍、易掌握、高效率、得其精华、利于建构[18]。

三、教学设计模式设计

微学习视角下的在线课程不等于学习资源，它是内容、服务和互动的载体。微学习视角下的在线课程是教学内容与实施的教学活动的总和，包括按一定教学目标组织的教学内容，按一定教学策略设计的教学活动及进度安排。微学习视角下的在线课程具有完整的教学结构，包括微型资源、学习活动、学习评价和学习支持服务。

微学习视角下的在线课程教学设计模型如图 1 所示。

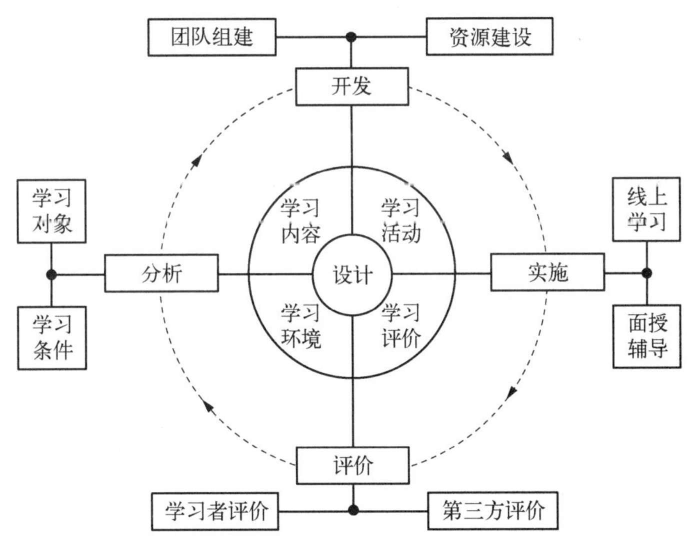

图 1　微学习视角下的在线课程设计模型图

微学习视角下的在线课程设计是一个不断迭代、逐步提升的过程环，主要包括分析、设计、开发、实施、评价环节。

分析是课程建设的前期环节，主要包括学习对象分析、学习条件分析、课程内容分析等。学习者分析包括学习者的特点、学习动机、学习风格、学习困难等,一方面是学习者的一般特征包括生理、心理和社会特点;另一方面是学习者的起始能力及学习期望,包括对课程已有的知识水平、预期期望。学习条件分析需要考虑学习者学习课程所受的条件限制,例如,多屏终端内容呈现的问题,移动终端屏幕大小的问题等。课程内容分析主要是指课程的性质、重点难点、课程目标等课程的总体分析,并分析课程内容属于言语信息、智力技能、认知策略、动作技能、态度的哪种类型。

设计是课程建设的关键环节,包括学习内容、学习活动、学习环境和学习评价。微课程学习内容的设计需分解为适合微视频展现的专题模块和知识点。知识点相对独立,又与课程的整体系统结构保持衔接。微课程的学习环境设计强调以学习者为中心,需要具有明确的学习路径、丰富的学习辅助资源、便利的学习交互等。学习活动是教学实践的重要环节,特别是对于实践类课程,学习活动显得尤为重要。学习活动包括小组活动、主题讨论、实践练习等。学习评价设计需要充分利用学习技术的优势,注重学习的过程性评价,注重跟踪学习者的学习过程,收集学习过程中的数据并及时反馈评价,还包括采用总结性评价的方式开展学习者对学习的总体评价。

开发是课程建设的行动环节,包括技术团队的组建、教师团队的组建、微型视频拍摄、课程题库建设等。团队组建是课程开发的重要支持,包括技术团队、专家团队、教师团队等。教师团队负责课程教学内容的梳理、教学资源的设计、微视频脚本的撰写及课程讲授等;专家团队负责对课程设计提出一定的建议,并对教学内容负责审核与把关;技术团队负责对微视频资源的拍摄、后期处理与技术支持。

实施是实现课程教学目标的关键,包括学习者的在线自主学习和教师线下的面授辅导。教学实施的过程以学习者为中心,教师是学习的指导者和辅助者,教师为学习者安排好学习规划,提出学习进度建议,并提供一定的学习工具。在线学习提供丰富的学习资源和即时与非即时的学习支持服务。线下面授辅导通过答疑解惑、重点讲解、实验指导等方式辅助学习者学习。

评价是课程优化的重要基础,从某种程度上反映出学习者的学习满意度和课程建设的质量高低。不同学科类别课程的评价纬度不同,总体而言包括学习进度安排、教学效果质量、教学资源优劣等方面,主要以学习者的评价、教师自评、第三方评价等方式开展。课程评价因不同学科的标准不尽相同,具体的指标也有所不同,可以根据课程的特点制定相应的评价标准,以便进一步优化课程的设计。

四、教学实践分析

以上海开放大学在线学习平台(移动端)为学习环境,以“办公自动化”课程为实验课程,以 2016 年秋季计算机专业的 35 名学生为学习对象,从学习者的学习基础、学习动机、学习倾向、对课程的满意度、资源的利用、学习感受等方面进行了问卷调查。

调查数据与分析如下。

1. 学习技能基础

上海开放大学主要面对的学习者是成人，学习者的年龄层次时间跨度比较大，对信息技术的掌握能力也不尽相同。微视角下的在线课程学习需要学习者具备信息技术的基本能力，包括搜索能力、软件应用、工具使用等。通过调研发现仅有3.45%的学习者不能够熟练利用信息技术搜索与学习内容相关的资源，这说明大部分学习者都具有一定的信息技术能力，能够在网络上进行检索信息学习。而且，90%以上的学习者能够利用微信、QQ等社会性软件，能够下载、归类、整理相关网络资源，由此可见学习者具备在线学习的基本条件和要求。调研还发现95%以上的学习者能够自主选择学习资源进行学习，可见学习者的学习目的性比较强，具有一定的学习自主性，具有个性化学习的需求。

问卷调查数据分析如图2所示。

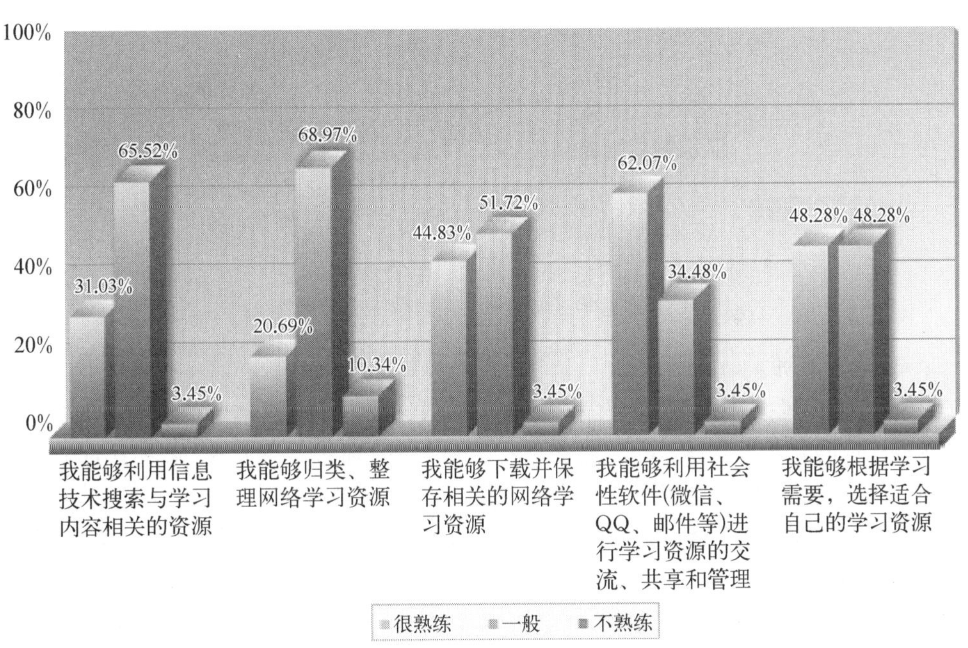

图2　学习技能基础问卷调查数据分析图

2. 学习障碍

上海开放大学学习者的类型多样，有些是上班的白领，有些是外来务工人员，还有些是刚刚毕业的大学生。不同类型的学习者有着不尽相同的工学矛盾，家庭因素、工作因素、社会因素等各个方面影响着学习者的学习，有着很多的学习障碍和学习困难。通过调研发现，55%的学习者认为影响他们难以开展在线学习的最大影响因素是“平时太忙，没时间在线学习”，而开展在线学习的优势之一本来是为了充分利用学习者的零散时间来进行学习，所以采用“微学习”的学习方式更契合学习者的学习需求，也能有效弥补学习者学习时间少的不足。调研也发现，家里网络质量、教学平台等也会影响学习者在线开展学习，因此课程资源在建设时，文件不宜太大，“短小精悍”的资源更适合开放大学学习者的实际要求。

问卷调查数据分析如图 3 所示。

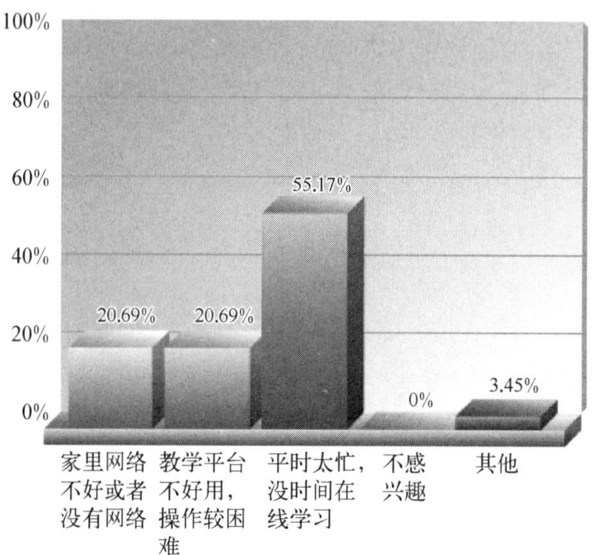

图 3　学习障碍问卷调查数据分析图

3. 学习动机

不同学习者报读上海开放大学具有不同的学习动机，学习动机影响着学习者的学习积极性，也会影响学习者是否愿意开展在线学习。通过调研发现，学习者的学习动机主要集中在自身的兴趣爱好、扩展知识视野、满足学历发展需求这三个方面，而且满足学历发展需求所占的比例达到 75.8%以上。由此可见，大部分学习者更多的是从功利性的目的出发来学习的，所以在设计在线课程的时候，需要考虑课程的难度不能太大，既要具有一定的专业性，又要能够接地气，具有一定的实用性。简单、快捷、高效、实用的课程资源是受学习者欢迎的，也是开放大学在线课程建设的一个方向。

问卷调查数据分析如图 4 所示。

4. 学习倾向

在线学习作为一种新型的学习方式，不断冲击着传统的学习方式。对于这种新型的学习方式，上海开放大学的学习者持一种什么态度呢？调研发现，支持完全采取在线自主学习方式的有 24%，27.5%的学习者支持在线课程为主，而 31%的学习者支持课堂学习课程为主，线上课程资源为辅。由此可见，是否开展在线学习、如何开展在线学习是值得研究的课题，学习者学习观念及学习习惯的转变也需要一个过程。因此，

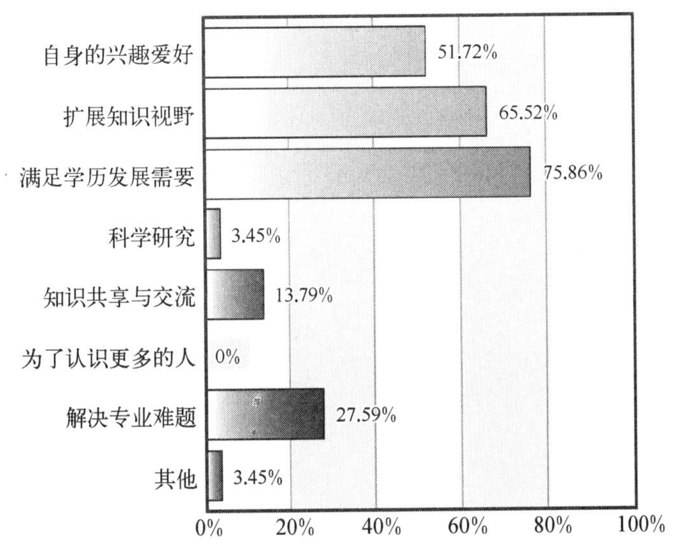

图 4　学习动机问卷调查数据分析图

开展混合式教学模式比较适合现阶段上海开放大学学习者的要求，应根据课程的特点设定一定的线上学习比例和线下学习比例，进而尽可能满足各层次学习者的需求。

问卷调查数据分析如图 5 所示。

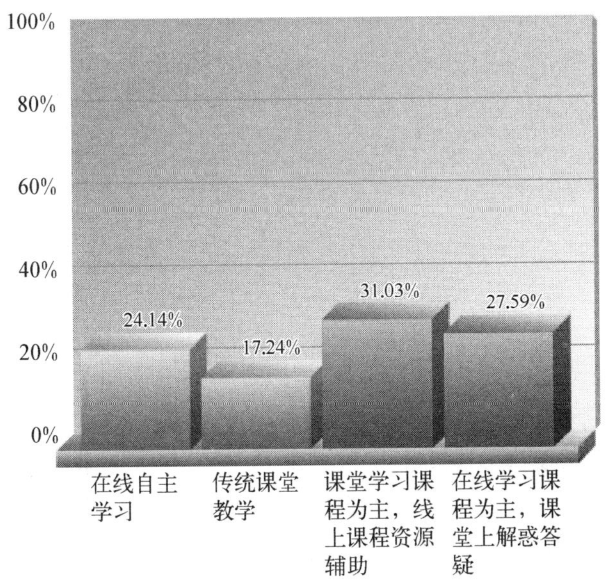

图 5　学习倾向问卷调查数据分析图

不同学习资源类型对不同学习者具有不同的学习吸引力。不同学习资源类型也对不同知识内容的呈现具有不同的作用。通过调研发现，80%以上的学习者喜欢视频资源，这也与现阶段课程资源设计的思路是相符的，其次 PPT 课件和试验类资源是学习者比较喜欢的。调研也发现 31%的学习者对音频资源具有很大的兴趣，这一点在现阶段的课程资源建设中相对欠缺，值得注意和关注，可以根据课程的特点适当增加本类资源。

问卷调查数据分析如图 6 所示。

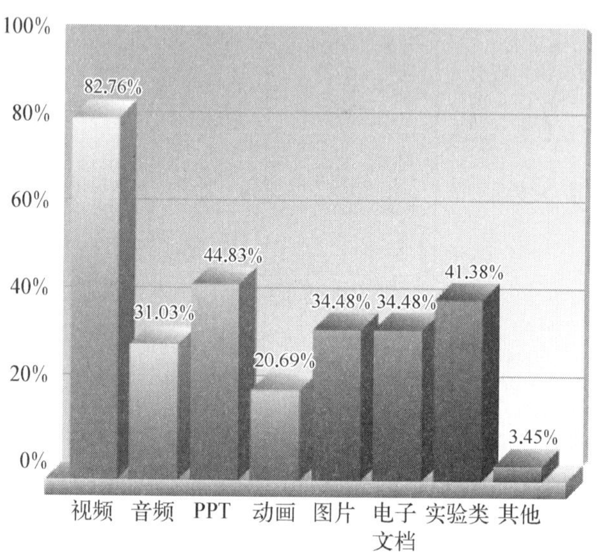

图 6　学生偏好的资源类型问卷调查数据分析图

5. 学习活动参与度

学习活动作为在线课程设计的关键因素，学习者的参与度直接影响着学习的质量和效率。通过调研发现：70%的学习者更倾向于参与视频课件的学习与做测试或练习，这与"办公自动化"课程的设计相符合，课程采用"视频课件＋测试练习"配套出现的设计，并且学习者视频学习和测试练习的学习情况在学习评价中所占的比重相对较大。这也说明：学习评价各项的比重大小在一定程度上影响着学习者对学习活动的参与度。

问卷调查数据分析如图 7 所示。

6. 学习平台满意度

"办公自动化"课程以上海开放大学在线学习平台为支持，平台提供移动端和 PC 端两种形式，学习者可以根据自己的实际情况选择不同设备登录学习，不同设备登录学习的学习记录是互联的。通过调研发现，总体而言 50%以上的学习者对学习平台是非常满意的，愿意利用在线学习平台开展学习，并且认为平台的界面、导航、页面布局、操作难易度、稳定性等方面基本能够满足学习者的学习需求。通过数据也可以发现，学习平台的使用还有很多需要改进的方面，需要进一步的优化和改善。

问卷调查数据分析如图 8 所示。

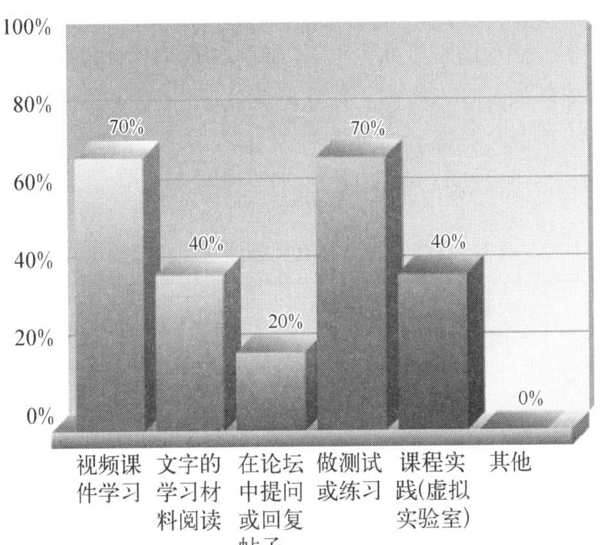

图 7　学习活动参与度问卷调查数据分析图

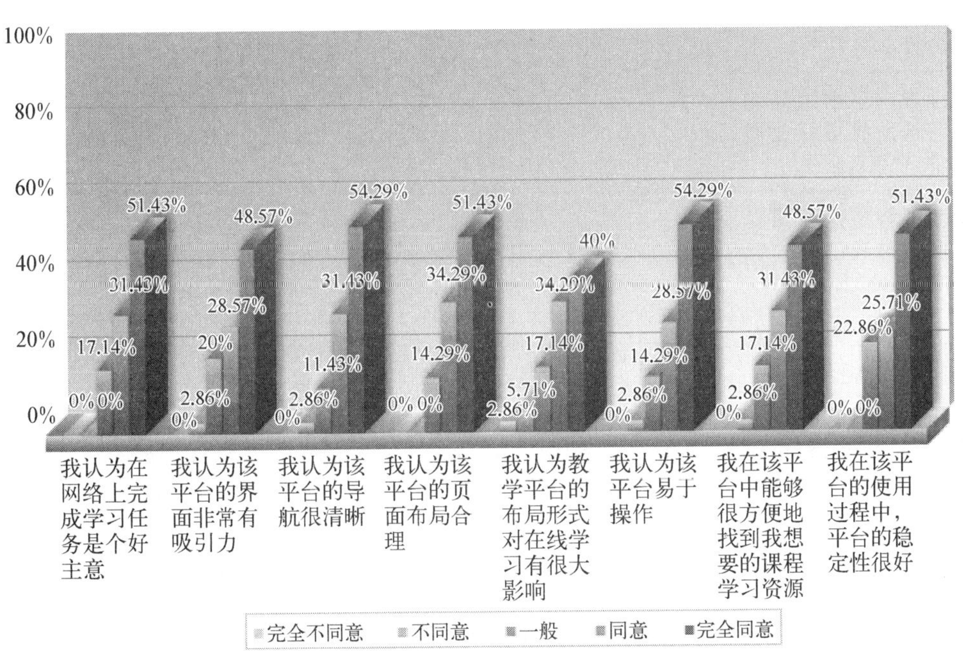

图 8　学习平台满意度问卷调查数据分析图

7. 在线课程满意度

学习者对课程是否满意具有多方面的原因，课程内容的难易程度、课程资源的质量、课程的实用性等都会对学习者的学习体验造成不同程度的影响。通过调研发现，80%的学习者认为在整个学习过程中心情很愉快，并且愿意推荐给朋友学习。可以看出："办公自动化"在线课程的难度并不大，能够达到教学目标，而且也能够与学习者的工作实际相结合，能够满足学习者的工作实际需求。84%的学习者想了解更多关于这个课程主题的内容，由此可见课程资源的建设还不够丰富，需要进一步增加相关主题内容。问卷调查数据分析如表1所示。

表1 在线课程满意度问卷调查数据分析表

题目/选项	完全不同意	不同意	一般	同意	完全同意	平均分
我已经掌握了这门课程的内容	0(0%)	0(0%)	7(20%)	13(37.14%)	15(42.86%)	4.23
我能够很轻松地完成所有的课程任务和课程要求	0(0%)	0(0%)	9(25.71%)	12(34.29%)	14(40%)	4.14
我想了解更多关于这个课程主题的内容	0(0%)	0(0%)	5(14.29%)	15(42.86%)	15(42.86%)	4.29
课程内容的编排能够帮助我更好地理解、掌握课程内容	0(0%)	0(0%)	5(14.29%)	15(42.86%)	15(42.86%)	4.29
我很清楚这门课程内容与我已有知识之间的联系	0(0%)	0(0%)	3(8.57%)	13(37.14%)	19(54.29%)	4.46
这门课程内容中有让我感兴趣的内容	0(0%)	1(2.86%)	4(11.43%)	11(31.43%)	19(54.29%)	4.37
这门课程的内容信息对我来说用处很大	0(0%)	0(0%)	4(11.43%)	14(40%)	17(48.57%)	4.37
在整个学习过程中，我的心情很愉快	0(0%)	0(0%)	5(14.29%)	11(31.43%)	19(54.29%)	4.4
在课程学习过程中，我对自己的学习表现感到很满意	0(0%)	0(0%)	6(17.14%)	14(40%)	15(42.86%)	4.26
我愿意推荐我的朋友来学习此课程	0(0%)	0(0%)	7(20%)	12(34.29%)	16(45.71%)	4.26

五、结论

微学习视角下的在线课程设计是一个主题，也是一个涉及要素比较多的复杂问题。笔者仅仅是从微学习和微课程所具有核心特点出发进行了在线课程教学设计模型的初步探索，并以一门课程为对象进行了调研。实践开展的对象相对比较窄，关键核心环节的设计还不够详细和完善。在今后的研究中，需要进一步对学习活动、学习环境、学习评价等关键要素进行深入的研究，并加大实践力度迭代优化设计，以期构建系统化、人性化、专业化的在线课程设计模式，为开放远程教育探索新的发展路径提供一定的思路和建议。

参考文献

[1]　吕婷婷.微型学习资源的设计与应用研究[D].内蒙古师范大学，2014.

[2]　张浩.新媒体环境中的微型学习设计研究[D].南京师范大学，2012.

[3]　刘洋.基于微信的高职《计算机应用基础》移动学习微平台的构建与应用[D].宁夏大学，2015.

[4]　唐燕妮.基于移动终端的微型学习系统设计与开发[D].华东师范大学，2009.

[5][12]　吴军其等.基于手机终端移动微学习的可行性分析[J].中国教育信息化，2012(19)：13－15.

[6][11]　郑绍红.微学习：内涵、理念及生态结构[J].现代教育技术，2015，25(1)：12－18.

[7]　唐军，李金钊.中小学微课程概念的界定[J].课程教材教学研究：小教研究，2014(Z1)：65－65.

[8]　刘名卓，祝智庭.微课程的设计分析与模型构建[J].中国电化教育，2013(12)：127－131.

[9]　辛贺华.浅议微课课件的设计与制作[J].当代教育实践与教学研究，2014(5)：16－19.

[10]　张霞.微课程的设计、开发与应用研究[D].广西师范学院，2014.

[13]　郑绍红，黄贵英.微学习时代的开放大学课程：挑战与变革[J].现代远距离教育，2015(5)：18－23.

[14]　陈维维，李艺.移动微型学习的内涵和结构[J].电化教育研究，2008(9)：16－19.

[15]　张振虹，杨庆英，韩智.微学习研究：现状与未来[J].中国电化教育，2013(11)：12－20.

[16]　孟祥增，刘瑞梅，王广新.微课设计与制作的理论与实践[J].远程教育杂志，2014(6)：24－32.

[17]　余胜泉，陈敏.基于学习元平台的微课设计[J].开放教育研究，2014(1)：100－110.

[18]　陈琳，王运武.面向智慧教育的微课设计研究[J].教育研究，2015(3)：127－130.

第二部分

混合式教学模式实验研究

基于O2O的混合式教学模式实践研究

——以“信息检索与利用”课程为例

张永忠

（上海开放大学理工学院，上海 200433）

摘要： 结合上海开放大学学习者的学习特点及现状，在进行课程特点、课程内容、课程评价等前期分析的基础上，以混合式学习理论为基础，基于O2O理念，梳理出课程设计的关键核心要素及主要环节，提出线上线下相结合混合式教学模式的课程设计流程，以“信息检索与利用”课程为例进行了课程设计与实践，并通过调查问卷对学生的学习体验进行了调研与分析。

关键词： O2O；混合式学习；教学模式

引言

近几年，公开课、MOOCs等在线教育迅速发展，各种在线教育平台不断出现，学习方式逐步多样化，学习变得越来越方便，学习者对学习体验、学习服务的要求也越来越高，开展混合式教学模式研究适应时代的发展，是践行在线教育发展的有益探索。上海开放大学专升本接读率比较低，一般只有10%左右。而且，通过调查发现，专科与本科课程设计存在知识重复、接洽度不高等现象，缺少专科与本科的课程系统设计，开展混合式教学模式研究适应学校专升本课程体系化设计的需求，是提升专本一体设计的必由之路。

多年来，上海开放大学主要开展以面授教学为主、以在线学习为辅的教学模式。基于O2O的教学模式研究是在学校长期教学实践基础上开展的教学模式探索，是对多年实践经验的总结，是立足学校本身、剖析优点劣势、寻求发展突破的积极尝试。

一、相关概念界定

1. O2O

O2O即Online To Offline（在线离线/线上到线下），是指将线下的商务机会与互联网结合，让互联网成为线下交易的前台，这个概念最早来源于美国。O2O商业模式的核心很简单，就是“把线上的消费者带到现实的商店中去，在线支付购买线下的商品和服务,再到线下去享受服务”[1]。笔者认为,O2O 的概念非常广泛,涉及线上又可涉及线下,皆可通称为 O2O。

2. 混合式学习

何克抗教授[2]认为“混合式学习”是“把传统学习方式的优势和 E - Learning(即数字化学习或网络化学习)的优势相结合”。黎加厚教授[3]认为“混合式学习”即“融合性学习”,是指对所有的教学要素进行优化选择和组合,以达到教学目标。李克东教授认为:“混合学习可以看作面对面的课堂学习(face-to-face)和在线学习(online learning)两种学习方式的有机整合。”[4]

笔者认为:混合式学习是在“适当的”时间,通过应用“适当的”学习技术与“适当的”学习风格相契合,对“适当的”学习者传递“适当的”能力,从而取得最优化学习效果的学习方式。

二、课程设计前期分析

1. 学习对象分析

报读上海开放大学的学员,具有学习目标明确、学习方式自主性、学习动机多样化的特点。年龄相差比较大,各自有不同的学习目标,大部分学习者的目的是为了获得学历、拿到证书,获得证书的目的也不尽相同,有些人是为了工作需要,有些人是为了获得积分。通过调查问卷的方式对选修“信息检索与利用”课程的学生进行了调研。学生基本情况的调查数据如表 1 所示。

表 1　学生基本情况调查表

名　　称		人　　数	所占比例
性　　别	男	54	61%
	女	35	39%
学　　历	中专	2	2%
	大专	84	94%
	本科	4	4%
工作状态	在职	81	91%
	待业	8	9%

分析发现:参与“信息检索与利用”课程学习的学习者男女比例为 6∶4,男生居多,学历主要集中在大学专科层次,90%以上的学习者都具有工作。由此可以看出参加开放教育学习的学习者,学习层次集中,工作人群居多,大部分学习者都存在工学矛

盾的问题。

2. 课程内容分析

“信息检索与利用”是上海开放大学的通识课，适合本科（专科起点）/专科相关专业2学分，课程学时数32。“信息检索与利用”是一门重要的实用课程，主要内容包括：信息资源基础、书目信息检索、文献数据库检索、电子图书检索、因特网信息检索、论文的撰写和投稿，其中详细介绍了书目系统、常用文献数据库、电子图书、因特网搜索引擎等具体使用方法，力图使读者掌握信息检索的基本原理和操作技能，学会写论文的基本方法。

三、课程设计流程

李彩霞[5]等认为基于O2O的混合式教学模式是将在线学习与传统课堂教学相融合的一种新型教学模式。充分发挥在线学习的优势和传统课堂教学的学习优势，既要发挥教师的引导作用，又要充分体现学生的自主性。混合式教学模式下的课程设计主要分为前期分析、学习活动设计、学习评价设计、学习资源设计、学习支持设计、课程评价设计等部分。课程设计流程图如图1所示。

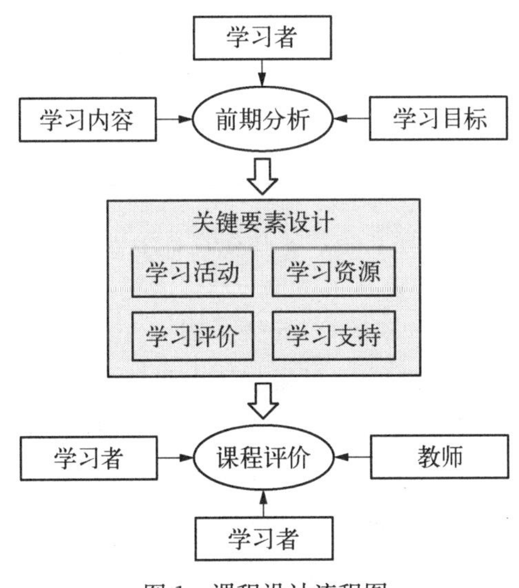

图1　课程设计流程图

四、课程实践分析

为了更好地了解学习者对“信息检索与利用”课程在线学习、课堂面授等学习情况，了解学习者的学习体验度，课题研究组设计了调查问卷，并借助上海开放大学学习平台对学习"信息检索与利用"的学习者进行了发放,共收到有效问卷89份。具体分析如下。

1. 学习态度调研

在对学习者的态度进行调研时,主要从家庭、工作、个人、时间等维度进行了调研,主要调研结果如表2所示。

表2 学生学习态度调研数据表

题　　目	完全不同意	不同意	中立	同意	完全同意
我的家庭非常理解我,即使我由于课程只能花很少时间陪伴他们	6%	0	14%	52%	26%
我的身体健康状况足以支持我完成该门课程	2%	0	6%	48%	44%
我的公司愿意在我需要上课时减少我的工作量	6%	25%	42%	23%	6%
我的上司对于我参加与工作相关的课程表现出兴趣	7%	6%	39%	41%	7%
我的经济条件能够支持我完成该门课	2%	2%	9%	39%	48%
除去课程安排之外,我这学期的其他个人日常安排十分繁忙	2%	0	24%	46%	28%

通过对数据的分析发现:绝大部分学习者的家庭是非常支持学习者的学习的,即使牺牲陪伴他们的时间用来学习,而且大部分学习者也认为自身的健康状况足以支撑完成所有的课程,并具备学习的基本能力和基本素养,由此可以看出,家庭环境对学习者的学习是趋于肯定的、积极的,自身环境也不会对学习者的学习构成干扰。87%的学习者认为经济条件是能够支持完成开放教育的学习的,从这个角度来看,经济水平对学习者的学习影响很小。从数据可以看出,影响学习者学习的主要因素在于工作单位,包括公司的态度、公司上司的态度。仅有27%学习者认为公司是比较支持学习者,愿意减少学习者的工作时间来支持学习者学习,而且仅有48%的学习者认为公司的上司对学习者的学习给予特别关注。因此,影响在职学习者学习的主要因素在于公司,而且大多数公司对于学习者的学习并不是非常支持。由此我们也可以知道,在职学习者如果想保证学习的质量,需要在工作之余寻找时间进行学习,包括上班的路上、晚上、周末等时间段,而这些时间段又是学习者休息的时间段,因此,如何激发学习者的学习动机,克服学习者的学习惰性,方便学习者的碎片式学习,成为课程设计非常重要的一环。

结合学习者的基本信息,就不难理解为什么98%的学习者同意"除去课程安排之外，我这学期的其他个人日常安排十分繁忙”这种说法，由此也可以看出：成人学习者的工学矛盾是比较突出的，大部分学习者都是在工作之余，挤出一定的时间来开展学习，但这98%的人中有24%的人保持中立的态度，也由此可以说明：成人学习者学习的时间是比较少的，但并不是完全没有，如果合理利用学习者的学习时间是可以提高学习者的学习成效，达成学习者的学习目标的。而且还有2%人完全不同意这个观点，从中可以看出成人学习者中也不乏拥有很多学习时间的学习者。因此对于成人学习的课程设计需要具有一定的灵活性，不仅要兼顾大多数学习者工学矛盾的特点，也要满足部分学习者的个性化需求。在进行课程设计的时候，可以设计必学知识与拓展知识两部分，而且考核方式设计的需要具有弹性，学习者可以根据自己学习时间的充盈与不足选择不同的学习资源进行学习，实现弹性学习。

2. 学习平台调研

良好的学习环境对学习者具有正向的促进作用，包括学习平台、学习工具、学习支持等方面，课题组基于上海开放大学学习平台，对学习者对开放学习平台的应用体验满意度进行了调查，调查情况如表3所示。

表3　学生学习平台体验满意度调研数据表

题　　目	完全不同意	不同意	中立	同意	完全同意
我通过开放大学学习平台与老师进行互动的体验很好	6%	57%	7%	2%	28%
我在开放大学学习平台上展现自我的体验很好	2%	2%	19%	57%	20%
开放大学学习平台能够让我感受到社区感	4%	63%	13%	2%	19%
我在开放大学学习平台上与同学进行互动的体验很好	4%	6%	20%	52%	19%

调研数据发现，上海开放大学学习平台的学习者体验度是良好的，平台能够构建满足学习者学习的学习环境，能够实现学习共同体的相互促进学习。在学习平台的互动方面，学习平台具有一定的学习互动支持，学习者之间的互动体验良好，但学习者与教师之间的互动大部分同学认为比较差，达到60%以上。总体而言，学习者对学习平台提供的学习支持是满意的，70%以上的学习者认为能够利用学习平台实现自主学习，学习体验度良好。

3. “信息检索与利用”课程学习意志调研

针对“信息检索与利用”这门课程，从学习者的学习方式、学习意志等方面进行了调研，从而发现学习者在学习时的心理以及大多数学习者的学习习惯。具体调研数据如表 4 所示。

表 4　学生学习意志调研数据表

题　　目	完全不同意	不同意	中立	同意	完全同意
当功课很困难时，我要么选择放弃，要么就只将简单的部分完成	11%	50%	11%	19%	9%
即使没有必要，我也会完成每一章节的操作练习以及课后习题	0	2%	28%	52%	19%
在我开始学习之前，我会思考需要学习的内容并制定计划	0	0	32%	57%	13%
我发现当老师在授课时，我会想其他事情而且并没有认真听课	2%	48%	25%	19%	6%

通过数据分析可以发现，60%以上的学习者在遇到学习困难的时候，愿意进行一定的探究，愿意付出一定的时间进行深入学习，40%的同学仅仅是完成课程中简单的题目，因此我们在进行课程设计时，需要对课程进行一定的分层次设计，难度需要有高有低，而且对于学习意志差的学习者需要提供必要的学习支持，强化其学习意志，增强其学习动机。70%以上的学习者认为：即使没有必要，也会完成每一章节的操作练习以及课后习题，因此课程设计者在设计课程的时候，需要慎重，每一个模块、每一道习题都要精益求精，要对自己负责，对学习者负责，不能平白无故地浪费学习者的时间。70%以上的学习者在学习之前都能制定自己的学习计划，由此可以看出成人学习者大部分具有独立思考和自我学习的能力，而且他们也希望能够实现自我控制的学习。50%以上的学习者认为在教师面授辅导时，能够认真听讲，由此可以看出，成人学习者学习具有一定的干扰性，学习注意力相对分散，面授教师如何激发学习者在课堂的参与度是一个需要研究和探讨的问题。

4. “信息检索与利用”课程学习动机调研

针对“信息检索与利用”这门课程，从学习者对学习同伴的对比、激励、自我要求等方面进行调研，争取发现学习同伴成绩之间的对比、课程内容的重要性等方面是否能提供学习者的学习动机。调查数据如表 5 所示。

表 5　学生学习动机调研数据表

题　　目	完全不同意	不同意	中立	同意	完全同意
我学习这门课的目的是为了比大部分其他同学获得更高的成绩	0	19%	35%	37%	9%
对于我来说，与其他学生相比，我在这门课上表现得出色是很重要的	0	0	39%	50%	11%

续表

题　　目	完全不同意	不同意	中立	同意	完全同意
我想在这门课程中学到尽量多的知识	4%	0	7%	52%	37%
在这门课程中，尽可能详尽地理解课程所教授的内容对我很重要	0	2%	11%	59%	28%

调研数据分析发现，大部分学习者学习的目的是为了通过课程的考试，在学习同伴之间成绩的高低对学习者具有一定激励作用，但不是非常突出，仅有 9%的学习者完全认可同伴成绩对自己具有激励作用。但 61%的学习者认为在课上表现得出色是很重要的，由此可见学习者在学习同伴之间的地位具有一定的影响，可以推断学习社区对学习者的自主学习具有积极的影响。80%以上的学习者希望在课程中学习尽量多的知识，可见绝大多数学习者具有获取知识的渴望，希望在有限的时间内，学习更多的知识。80%以上的学习者认为学习课程的目的在于掌握和应用，由此可以看出，大部分学习者学习课程的目的在于实用，在于灵活变通，所以对于课程设计者来说，设计的课程需要具有实用性。

5. "信息检索与利用"课程学习总体体验调研

针对"信息检索与利用"这门课程，从学习者对课程设计、课程内容、学习感受等方面调研学习者学习的总体体验，以期推断课程设计的总体绩效，总体把握学习者对课程学习的情况。具体调研数据如表 6 所示。

表 6　学生学习总体体验调研数据表

题　　目	完全不同意	不同意	中立	同意	完全同意
我愿意再次参加这类课程以提升我的工作绩效	0	0	15%	57%	28%
在课程中有关于人们如何应用知识的例子	0	0	11%	57%	31%
我可以将课程中所学的内容与生活中见到的、做过的以及想到的事情联系起来	0	2%	4%	65%	30%
这门课的内容符合我的兴趣	0	2%	19%	65%	15%
我感觉上这门课让我感到高兴	0	2%	17%	63%	19%

通过数据分析发现，80%以上的学习者认为本课程具有实用性，具有与生活实践相关的案例，符合学习者的学习兴趣，能够满足学习者的内心需求，可以帮助学习者在

工作中提高工作绩效，并愿意再次参加这类课程的学习。由此可以看出："信息检索与利用"这门课程的设计及内容是符合学习者的学习需求的，学习者能够将实践技能案例应用于工作之中，对于应用型和实践类的课程大部分学习者是喜欢的，也是愿意学习的。

五、小结

本课题从如何设计课程设计、如何开展有效学习支持两个问题为出发点，以学习者为中心，结合上海开放大学的特点，以"信息检索与利用"课程为实践案例，通过调查问卷、课程实验等方式，初步探索了基于 O2O 的混合式教学模式，总结出基于 O2O 的混合式教学课程设计流程，梳理出课程设计的关键核心要素及主要环节，但是仅对一门课程进行了教学模式的应用，需要进一步拓展课程适用范围，进一步扩大调研数据，进而优化完善基于 O2O 的混合式教学模式。

参考文献

[1] 刘阳.基于 O2O 模式消费者购买决策模型的产品营销策略研究[D].武汉理工大学，2015.

[2] 王颖.基于"Blended learning"的翻译课堂设计[J].文学教育：下，2010(2)：138－140.

[3] 曹会云.《教育技术学》课程混合式学习设计[D].河北大学，2009.

[4] 李克东，赵建华.混合学习的原理与应用模式[J].电化教育研究，2004(7)：1－6.

[5] 李彩霞，沈加敏，孙韩琼，等.基于 MOOC 与传统高等教育的 O2O 混合式教学模式[J].中小学电教，2015(z2)：30－33.

机电课程混合式教学模式的设计与效果分析

纪艳华

（上海开放大学理工学院，上海 200433）

摘要： 混合式学习并不是简单的课堂面授教学和网络在线学习两种形式的混合，而应根据教学内容和教学目标的要求，采取相应合理的混合式教学模式。本文以一门机电课程为例，设计了基于微信平台的理论教学，并对比了不同模式下实验教学的学习效果，通过对移动学习平台的背景数据、问卷调查和师生访谈进行分析，探索适合机电课程的混合式教学模式。

关键词： 机电课程；混合式教学；教学设计；微信平台

一、问题的提出

近年来，混合式学习在国内的确受到了高度重视，也得到了很大的发展，但也存在着不足之处，对混合式学习的理论研究有待提高，对混合式学习的教学设计、学习效果、影响因素等研究较少。机电专业的课程因其特殊的教学内容和教学要求，探索对其行之有效的混合式教学模式，需要解决的问题很多。首先，以往的开放大学机电课程基本以面授教学为主，网上辅导为辅，这样的教学模式难以适应开放教育的学生需求。其次，混合式教学不能仅仅做到形式上的混合，网上教学与面授辅导的内容选择与教学整体结构的分配与匹配是问题的关键。再次，面授教学中教师能根据学生的体态、眼神等及时了解到学生学习是否专注，学生在学习过程中产生的疑问也可以及时反馈，而网上教学却很难做到师生间的同步交流。所以在混合式教学模式设计的时候，就要思考什么样的教学方法能促进学生参与，什么样的课程资源更能吸引学生，学生在学习过程中会有哪些困难，教师如何提供帮助。

二、机电课程混合式教学模式的设计

本次研究选择“过程控制技术”课程作为研究对象，对其混合式教学模式进行设计，并制作相应的开放教学资源。对于理论教学部分设计了基于微信平台的移动学习模式，并对学习者的学习情况和学习效果进行在线数据统计和分析。对于实验教学部分，因理工类课程的需要，分别安排一次虚拟仿真实验和一次实验室的实物实验，通过观察学生的参与度和在实验过程中的肢体语言表现，分析其学习效果。教学环节完成后，展开对学习者的实际调查工作，制作电子问卷，由学生利用微信平台扫码进入问卷系统答卷，问卷调查截止后进行统计和分析。最后通过师生访谈，了解学生的学习体验，分析该混合式教学模式的有效性，从而探索更适应开放大学机电课程的混合式教学模式。

1. 基于微信平台的理论教学

利用微信平台，在“开放教学数字化实验室”的公众号中建设“过程控制技术”微课程（图1所示为课程封面），为了实验的需要，选择“过程控制技术”课程中比较典型的两节内容作为本次课程内容（见图2）。第一节为过程控制概论，本节主要介绍过程控制系统的研究对象、组成及术语，内容以概念讲述为主。第二节为机理建模方法，本节介绍用机理分析的方法建立动态数学模型，内容以数学推导为主。

图1 微课程首页　　　图2 课程内容介绍

为了引导学生学习完课程的全部内容并了解学生的学习效果，特别在课程学习的过程中穿插了练习题，要求学生完成答题后方可进入下一页的学习，习题设置的形式有单选、多选、判断、简答，如图3所示。

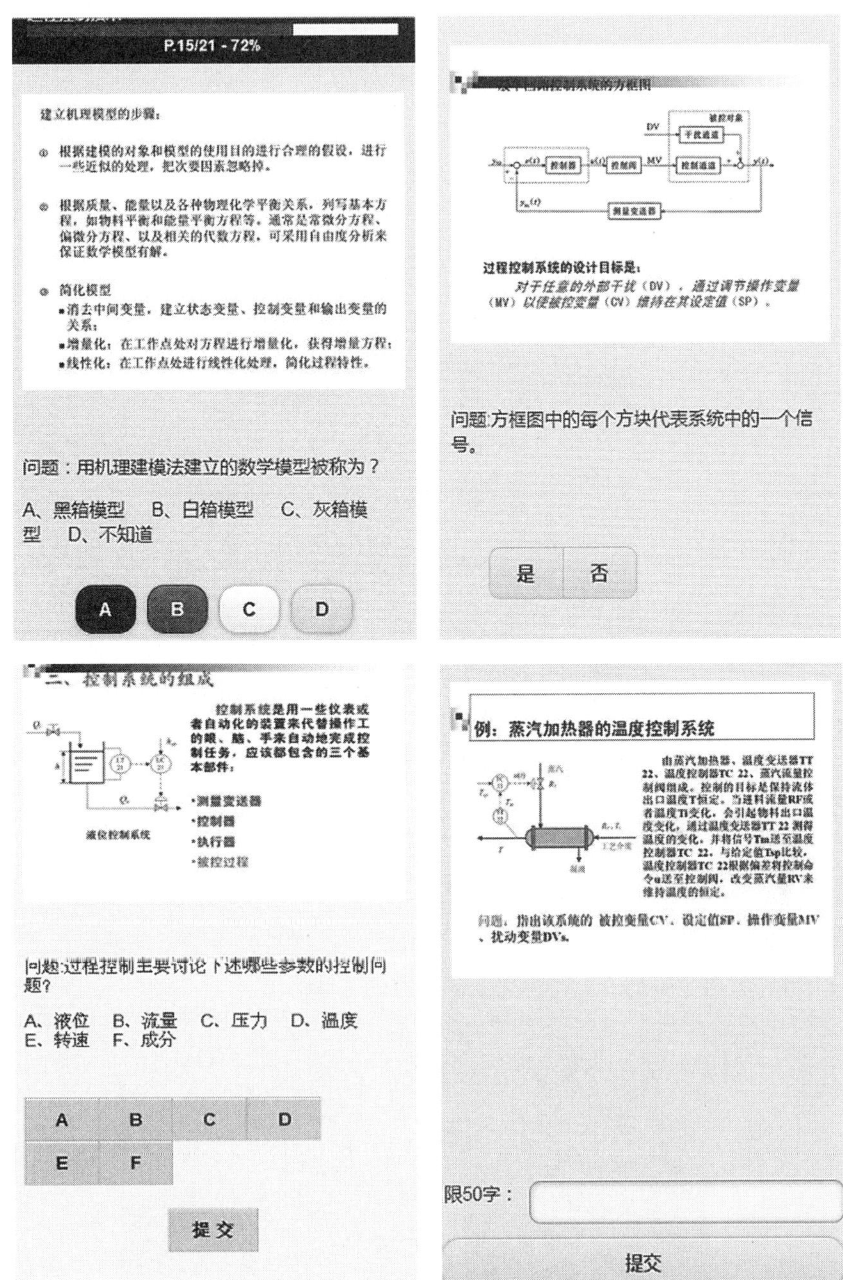

图 3　微课中的部分习题

学生可以利用非课堂时间自主学习，微信平台上会自动统计学生的学习情况，建设微课的课程教师可以实时看到统计结果，图 4 所示即为微课程首页上的统计区域入口。

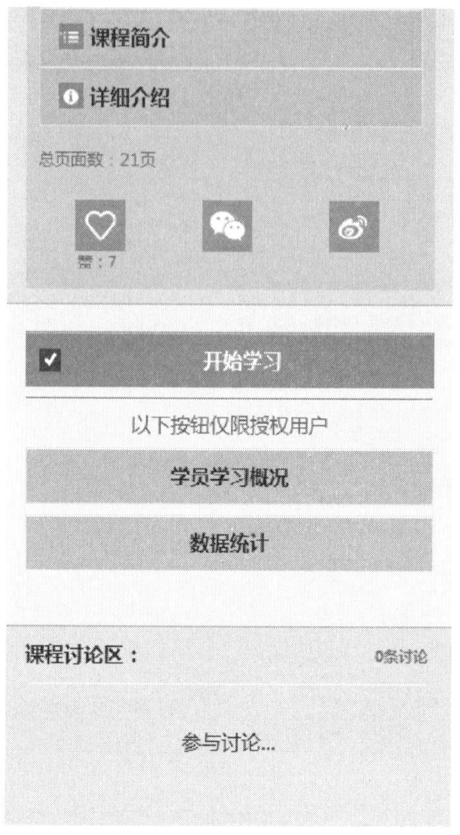

图 4　统计区域入口

图 5 所示为学员学习概况页面，统计图画出了微课程每一页学习的学生人数，从这张图上可以看出学生能否坚持学完全部课程的整体情况。

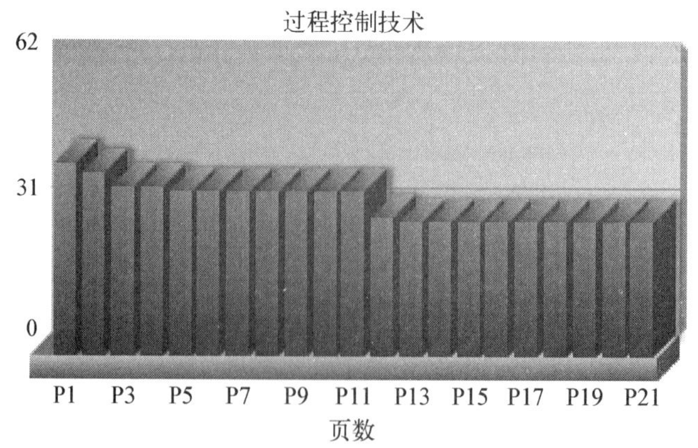

图 5　学员学习概况

图 6 所示为数据统计页面，直观地给出了学习的总人数和完成学习的学生人数。用柱状图反映出学生的成绩分布情况，并按学员的性别情况分析绘制了平均分和学习平均速度的对比图。这样能够帮助教师了解学生的整体学习情况。如果要了解到具体某一个学生的学习情况，可以点击“查看详情”，就可以看到图 7 所示的学员列表，在其中点击某一个学生，就可以看到图 8 所示针对这个学生学习情况得到的统计结果。

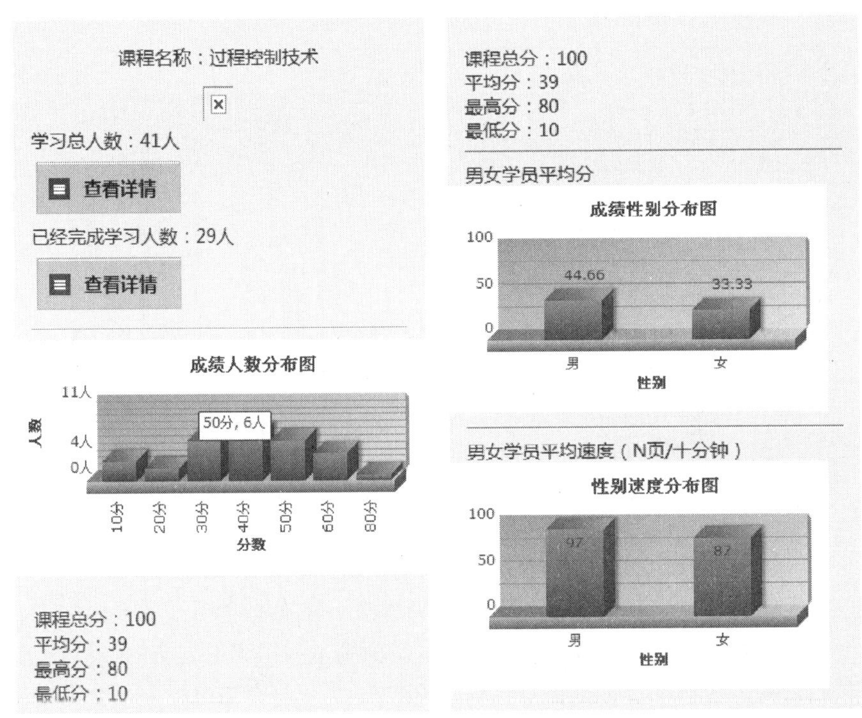

图 6　数据统计

图 8 中的统计数据包括该学员的学习时间、学习进度、最终得分、各题型的答题正确率、学习速度柱状图和学习时间分布图。这些数据可以客观完整地反映出这个学生的学习过程和学习效果。

2. 虚拟仿真实验与实验室实验

因为机电类课程的特点，几乎每一门课程都包含对实际操作技能培养的要求，所以实验也就成为必不可少的教学环节。目前实验的方法有两种：一种是通过软件在计算机上进行仿真实验，这种方式可以通过翻转课堂的形式引导学生课后自行完成；另一种是进入实验室动手操作进行实物实验，这种方式必须采用面对面教学的形式。

为了对比两种实验形式下学生的参与度和教学效果，分别安排了一次虚拟仿真实验和一次实验室的实物实验。虚拟仿真实验是利用 MATLAB 软件对液位控制系统进行仿真，调整控制器的 PID 参数，观察系统的动静态特性，并总结 PID 参数对动静态性

图 7　学员列表

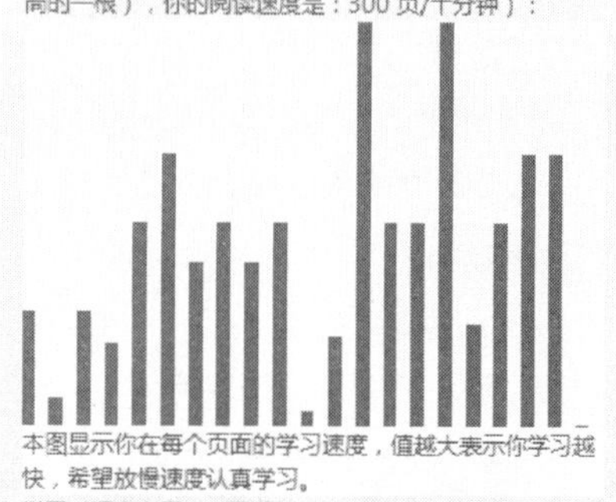

图 8　学员个人学习情况统计结果

能的影响。为了更好地观察到学生的参与情况以及学习效果，把这次实验任务安排在机房进行，但是不给学生任何干预和指导，要求学生自己根据学习过的理论知识，按照实验报告的要求，独立完成仿真实验。实验室实验则是利用康尼公司的过程控制系统实验装置，在中原校区的过程控制实验室现场教学，仍然是对液位控制系统的实验，调整控制器的 PID 参数，观察系统的动静态特性，并总结 PID 参数对动静态性能的影响。

虚拟仿真实验中，部分学生能按实验报告的要求搭建控制系统的仿真模型，并根据要求调节 PID 参数，观察到响应曲线，但只有极少数学生能分析出参数与响应曲线之间的关系，绝大多数学生不能理解实验结果的验证意义。

实验室实验中，所有的学生参与的积极性都很高，同学间具有很好的交流与合作，可以直观地在实验装置中看到液位的实际变化过程，并通过人机界面的触摸屏观察到动静态响应曲线，大多数学生都能分析出参数与响应曲线之间的关系。

3. 问卷调查

理论和实验的教学环节都完成以后，制作电子问卷，展开对学习者的主观调查工作。由学生利用手机扫描二维码进入问卷系统进行答题，问卷调查截止后系统自动进行数据统计和分析，图 9 为本次问卷的二维码。

图 9　问卷二维码

问卷从对基于微信的混合式教学评价、对本课程设计的评价、对课程学习效果的评价、对仿真和实验室两种实验形式的评价、综合评价 5 个方面，设计了 20 道选择题。要求学生根据认可程度选择相应的数字，5 表示“非常同意”，4 表示“同意”，3 表示“不确定”，2 表示“不同意”，1 表示“非常不同意”。

统计结果自动生成图表的形式，内容体现了每位参与调查的用户地址、参与调查的时间、完成答卷的时长、每道题的选择情况以及总体打分的分值。表 1 所示为问卷第一题的表格形式的统计结果。图 10 为问卷第一题的图形统计结果。

表 1　对基于微信的混合式教学评价(该矩阵题平均分：4.45)

题目/选项	非常不同意	不同意	不确定	同意	非常同意	平均分
我喜欢本课程基于微信进行的混合式学习模式	0(0%)	0(0%)	2(18.18%)	2(18.18%)	7(63.64%)	4.45
我觉得教学中采用的混合式学习，有效地促进了我对本门课程的学习	0(0%)	1(9.09%)	1(9.09%)	2(18.18%)	7(63.64%)	4.36
我喜欢在微信中与同学和老师进行学习方面的交流	0(0%)	0(0%)	1(9.09%)	2(18.18%)	8(72.73%)	4.64
我愿意今后继续采用微信平台的混合式教学模式进行学习	0(0%)	0(0%)	3(27.27%)	1(9.09%)	7(63.64%)	4.36

4. 师生访谈

因为最终参与实验的学生样本除了机械电子工程 2014 年秋季班级的全部学生之外，还有部分分校的面授教师也参与了体验，所以理论和实验环节的教学任务完成以后，就由课题组成员分别安排了与分校教师和与学生之间的访谈。

访谈中，分校面授教师普遍认为：

(1) 传统面对面的教学模式的确不适合开放大学的学生。因为学生的家学矛盾、工学矛盾突出，导致课堂到课率只有 20%～30%。

(2) 基于网络平台或移动平台的学习模式还有许多问题需要探索，比如如何督促学生按时间节点完成学习，如何避免学生代做作业等问题。

(3) 移动平台受到手机屏幕大小的限制，PPT 细节的地方以及视频中公式推导过程等展示不清楚，都会影响学生的学习兴趣和学习效果。

(4) 传统教学仍然有不可替代的地方，尤其是对于机电类课程中的实验实训部分。

学生观点中存在共性的意见有：

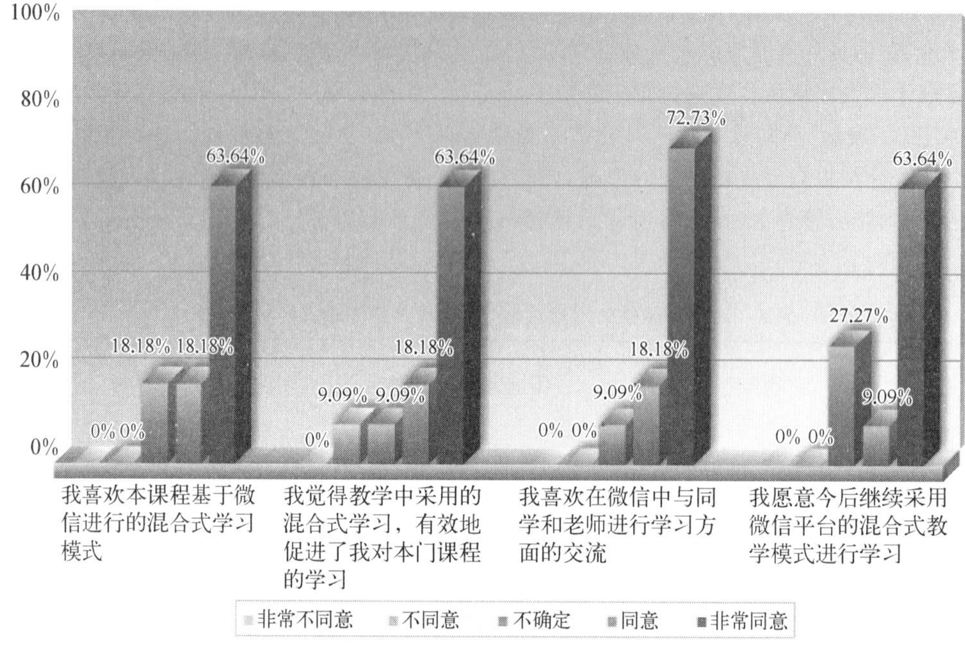

图 10　问卷第一题统计结果

(1) 支持混合式教学模式，尤其是移动平台的学习方式，可以帮助他们充分利用碎片化的时间进行学习。

(2) 移动学习的内容应以概念的讲解为主，推导、验算、证明、分析等过程比较复杂和困难的内容容易使学生感到疲劳而失去自主学习的兴趣。

(3) 复杂内容和实验环节应该采取课堂面对面的教学形式。

通过与师生的访谈，帮助我们课题组成员更具体地了解到学生的主观学习体验和感受，为我们探索更适合开放大学机电课程的混合式教学模式提供了很多新的思路。

三、混合式教学效果分析

1. 理论教学环节

从学生在每一页内容的学习时间上可以看出，学生在概念部分停留的时间较长，在公式推导论证部分停留的时间较短。从学生的实际答题情况来看，单选题和判断题的正确率比较高，多选题其次，简答题学生能认真作答的很少。这一统计结果与访谈中学生提到的移动学习内容希望以简单的概念讲解为主这一点也是相一致的。这些都说明在学生利用碎片化的时间进行的移动学习中，学习内容和习题设置都应该比较简单，应更侧重在基本概念的讲解上，移动学习内容的具体展现形式应该以视频或者

Flash 为主，文字 PPT 为辅，可以提高学生的学习兴趣。为了监督和保证学生学完全部课程，应该在课程中设置必要的习题，完成答题后方可进入下一页面的学习，答题分数也有必要成为形成性考核的组成部分。

机电类课程中理论推导、公式计算等复杂和难度高的内容，面对面授课的教学效果明显更好，但限于学生出勤不能得到保障而不得已采用网络形式学习，也建议选用电脑作为学习终端，学习相应的视频教学资源。

2. 实践教学环节

无论是两种实验形式下对学生学习过程的观察，还是问卷调查的结果，甚至是师生访谈，大家一致认为实验环节的面对面教学和实验室动手操作部分是其他方式不能替代的。实验过程中与实验设备的直接接触，给了学生更直观的认识，师生间同学间的互动讨论，能及时帮助学生理解实验的任务和意义，同学间的分工协作，能帮助同学更好地提高实际操作技能。

四、混合式教学模式实施中存在的问题

1. 微信平台的限制

目前腾讯公司提供给用户或企业的微信公众平台的功能并不健全，教师在后台进行课程设计的时候有很多好的想法都不能够实现。

2. 移动终端的限制

如今几乎人人都在使用智能手机，人人都会使用微信。但是要在智能手机上进行学习，还是受到了一定的限制，比如手机的内存大小、电池电量多少、手机流量的费用、手机屏幕的大小等，这些都影响着教学的有效性。

3. 现有教学资源的限制

在混合式教学的理论教学环节需要大量的各种形式的教学内容，对于教师来说，建设这些资源的工作量非常大，这就需要更多的学校、教师、教育软件公司参与其中。

五、总结与展望

机电课程因其教学内容和要求上的特殊性，实验实践环节应以现场教学形式为主，理论环节则可以采取翻转课堂的混合式教学模式。这种教学模式同时将现代科技成果运用到教学中，通过移动互联网将学习内容推送给学习者，引导学生利用业余时间进行学习。因此在设计教学内容的时候，要着力思考什么样的教学方法更能促进学生参与，什么样的课程资源更能吸引学生，并且预见到学生在学习过程中会遇到哪些困难，教师将以什么样的形式提供帮助。

参考文献

[1] 武芳，郭骞.M－Learning的现状及发展趋势[J].教育与职业，2013(11)：163－164.

[2] 郭绍青，黄建军，袁庆飞.国外移动学习应用发展综述[J].电化教育研究，2011(5)：105－109.

[3] 白浩，郝晶晶.微信公众平台在高校教育领域中的应用研究[J].中国教育信息化，2013(4)：78－81.

[4] 柳玉婷.微信公众平台在移动学习中的应用研究[J].软件导刊(教育技术)，2013，12(10)：91－93.

建筑识图与构造课程微课教学效果实验研究

曹　明

（上海开放大学信息与工程学院，上海，200240）

摘要：在分析已有微课教学资源特征的基础上，制作了建筑识图与构造课程微课资源，采用客观评价和主观评价相结合的方式探究该微课的教学效果。以学生学习完微课资源后的答题成绩分析和学生眼动仪实验测试情况对教学效果进行客观评价，以问卷调查的方式了解学生对微课资源的主观评价。通过对微课资源教学效果的分析，为以后的微课优化提供参考。

关键词：微课；眼动议；教学效果

引言

近些年，由于慕课利用能实现双向互动的互联网进行教学，这就为学习者的学习提供了便利[1][2]，因此，国内外多所知名高校推出了慕课平台（MOOC）。要建好高等教育的慕课体系，首先要加强高校微课的研究和建设，上海在制定慕课发展规划时，上海交通大学提出要大力推动微课程建设[3]。

随着网络技术和开放教育理念的发展，教学模式正在从以教为中心的课堂教学知识传递模式向以学为中心的问题探究模式转化，逐渐产生了与网络化现代生活相适应的“微”学习[4]，为了满足以上“微”学习的需求，有必要探讨“微课”教学资源的建设问题。

在国外较早推出微型课程的是新加坡南洋理工大学，为促进信息技术更好地整合于教与学，在1998年，开发出了具有完整教学活动的小型教学材料[5]。目前，我国的基础教育和高等教育都已经开发出了网络“微课”教学资源，但主要被用在大学和中小学青年教师的培训中，作为一种学习交流和教学观摩的手段，青年教师可以从这些来自不同专业的优秀教师身上学到有益于自身成长的教学技巧和教学设计风格等。本文主要探讨开发建设一种适应上海开放大学建设工程管理专业学生特点、能满足学生自主学习建筑识图与构造课程需求的“微课”。

“建筑识图与构造”课程是一门实践性强、知识面广的课程，针对开放大学学生学习基础差异大、不能按时参加面授教学、对建筑构造缺乏感性认识等问题，主要通过在微课教学中突出重点和难点以及注重资源模式“情景化”两个方面进行探讨。

一、微课教学资源的特征

要建设符合建设工程管理专业学生学习需求的微课资源，有必要了解微课是什么，以及微课的特征。目前对微课还没有一个统一的定义，教育部全国高校教师网络培训中心指出，微课是以视频为主要载体记录教师围绕某个知识点或技能点开展简短、完整的教学活动，时长为 5～15 分钟。国内还有如胡铁生[6]等不少学者对微课的概念都有过界定，这里不再一一介绍，综合分析这些概念，微课具有如下特征。

1. 教学时间短

教学视频是微课的重要组成内容。根据大学生期望的网络教学视频的时长调查，占比最大的学生愿意停留在一段网络视频的时间为 5～10 分钟，其次是 10～20 分钟，再次 5 分钟以下[7]。根据学生的学习喜好，“微课”的时长一般为 5～15 分钟为宜。微课教学时间短，适合那些平时忙于工作，又想利用平时零碎休息时间学习的在职人员学习。

2. 教学内容少

“微课”主要是为了突出课堂教学中某一两个知识点(如教学中的重点、难点、疑点内容)的教学，或是反映课堂中某个教学环节、教学主题的教与学活动，相对于传统一节课要完成的复杂众多的教学内容，“微课”的内容更加精简。看似微课缺乏系统性和全面性，许多人称之为“碎片化”，但是微课是针对特定的目标人群传递特定的知识内容，一门微课自身仍然具有系统性，一组微课所表达的知识仍然需要具有一定的完整性。

以上两个特点可以在一定程度上缓解开放大学学生的“工学矛盾”，这些在职的学生可以利用“碎片化”的空闲时间学习“碎片化”的微课资源。

3. 资源容量较小

由于微课教学内容少，视频时长短，“微课”视频及配套辅助资源可以制作成大容量的高清资源，也可以做成适合网络在线播放的小到几十兆左右小容量资源。师生既可流畅地在线观摩学习微课，查看教案、课件等辅助资源，也可灵活方便地将其下载保存到终端设备(如笔记本电脑、手机、MP4 等)，不仅适合教师的观摩、评课、反思和研究，也能实现学生的移动学习。

4. 资源模式“情景化”

建构主义的学习观认为，学习过程是学生对知识的一个主动建构的过程，学习者根据自己的学习经验和已有的知识架构对外部信息进行选择、加工和处理。学生在特定的学习情境中通过“顺应”和“同化”对知识进行有意义的建构[8]。因此，应该结合教学内容和开放大学学生的实际情况，在制作微课视频中的具体教学过程时努力创设学习情境，促进学习者对知识的加工记忆和迁移。

目前，建筑识图与构造课程主要以课堂讲解和板书的形式进行教学，而该课程是一门实践性很强的课程。如果学生缺乏对所学知识的感性认识，仅停留在对理论的学习上，将难以认识建筑识图在工程实际中的价值，使学生所学的课本理论知识无法与学生的工作经验紧密地联系。导致的结果是，学生对建筑构造的应用知识了解很少，尽管学习了理论知识，但遇到实际工程，不能应用所学的建筑构造理论知识去解决实践中的问题。而微课资源的情景化，可以帮助那些有建筑行业工作背景的学生把所学的理论知识与自己的工作实际联系起来，从而提高微课资源的教学效果。

5. 资源质量便于优化

"微课"综合应用文字、图片、音频等形式，整合教学设计(包括教案或学案)、课堂教学时使用到的多媒体素材和课件、教师课后的教学反思、学生的反馈意见及同行专家的文字点评等相关教学资源，来加强关键信息的学习效果，从而实现微课资源的不断优化，以上是一个循序渐进的过程。学习完微课，学生需要完成必要的习题，通过学生完成习题的情况，教师也可以了解微课的教学效果。

二、微课视频教学实验

笔者根据上述微课教学资源的特征，制作了建筑识图与构造课程微课资源，通过上海开放远程教育工程技术研究中心的开放教学数字化实验室眼动仪实验，探究微课的教学效果，为以后的微课优化提供参考。

1. 实验设计

实验目的：探讨按照微课教学资源时间短、内容少等四个特征制作的建筑识图与构造课程微课资源的教学效果。在本研究中，对教学效果的评价采用客观评价和主观评价相结合的方式进行。

实验仪器：在本微课教学视频实验中用到了眼动仪，该仪器由上海开放远程教育工程技术研究中心的开放教学数字化实验室提供。眼动仪可以准确记录学生在看视频的过程中目光的关注点。

实验对象：上海开放大学建设工程管理专业学生 9 人，这些学生虽然来自不同的工作岗位，有做技术方面工作的，也有做管理方面工作的，但他们中超过一半的人的工作都与建筑行业相关。

实验材料：

(1) 微课视频。

(2) 测试题目。测试题由 2 道单选题和 2 道判断题组成，4 道题目的答案，在微课中都会讲到。题目的测试目的主要用来评价微课的教学效果，测试学生通过微课的学习后，是否能够准确掌握微课重点讲解的知识点。

（3）调查问卷。调查问卷由3道填空题、1道简答题和1到选择题组成，其中2道题目用来调查学生对学习效果的主观评价，其余3道题目用来调查学生的年龄、学习基础和职业等。

2. 实验过程

（1）编号。将9名学生随机排序并编号，这是为了将学生的测试成绩与其被眼动仪记录下来的学习过程相对应。

（2）基于微课视频进行学习。组织学生按照编号顺序进行视频学习，同时用眼动仪记录下每个学生的学习过程。

（3）测试。由于眼动仪一次只能记录一个学生的学习轨迹，所以，进行微课视频学习的学生是按照先前编号的先后顺序，等一个学生学完后，另一个学生再学。完成微课资源学习的学生，紧接着完成测试题目和调查问卷。在学生完成微课学习前，不让学生看到测试题目和调查问卷。

3. 教学效果评价

在本研究中，采用客观评价与主观评价相结合的方式对微课视频教学效果进行评价。

1）学习者客观评价分析

客观评价主要依据的是4道客观题学生的答题成绩和眼动仪记录下来的学生目光关注点。表1给出了9名学生4道题目的完成情况，Ⅰ题和Ⅱ题是多选题，正确答案分别是ABD和AC，如有错误选项，该题目不得分。Ⅲ题和Ⅳ都是判断题。

表1　题目测试结果

题目 学生	Ⅰ	Ⅱ	Ⅲ	Ⅳ
1	AB	×	√	√
2	AD	C	√	√
3	ABD	×	√	√
4	ABD	×	√	√
5	ABD	AC	×	√
6	AB	C	√	√
7	ABD	×	√	√
8	ABD	×	√	√
9	ABD	×	√	√

Ⅰ题的三个正确选项内容分别是A基础、B墙体和D楼板。由表1可以看出，9名学生中有6名学生给出了完全正确的答案，另外3名学生也都给出了3个正确选项中的2个。也就是说66.7%的接受测试的学生完全答对了该多选题，33.3%的接受测试的学生部分答对了该多选题。图1所示为9名同学在观看有关Ⅰ题内容微课视频时由眼动仪记录下来的目光关注点，图中每一个圆圈代表1名同学，共9个圆圈，圆圈的大小代表该学生在该点目光的停留时间长短，即圆圈越大，表示该同学目光停留在该点的时间越长。从图1中可以看出，学生在观看有关本题目的微课视频部分时，大家的目光都注意到了本题目的答案选项，如图中所示的画面正在讲“楼梯”，9名同学的目光都停留在楼梯附近。该题目的答案内容，在视频中通过与建筑构造图相结合来讲解，使学生把现在需要学习掌握的建筑基本组成部分(基础、墙体、楼板、屋顶、门窗等)与学生已有的工作和生活中的印象建立起了联系，强化了学生对该知识点的理解，从而实现对需要掌握知识的建构。

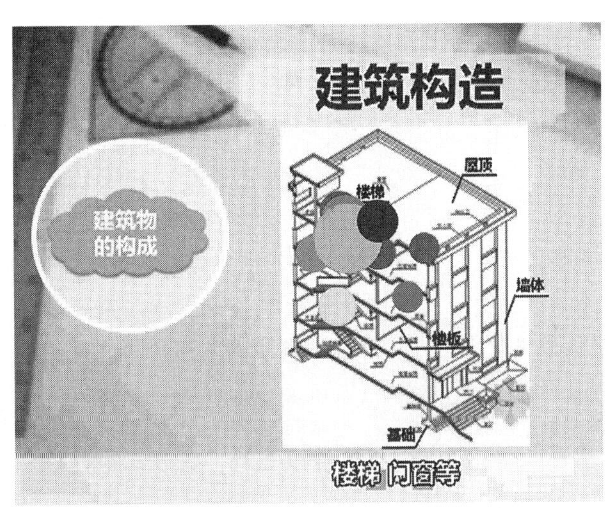

图1　与Ⅰ题有关的学生目光关注点分布图

从表1中可以看出，错误率最高的题目是Ⅱ题，该题目的正确答案是A建筑识图和C建筑构造，9名学生中只有编号为5的学生全部答对，编号为2和6的学生答案部分正确，题目答案完全正确率只有11.1%，题目部分答案正确率为22.2%。在图2中，从微课视频上的截图时刻与音频进行到“构造”相对应，如图中的脚本所示，也就是该时间点，教师正在讲到有关题目Ⅱ的答案。从图2中可以看出，9名同学中有7名同学此刻的目光都落在脚本上，这说明至少7名同学不仅听到了有关该题目的答案内容，同时也看到有关题目答案的文字。但这7名同学中只有编号为5的同学给出了完整的正确答案，编号为2、5和6的同学的目光着落点如图2所示。从学生的答题情况来看，目前的微课视频没有向学生讲清楚该知识点，与题目Ⅰ的教学效果相差很大。如果该知识点不太容易进行情景化教学，可以采取调整语速语调以及 PPT 上文字的动画显示等措施，来强化该内容在学生头脑中的印象。

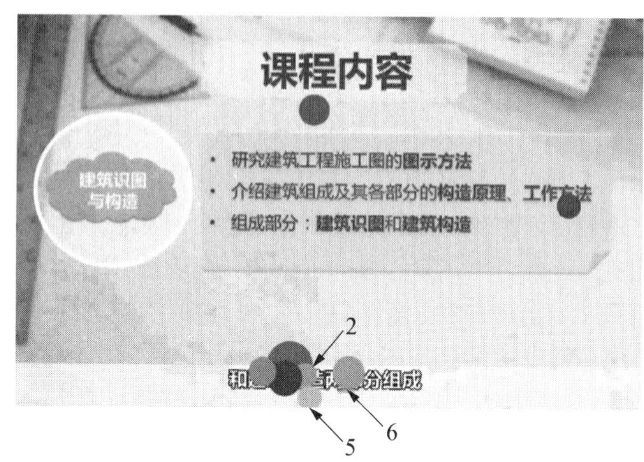

图 2　与Ⅱ题有关的学生目光关注点分布图

从表 1 中可以看出，正确率最高的题目是Ⅲ题和Ⅳ题，两道题目的答题正确率分别达到 88.9%和 100%。这两道题目与前边两道多选题不同，前边两道题目在微课视频中都有直接答案，而后两道题目的答案需要学生对微课内容进行一定的分析和归纳。但由于这两道题目都采取了与Ⅰ题一样的情景化教学模式，教学效果较好，如图 3 所示的与Ⅲ题有关的学生目光关注点分布图，9 位同学通过微视频的音频听老师的讲解“构造柱和圈梁”，目光全部落在构造柱和圈梁的实物画面上。

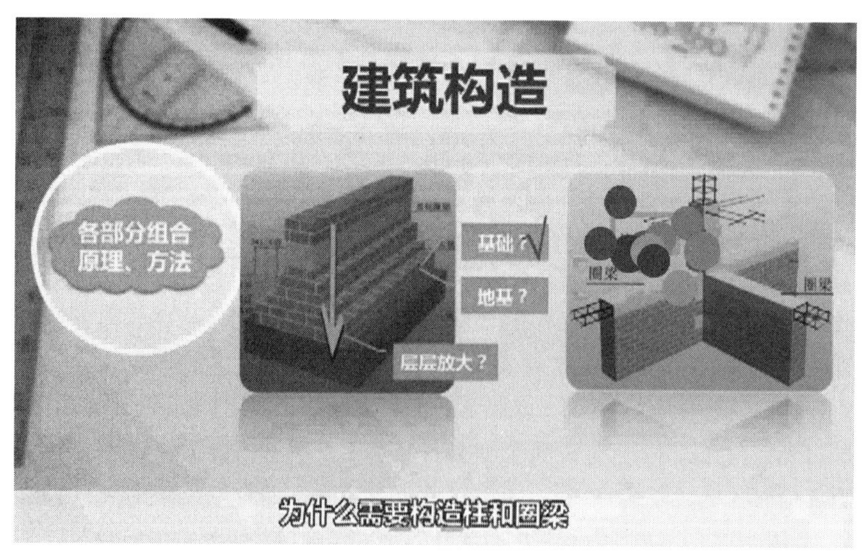

图 3　与Ⅲ题有关的学生目光关注点分布图

2）学习者主观评价分析

除了以上对微课视频的客观评价外，通过无记名问卷的方式，还向学生进行了有关微课视频教学效果的主观评价调查。调查结果显示，9 名被调查的同学对该微课视频的主观感受是喜欢这种教学方式，他们给出的理由如下：其中有 5 名同学认为这种微课视频方便他们业余学习；2 名同学认为这种微课简单易懂，内容直观；1 名同学认为可以提高他的学习注意力；1 名同学认为该微课突出重点。以上学生对该微课视频的主观感受评价，也是我们当时在制作微课视频时打算达到的目标。

三、结语

随着智能手机和无线网络的普及，利用微课教学时间短、教学内容少和资源容量小的特点，基于微课的远程学习、在线学习和移动学习将逐步应用在成人继续教育中。特别是对于利用工作业余时间学习的上海开放大学的学生而言，微课能够更好地满足他们按照自己的方式灵活安排学习时间的要求。在微课制作中，应注重情境化教学来提高教学质量，利用教学效果评价来不断优化微课视频的制作质量。

参考文献

[1] 宋楚平，李少芹，张红芳.MOOC 背景下行业英语微课资源建设探讨[J].职业教育研究，2015，2：18－21.

[2] 赵婀娜，闫星辰.幕课来袭，中国大学如何应对[N].人民日报，2013－08－08(18).

[3] 黄震.慕课：给上海教育带来的机遇与挑战[N].文汇报，2014－02－12(10).

[4] 周家伟.浅谈以“学”为本的“微课”教学资源开发[J].职业时空，2013，9(10)：41－43.

[5] 刘运华，袁克定，赵国庆.新加坡微型课程研究项目的实践与启示[J].中国电化教育，2005，11：98－101.

[6] 胡铁生.微课：区域教育信息资源发展的新趋势[J].电化教育研究，2011，10：61－65.

[7] 杨九民，邵明杰，黄磊.基于微视频资源的翻转课堂在实验教学中的应用研究——以“现代教育技术”实验课程为例[J].现代教育技术，2013，23(10)：36－40.

[8] 卢强.教育心理学[M].北京：北京出版社，2010：58－59.

基于翻转课堂理念的成人会计教学模式改革

——以“基础会计”课程为例

丁　玫

（上海开放大学经济管理学院，上海 200433）

摘要：翻转课堂作为一种新型的教育理念和教学模式，由于能够满足学生个性化学习的要求，有效促进师生互动，正越来越受到重视。目前，成人会计课程实践采用的是“面授辅导和网上教学”相结合的教学模式，虽然是翻转课堂的雏形，但在实践中并没有真正实现从“课堂”向“学堂”的转变。文章基于翻转课堂分析了成人会计教学模式改革的必要性，以基础会计课程为研究对象，尝试将“翻转课堂”理念引入课程教学，以探索对成人会计教学模式的改革的深化。

关键词：翻转课堂；会计教学模式；改革；成人教育

引言

翻转课堂是从英语“Flipped Class Model”翻译过来的术语，也称颠倒课堂、反转课堂。其基本思路是：把传统教学过程（教师讲、学生听）翻转过来，让学生在课外时间完成针对知识点和概念的自主学习，而课堂变成了师生之间和学生之间互动的场所，主要用于答疑解惑、互动讨论，从而达到更好的教学效果。互联网的普及和计算机技术在教育领域的应用，使翻转课堂这种教学模式变得可行。翻转课堂教学模式包含了多种教育理念，如以学生为中心的理念、个性化理念、交互性理念、主动性理念等，但最基本的理念应该是以“学生为中心”，通过“课堂翻转”，将课堂真正交还给学生。随着云时代、大数据时代的到来和信息技术的高速发展，越来越多的教育工作者利用翻转课堂、微课程来优化教学活动，促进知识传授，传统的教学方法正面临着前所未有的冲击与挑战。因此，如何与时俱进地把翻转课堂、微课程等新型教学方法应用于会计类课程教学，对推动会计专业教育创新，促进会计专业人才培养具有重要意义。

一、成人会计教学模式改革的必要性

1. 传统教学模式存在的问题分析

翻转课堂是结合了网络和面授并转变了传统教学的一种教学模式。目前,我们在开展成人会计课程教学中通常采用“面授辅导和网上教学”相结合的教学模式。该模式可以说是翻转课堂的雏形,但在很多方面与翻转课堂存在偏差,具体表现在以下几个方面:

(1) 师生角色没有发生真正变化。相对于翻转课堂教学模式强调以“学生为中心”,目前的成人会计教学模式仍以教师教学为中心,教师是知识的拥有者和传播者,而学生则处于被动接受知识的地位。受教育观念、时间精力以及班级学生多等诸多因素制约,教师在开展面授辅导和网上教学工作时,难以根据学生的学习能力实施分层次教学,也无法对每位学生的学习进行个性化指导。此外,网上教学环节的确提供了一定数量的教学资源,但这些教学资源基本上是按照学科知识体系和课堂授课习惯来设计的,注重知识的系统性,很少考虑学生的实际需求,一定程度上降低了学生的学习热情和学习兴趣,很难发挥学生学习的主观能动性。

(2) 教学过程没有发生实质变化。相对于翻转课堂教学模式的先学后教,目前的成人会计教学模式仍采用先教后学,即面授辅导环节在前,网上教学环节在后。在课堂上以教师讲授为主,学生是被动地接受知识,由于学生的学习基础和学习能力参差不齐,他们对于教师讲授内容的理解程度是不一样的,但传统的集中面授教学无法满足每一位学生的不同需求。在课后,学生主要是通过完成作业和复习巩固来实现知识的内化。这 内化阶段由于缺少教师的支持和同伴的帮助,而且网上教学平台所开展的答疑活动质量也不高,在一定程度上影响了学习绩效,学生常常会感到挫败,从而逐渐丧失学习的动机和成就感。

(3) 评价机制没有发生根本变化。相对于翻转课堂教学模式的评价体制,目前的成人会计教学模式仍然沿用传统教学评价体制,重学习结果轻学习过程,形成性考核成绩虽然占一定比例但比重较小,对于学生学习状况的评价仍然是由任课教师来完成,并没有从学习者个人以及同伴角度来多角度评价,这就导致学生们在参加网上互动、小组讨论等环节时积极性、主动性不强,任课教师想了很多方法来调动学生的学习兴趣和参与程度,但效果并不理想。

2. 成人会计教学模式改革的必要性分析

(1) 现代信息技术发展条件下教学改革的需要。我国《教育信息化十年发展(2011—2020 年)》指出,“教育信息化的发展要以教育理念创新为先导,以优质教育资源和信息化学习环境建设为基础,以学习方式和教育模式创新为核心”。翻转课堂作为一种创新型的教学模式,它的出现改变了传统教学的固有模式,它是现代信息技术发展条件下教学改革的重大突破，随着计算机技术和网络技术在教育领域的广泛应用，翻转课堂在欧美发达国家得到了广泛的推广和应用，并得到了教育专家、教师和学生的肯定。因此，践行“翻转课堂”的先进理念，紧密结合办学实际，积极探索会计成人教学模式改革，是进一步促进成人教育的改革创新和持续发展的重要环节。

(2) 解决成人学生“工学矛盾”问题的需要。成人学生主要是在职人员，与全日制高校学生相比，无论在年龄、家庭负担、生活压力，还是社会竞争与学习时间等方面都处于劣势。学生在学习过程中难免要面对工作和生活中的种种突发状况，导致面授出勤率不高，迟到早退现象严重，耽误知识的学习过程，跟不上正常的学习进度，此外出勤率的高低导致老师难以掌握学生情况的难度，师生间、学生间缺乏交流，对教学与学习效果产生负面影响。追溯翻转课堂的起源，是为了解决因学生缺课而引发的诸多问题。因此，践行“翻转课堂”的先进理念，可以增加师生、生生之间的互动交流，特别是学生可以自己掌控学习，根据自己的节奏观看视频讲解，可以选择性“听讲”，也可以对重难点内容进行重播学习，即使缺课也不至于落下，从而提高每一位学生的学习绩效和学习积极性，力争让所有学生都能选择最适合自己的方式来接受知识。

(3) 适应成人学生学习特点的需要。成人学生通常是带着职业的实际需要和工作中要解决的问题来参加学习的，大多希望能够学以致用，学习具有较强的目的性。特别是会计专业，更加注重学生的实践操作能力和综合素质的培养。此外，成人学生由于学习基础、个体差异等原因，在对专业的兴趣、学习习惯、学习态度以及理解程度等方面都存在不同，传统的课堂教学是无法兼顾每个学生的实际情况的。翻转课堂始终秉承以“学生为中心”这一基本理念，体现学习个体的选择性和自主性。应该说成人学生心智成熟，比中小学生具有更强的自制力和学习自主性、更全面的信息技术素质，更具备实施翻转课堂所需要的素质和条件。因此，践行“翻转课堂”的先进理念，成人学生在教室之外的地方通过视频或者其他媒体形式进行学习，然后在教室中与教师以及同学们充分交流、深度互动、解决问题，真正发挥学生潜能，培养自主学习能力，提高知识内化效率。同时，也有利于促进教师更好地发挥指导和监督作用，有效地实施分层教学和一对一个别辅导。

二、“基础会计”课程的翻转课堂教学模式设计

“基础会计”是会计专业的基础课程，具有较强的理论性和实践性，也是专业入门课程，学生对这门课程的掌握程度直接关系到后续相关专业课程的学习。因此，笔者结合教学目标和学生基础，从翻转课堂教学实施方案的设计工作入手，希望能为“基础会计”课程教学注入新鲜活力。为了更好地开展翻转课堂教学活动设计，前期通过问卷星在线调查问卷平台对会计专业学生的在线学习意愿与偏好的信息进行统计和分析。

1. 会计专业学生的在线学习意愿与偏好的调查信息

调查有效学生人数为 51 人，其中男生为 23 人，女生为 28 人。学生的年龄层次分布如图 1 所示；学生的学历层次均为专科，工作年限情况见图 2 所示。

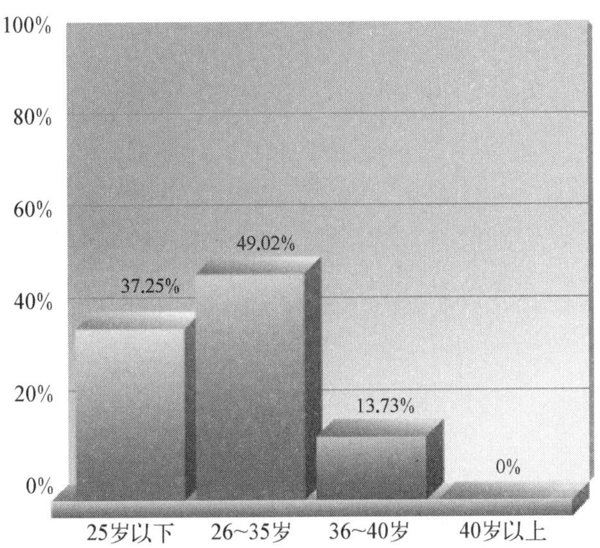

图 1 调查学生年龄层次分布

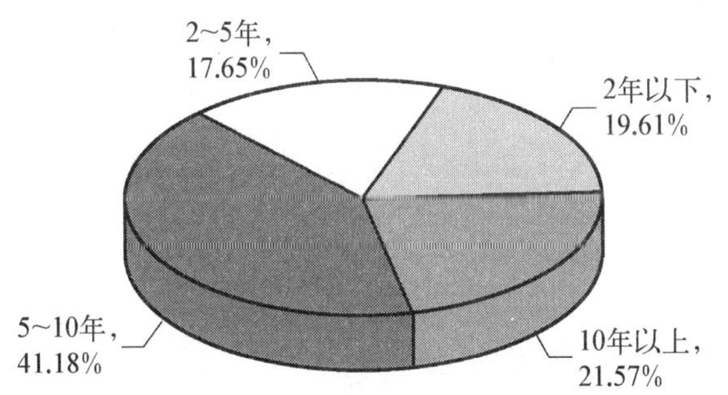

图 2 调查学生工作年限情况

调查学生的在线学习能力情况以及对学校教学平台的使用程度分别见图 3 和图 4。

调查学生平均每周在教学平台上学习花费的时间、选择在线学习的主要目的以及最倾向的学习方式如图 5、图 6 和图 7 所示。

调查学生在线学习中经常参加的学习活动如图 8 所示，学生在线学习中对课程内容有疑问倾向于帮助的途径如图 9 所示，学生在网络学习中需要的支持服务内容如图 10 所示。

调查学生认为通过在线教学平台所进行的一系列活动对其学习效果的影响如图 11 所示。

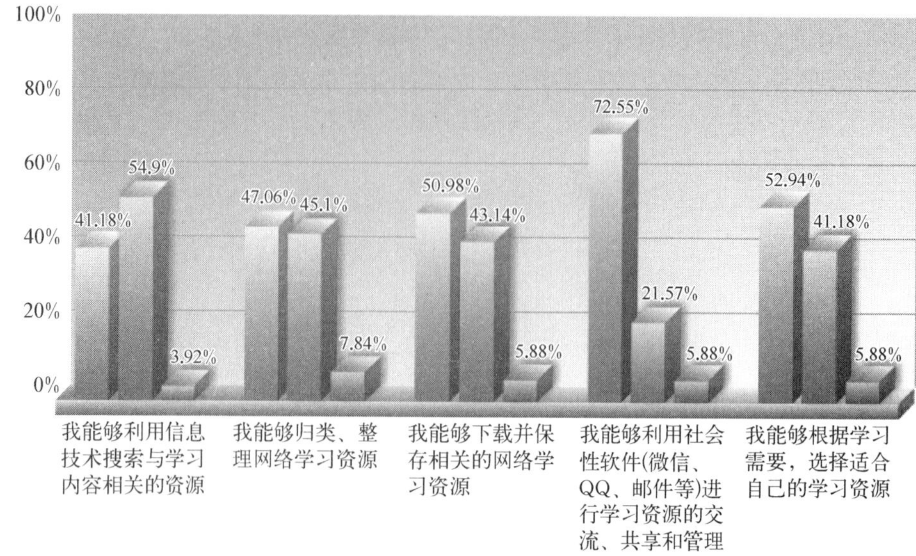

图 3　调查学生的在线学习能力情况

选　项	小　计	比　　例
经常使用	27	52.94%
偶尔使用	23	45.1%
基本不用	1	1.96%

图 4　调查学生对上海开放大学教学平台的使用程度

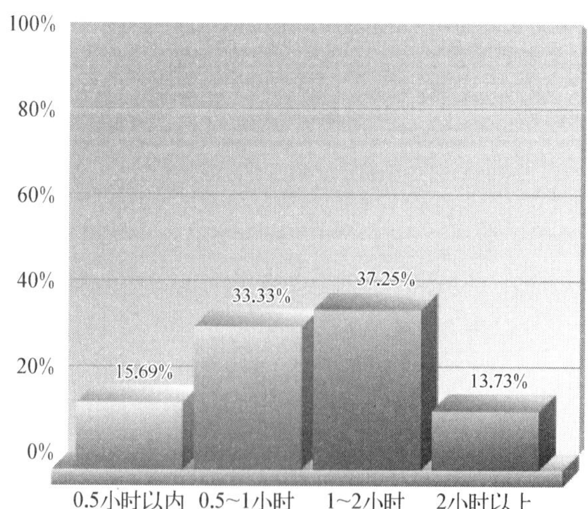

图 5　调查学生平均每周在教学平台上花费的时间

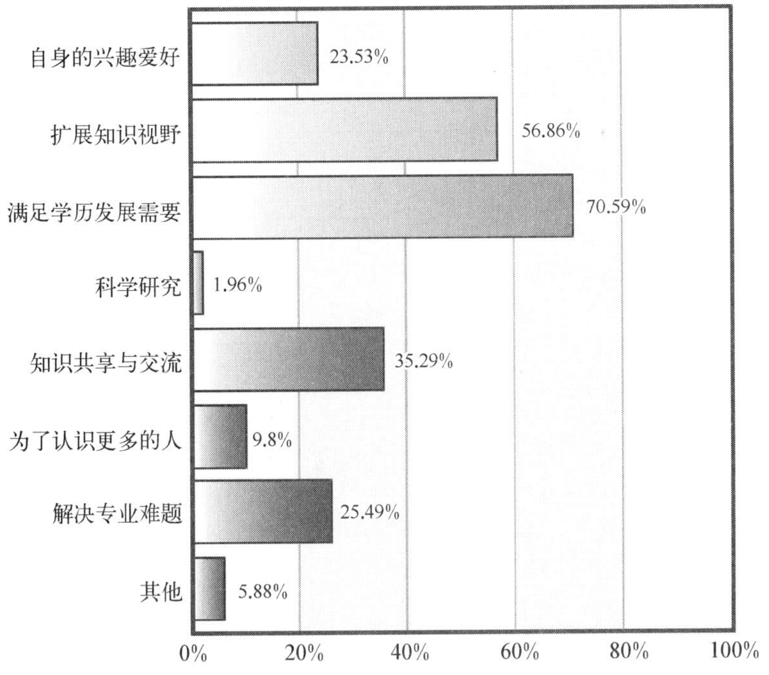

图 6　调查学生选择在线学习的主要目的

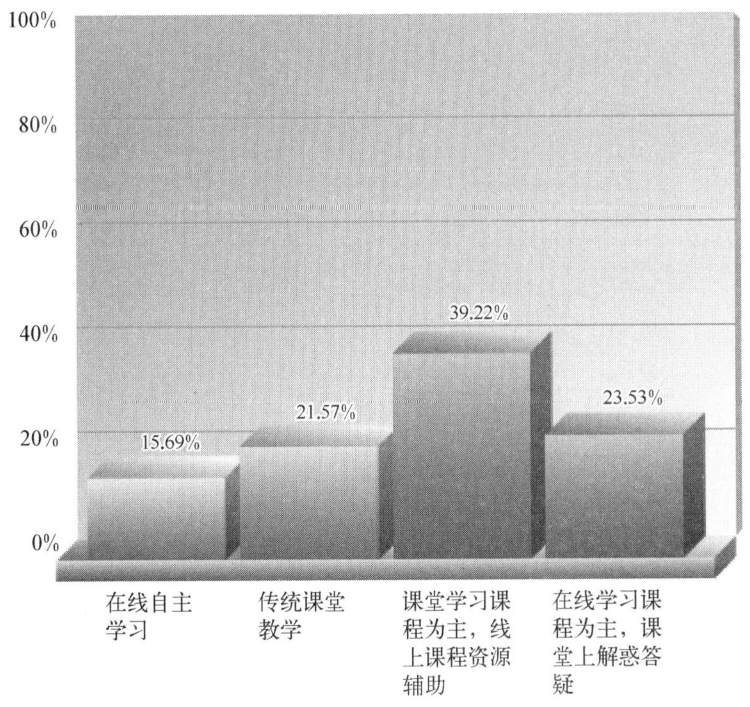

图 7　调查学生最倾向的学习方式

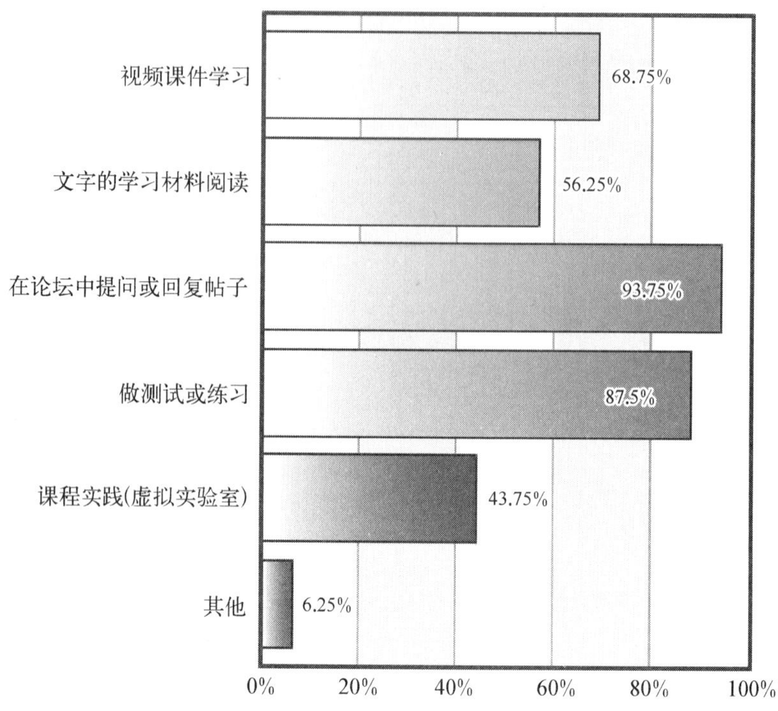

图 8　调查学生在线学习经常参与的活动

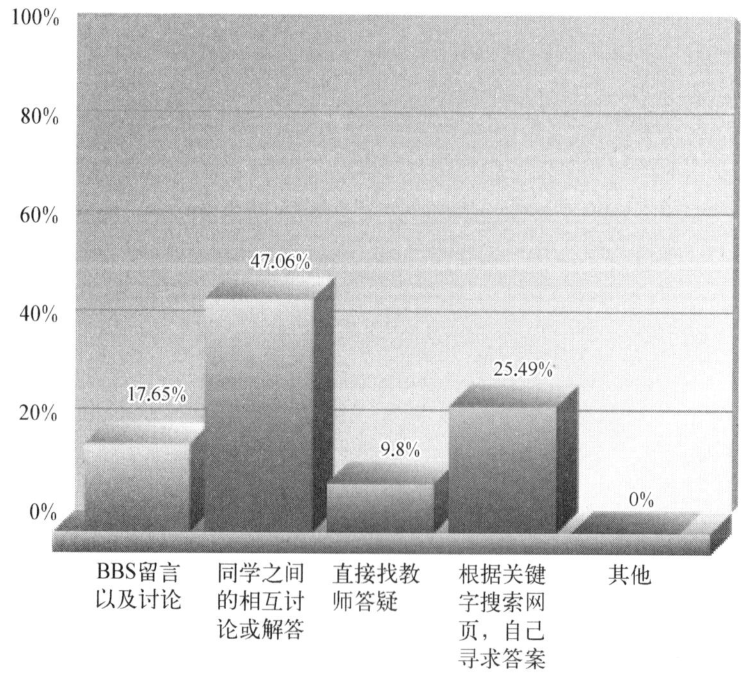

图 9　调查学生在线学习倾向的帮助方式

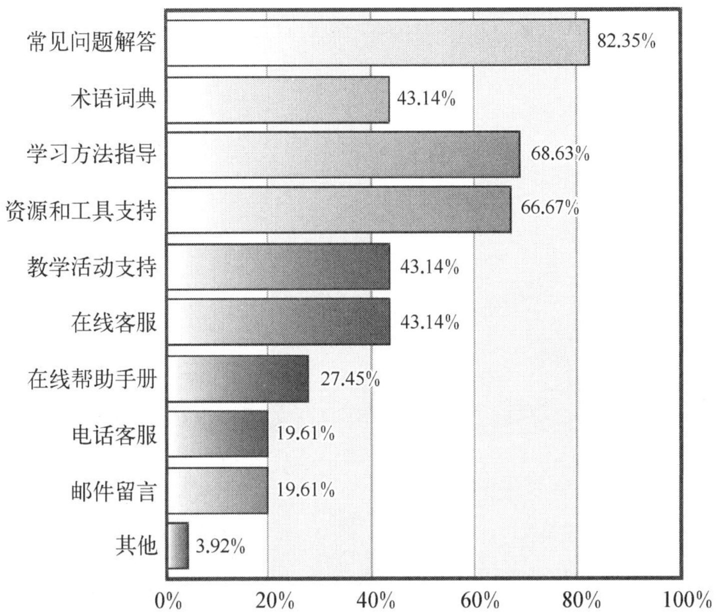

图 10　调查学生网络学习希望获得的学习支持服务

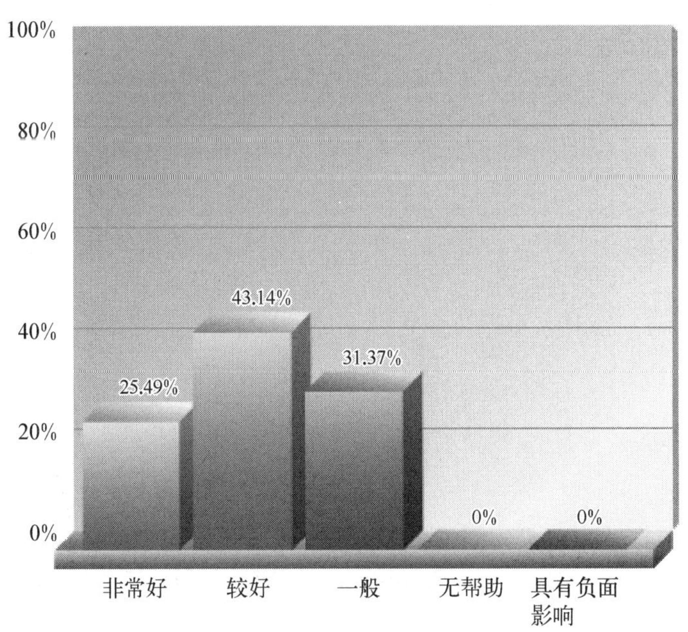

图 11　调查学生认为在线学习的学习效果情况

调查学生对通过网络学习后是否能完成课程任务和要求的看法如图 12 所示，从图 13 中能够看出调查学生希望网上教学资源能密切结合他们的学习兴趣。

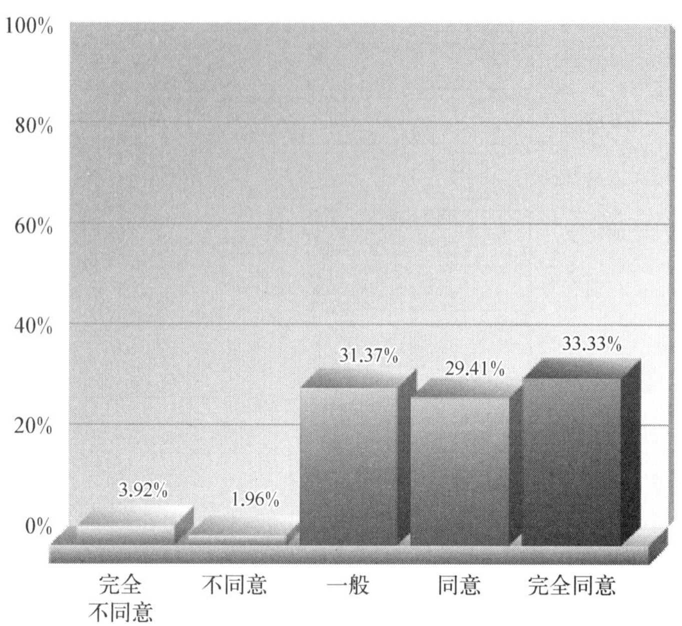

图 12　调查学生认为通过网络学习能完成课程任务的情况

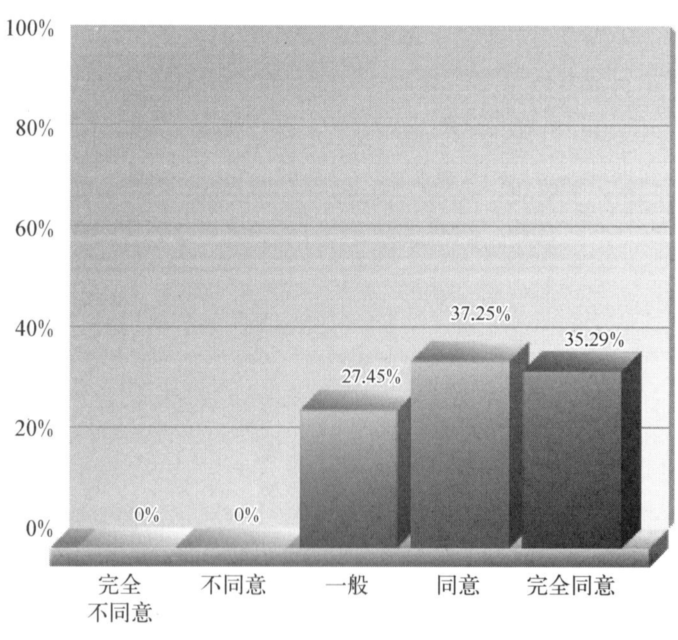

图 13　调查学生认为网上教学资源应结合学习兴趣的认可度

2. “基础会计”翻转课堂教学模型设计框架

在对会计专业学生的网上意愿和习惯做了初步调查和分析的基础上，笔者以“基础会计”课程为实验对象开展了翻转课堂教学模型的设计工作。首先，笔者结合学生特点和教学要求，从师生的角度设计了翻转课堂教学模型框架图，并将具体的教学任务列在模型图上。一个完整的课堂应该包括“课下”和“课上”两个部分，先“课下”后“课上”。两个部分之间通过左右箭头进行联系，表示“课上”和“课下”存在着相互作用、相互渗透、相辅相成的关系。课下，学生和教师承担不同的任务，教师负责制作课件视频、提供教学资源、布置任务等，学生们按照相关任务的要求进行自主学习。课上，学生在课前自主学习的基础上与教师进行问题交流，在老师的引导下开展小组协作、探究学习以及成果展示等。对于整个翻转课堂教学的评价反馈是多维度、多方式的，包括自我评价、小组内评价、教师评价等方式。最后，教师需要根据翻转课堂实施的过程与效果，进行数据分析和系统的反思与总结，一方面，找出教学的成功与不足之处，为下一轮的翻转课堂实施做好准备；另一方面，根据学生的学习评价和反馈信息，采取各种教学策略促进学生的自主学习，实现教学相长的目标。

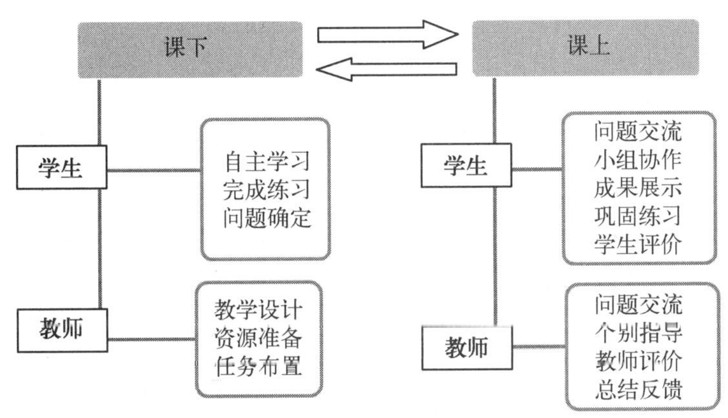

图 14　“基础会计”翻转课堂教学模型框架图

3. 翻转课堂教学实施方案设计——以“借贷记账法”知识章节为例

借贷记账法是会计工作的专用术语和基本记账方法，是整个会计工作的纽带，为“基础会计”以后各章节的学习奠定了基础。传统的教学方法以“教师讲，学生听”为主。借贷记账法涉及的专业术语很多，初学者往往很难理清各种概念之间的关系，以往教师在课堂上时要花很多时间讲解相关理论知识，演示账户结构和会计分录的编制，学生则是被动地接受知识，互动很少，也很少有时间进行具体操练，一般是在课下完成布置的作业。学生普遍反映学习难度大，很难理解各种概念之间的关系，离开课堂很多作业就不会做了。因此，基于“翻转课堂”理念，选择“借贷记账法”知识章节为研究对象，进行实施方案的设计。

(1)“课下”设计——实现知识传授。根据教学目标,将“借贷记账法”所涉及的要点细化成相对较小且完整的小知识单元,制作课件,录制和收集相关视频,内容可以包括借贷记账法的发展历史、借贷记账法的概念和特点、借贷记账法的记账规则、借贷记账法的账户分类和结构以及借贷记账法的分录编制等。对于涉及借贷记账法的记账规则、账户结构等内容的视频,可以采取动画和图表形式,增加直观性和趣味性。将课件和视频通过网络教学平台供学生下载、观看,布置相关任务,可以是客观题,也可以是简单的业务处理题。学生在课前通过在线或下载观看课件和学习视频,及时记录下学习中遇到的问题,根据教师布置的任务开展针对性的练习,检测自己的学习情况,巩固所学知识并发掘学习难点,同时借助各种社交工具如班级 QQ 群与教师、同学进行交流。

(2)“课上”设计——实现知识内化。由于知识传授的前置,学生在课下已经完成了借贷记账法涉及的主要概念和原理的学习,在课上就有更多的时间围绕借贷记账法的应用进行知识内化。教师根据学生在课下完成任务的情况等已了解学生的掌握情况和学习困难,为课上的针对性辅导做好铺垫,组织学生进行更深层次的应用实践或案例讨论,如选取一些经济业务,让学生紧扣应用过程进行会计分录的实践拓展,也可以提供企业案例让学生分组进行讨论。学生作为课堂的主人,以实践技能训练为重点,充分开展各类学习性训练活动,如基于项目的分组讨论、小组头脑风暴等形式,有效地促进知识的内化过程。为了更好地提高学生的学习热情和参与积极性,评价是一项非常重要的手段。针对每一次活动与训练,每一小组或每一位学生的表现,都应该有合理的评价,通过个人评、同伴互评、教师评三个不同方面结合来展开,评价的内容既包括学生“课下”学习情况,如视频在线学习时间、练习完成情况以及问题提问次数等,还要包括学生“课上”学习情况,如学生课上提问情况、小组讨论情况以及会计实务操作情况等。

4.“基础会计”翻转课堂教学设计带来的其他收获

为了更好地开展基于翻转课堂的会计类课程教学,必须重视和加强配套的课程学习资源建设,这在一定程度上能更好地推动课程资源建设的力度和质量。因此,我按照该课程教学大纲的要求,建立相应的模块以及周次课程目录,根据目录由课程主持教师和多年从事该课程教学的教师担任主讲教师录制视频,内容既包括课程的主要内容,也包括期末的强化巩固和复习,在导学环节邀请资深的学科专家对该课程的整体框架以及学习要求和方法等进行介绍,并针对该课程教学中涉及的重点和难点专门录制相应的微课,以满足学生的差异性的学习需要。全部课程内容包括:视频 39 个,动画 9 个,均为 mp4 格式。通过建设相对系统和完整的课程全视频资源丰富课程的教学内容和网络资源,为不同专业、不同基础的学生的课后自学提供系统和针对性的学习素材,学生可以利用网上课堂提供的视频资源,不受时空的限制进行观看,可以针对某一个重点和难点反复收看和学习,也可以对自己感兴趣的话题深入学习，切实提高学生自主学习的效果。2016 年 11 月，“基础会计”开放课程（视频公开课）获得中国教育技术协会举办的第二十届全国教育教学信息化交流展示活动二等奖。

三、若干思考

1. 翻转课堂的本土化问题

翻转课堂起源于 2007 年美国科罗拉多州的一个高中化学课堂，但真正在美国流行起来却是在互联网发展和普及之后。大量的研究及实践数据显示，通过该模式的实施，课堂教学质量和教学效果得以提升，学生的学习能力和学习兴趣得到加强。翻转课堂教学模式得到了世界范围内的热烈响应和广泛实践，它在中国实践的时间不长，绝大多数学校是从 2011 年开始的。鉴于中美两国历史文化渊源、教育现状及发展水平的差异，翻转课堂教学模式引入中国不应该是简单模仿，而应以翻转课堂的理念为原则，结合我国的教育实际加以融合吸收和改造变革，持续深入地推进翻转课堂的本土化进程。

2. 翻转课堂的适用性问题

翻转课堂教学模式在实践过程中，需要特别关注一个问题，即翻转课堂是否适用于所有的学科和课型？遵循“以学生为中心”的教育理念，学生的学习受各种不同因素的影响，课堂是为学生学习服务的，教学模式是为了学生的有效学习发展而创造的。因此，翻转课堂不能一刀切，符合学习规律、适合学生发展的课堂就应该“翻转”，不适合学生学习的课堂就没有必要“翻转”。因此，我们在实施翻转课堂教学时，应具体问题具体分析，针对不同学科、不同课程、同一课程的不同知识章节采取不同的教学策略，以满足不同教学情境和不同教学需要。以“基础会计”课程教学为例，对于一些基础性且较简单的知识点，可以采用传统的课堂讲解模式传授给学生，对于较难理解的知识内容，可以采用翻转课堂和传统教学相结合的模式。

3. 翻转课堂的评价机制问题

评价机制的创新是教学模式改革的关键。翻转课堂教学模式评价体制应该对传统的单一教学评价体制进行改革和创新，借助现代信息技术的支持，构建“课上环节＋课下环节”以及“过程评价＋结果评价”相结合的综合质量评价机制，不仅应注重课堂环节的评价，也应同样注重课下网上学习环节的评价；不仅应注重学习结果的评价，也应同样注重学习的过程性评价。打破现有的“谁是教师，就由谁来评价学生”的做法，建立多元化主体评价机制，由教师、同学以及学习者自己共同完成。通过构建与翻转课堂相适应的新型评价机制，提高学生的积极性、主动性和创造性，形成动态的师生反馈沟通机制，确保翻转课堂教学改革工作取得实效。

四、结论

作为长期从事一线远程成人教育的教师，希望以翻转课堂教学过程为研究出发点，根据翻转课堂以及微课程的理论基础，充分利用开放教学数字实验室系统以及新型在线学习平台，将基于翻转课堂的混合式教学模式引入开放大学会计课程教学，以专科的“基础会计”课程为具体对象进行教学设计并实施，相关的突破及创新主要表现在：一是探讨了基于翻转课堂的混合式教学模式在会计类课程的设计、开发及应用，为开放大学实施翻转课堂教学提供了参考思路和实验依据；二是选择会计类本科以及专科的不同课程实施基于翻转课堂的混合式教学实验，对照和评价对不同课程不同层次的学生实施翻转课堂的教学效果的差异，分析和总结会计类课程实施基于翻转课堂的混合式教学时需要注意的问题以及采取的方法策略等；三是将新型的教育理念引入开放大学会计专业教学，确立了学生的主动地位，提供了个性化的学习环境和多样化的学习方式。

在开展“基础会计”课程翻转课堂的具体过程中由于采用的研究方法还不够全面，完成时间也比较仓促，对于教学案例、调研数据信息分析欠深入，建议的针对性和可行性有待进一步提高和完善；而成人学员课前利用学习资源进行自主学习的意识和能力尚缺乏相应的培训，课程在线平台的交流互动功能还不够健全，师生间的互动反馈不够及时，这在一定程度上也影响了翻转课堂的实施效果。

参考文献

[1] 叶红英.基于翻转课堂的成人教学模式研究[J].中国成人教育，2014(20)：147－149.

[2] 郭鹏飞.国外关于翻转课堂的理性思考[J].中国信息技术教育，2014(15)：13－16.

[3] 齐励，康乐.“翻转课堂”下“基础会计”课程的教学改革[J].教育与职业，2014(21)：126－127.

[4] 吴中华.会计专业 ERP 教学翻转课堂模式及其应用[J].财会通讯，2014(19)：48－50.

[5] 姜玉莲.基于微课程构建开放教育翻转课堂教学模式的设计研究——以基层电大课程实践为例[J].中国远程教育，2014(03)：52－60.

[6] 张金磊，王颖，张宝辉.翻转课堂教学模式研究[J].远程教育杂志，2012(4)：46－51.

建构主义视角下的家政学习设计策略比较

徐宏卓

（上海开放大学公共管理学院，上海 200433）

摘要： 改革开放以来，家政人员的学习需求与职业发展需求日益旺盛，开放教育的开放性特征为家政人员边工作边学习创造了条件，但目前学者对家政专业教学方法的研究较少。针对家政人员文化基础薄弱、学习动机和主动性强、学习实践指向性强等特点，如何探索形成适用的开放学习设计模式成为开放大学迫切需要研究的课题。基于对建构主义学习理论的知识观、学习观、教师观和情境观的分析，家政人员的开放学习设计应强化对个体情境的关注，促成学习者知识之间的联结与交互，凸显学习过程的协作与学习成果的共生，体现工作场所的作用与学习评价的多元。在此基础上，本文探索形成了家政人员开放学习设计的"四部曲"模式，包括基于真实环境下的家政教学、实践基础上的整体知识建构、学习小组中的知识拓展与修正、多元化学习评价机制四个环节。经过教学实践与反思，该模式的后续应用需考虑到学习者对建构主义学习设计的认同问题、小组讨论效果及教师角色定位问题以及学习者互评制度执行的问题等。

关键词： 学习设计；家政；建构主义；开放学习

引言

上海开放大学自2014年秋季开始，正式招收家政服务专业（教育部于2015年将专业名改为"家政服务与管理"）专科学历教育学生，是上海唯一一所开展家政高等教育的高校，也是全国也是唯一一所开展家政教育的开放大学，成为第一个吃螃蟹的人。截至2016年秋季，上海已有总校及下属13所分校开设家政专业（全市共有16个区），年系统招生数约400人，累计已有1 498名学生报读本专业，首届毕业生于2017年春季毕业。

可以说在第一轮的办学过程中，上海开放大学做出了积极的探索，取得了突出的成果：初步完成了家政专业课程体系建设，构建了覆盖全市的专业教学网络，形成了可复制、可推广的办学经验，建设了功能完整的家政技能实训场所，探索了双证融通、学分抵扣、作品考核等一系列教学制度，在上海乃至全国的家政行业中已经具有一定的知名度。但随着办学的不断深入，特别是伴随着“电大到开大”的转型，要求更高质量、更符合学习者和市场需求的学习设计和学习资源，已经成为专业建设的最重要议题，也是作为家政服务与管理专业负责人的笔者思考最多的问题。家政学生的学习方法有哪些特点？学习内容和其他专业有什么区别？哪些学习理论能够为家政专业支撑起学习的大厦？是行为主义的“刺激—反映”模式可以强化学生的技能水平？还是需要认知主义来调整学习者的主动性？或是使用建构主义让学生自己建构起知识和技能的蓝图？在本文中，笔者试图用建构主义的视角，对家政专业的学习设计策略进行讨论，为今后的专业建设提供理论支撑。

一、从时代背景看职后家政学历教育

1. 中国家政教育的起源

关于中国家政的起源，有些学者认为早在2 400年前，中国就有了家政的表述和家政教育。胡艺华、夏婷在《中国家政教育发展的历史底蕴》一文中提到：中国人对家政学的认识，最早是从如何操持好具体的家事、家务开始的……儒家学派的修身齐家、家国同构等思想，集中体现了中国本土家政学的核心思想和价值理念，可以视为中国本土家政文化和家政教育发展的历史起点[1]。而李晴也将家政教育的起源定位在种桑、养蚕、织布、制衣等家事的教授，认为：周代，家政教育已经很系统化了。家事成为女子责无旁贷的责任，开始有了对女子的专门教育[2]。中国古代文献中最早出现“家政”一词的，也许是在南宋文学家陈亮的《凌夫人何氏墓志铭》：家政出于舅姑，而辅其内事惟谨，房户细碎，无不整办[3]。笔者认为这些所列举的关于家政的内涵和外延，都与现代社会的家政有很大的不同，无论是所谓一个职业、专业、产业，还是作为一个学科，其切切实实是个“舶来品”。

学界普遍认同的是，家政教育在高等院校作为一个新兴领域，其发源地在美国。1899年9月首次家政学会议在纽约柏拉塞特湖召开，这标志着现代家政学的诞生。家政教育是在第二次工业革命的大背景下兴起的，科技的进步也同时影响到了家庭领域，大家普遍认为家庭生活也需要用科学的精神来引领。日本较早引入家政教育，在明治维新后期开设了名为“家事科”的家政课程，教育对象为女生。日本认为家事学“既能接受西方新式知识，又能遵守日本传统道德的‘新人’为目的的主流价值观”[4]。

现代家政教育进入中国是在甲午战争之后，清政府感受到自己的落后，开始主动向发达国家学习，方法之一就是向发达国家派出留学生。许多西方的思想和制度就是在那个时候进入中国的。最早关注家政教育的可能是随夫留学的单士厘女士，她翻译了下田歌子所著的《家政学》，主要内容包括家庭卫生、家庭经济、饮食、衣服、住居、养育、家庭教育等，此书也被晚清政府所肯定，纳入了“癸卯学制”①。先进思想的进入、女

① 下田歌子的《家政学》在日本出版是在1893年，而单士厘翻译成中文在国内出版是在1902年。

学教育的兴起、基督教传教士的贡献，多种因素共同促进了家政教育在中国的发展。1906 年北洋女子师范学堂开设家政课程，主要内容涉及家庭卫生、服装、饮食、育儿、看护等[5]；1907 年，清政府颁布的《学部奏订女子小学堂章程》，将家政教育作为正规课程[6]；1914 年，北京女子高等师范学校开设了家事技艺专修科[7]；1923 年燕京大学在美国俄亥俄州立大学的帮助下成立了家政系；1940 年金陵女子大学在四川设立的家政系，分为儿童福利、营养、应用艺术三个组，成为金陵女子大学的第三大专业[8]。

2. 家政市场与家政教育

中华人民共和国成立后，家政学作为一门独立的学科在中国大陆被取消，家政教育也随之消失。同时，市场中的家政服务也伴随着资本家和地主的消亡而消失，一度被打上负面的烙印。这种局面一直持续到改革开放以后，社会上“一部分人先富起来的人”逐渐推动了家政行业的复苏，之后 20 世纪 90 年代的大规模下岗待业和 2000 年之后农民工的结构性变化，为家政市场的大规模发展提供了充足的劳动力。当 21 世纪第一个 10 年过去后，上海等地区在生活水平提高、老龄化程度加重、生活节奏加快等因素的影响下，对于家政服务的需求不断增加，特别是对于家政服务的质量提出了更高的要求，市场希望家政服务员能够提供专业化程度更高、服务质量更好、门类更加细分的优质服务。客观上需要为家政服务员提供更加全面、有效的培训体系，但从实际来看，无论是职业培训还是学历教育都没有发挥应有的作用。

职业培训主要由劳动部门和妇联组织发起，最初是为了解决日益严重的失业问题，之后又致力于提高从业人员的技能水平。大规模的家政职业培训得益于职业培训市场化和国家农民工专项培训资金的使用，使得上海家政职业资格的年培训量近 3.6 万人，全市 50 万名家政服务员人均持有职业资格证书达到 1.25 张①。但培训过度市场化加之监管不足使得职业培训没有发挥应有的作用，市场普遍认为家政职业培训的效果不尽如人意。

家政学历教育方面，1988 年春天，改革开放后第一所家政学历教育机构——武汉现代家政专修学校经湖北省教育委员会批准成立[9]，1997 年更名为家政学院。之后河北工业职业技术学院、山东菏泽家政职业学院、广东清远职业学院家政学院陆续开办家政专业。吉林农业大学在 20 世纪 90 年代率先设立家政学专科，分别于 1998 年和 2003 年开始招收社会学(家政方向)研究生和家政学本科生。全国陆续有 20 多所高校开办家政学历教育，但由于招生困难，很多高职院校相继取消了家政专业。即使部分毕业的“科班学生”，也很少选择家政行业，为市场提供专业化服务。

3. 现有家政教育的困境

家政教育的目标简单地说就是把受教育者培养成为有技能、懂理论的合格从业者。从事一线家政服务必然要有技能，而家务服务的复杂性、多变性又要求从业者具

---

① 上海市市民终身学习需求调研，家政人员子课题。

有一定的理论知识和文化素养。职业培训和学历教育貌似走了两条不同的道路：家政职业培训试图将一个既没有专业技能、同时文化素养也较低的农民工培养成一名掌握家政基本技能的专业人员，这条道路最大的缺陷在于即使职业培训"保质保量"，但由于受训者缺乏理论知识而无法应对变换的服务要求，在实践中只会烧教过的菜，只会用教过的电器型号，稍有变化就不知所措，这也是目前市场对于家政职业培训诟病最大的地方；学历教育试图将一个没有专业技能、但有一定文化素养的学生培养成一名具备技能和理论的专业人员，而这条道路碰到的最大障碍是传统文化是否支持一个读了超过15年书的人去从事家政服务？至少从目前的社会认同及家政学历教育现状看，结论是否定的。

所以，笔者认为现有的家政教育模式，无论是职业培训还是学历教育，都无法满足市场需求。必须走出第三条道路：从现有家政服务员队伍中选拔优秀者接受家政学历教育，在学习技能的同时增强理论知识、提高文化素养。这也就是上海开放大学家政服务与管理专业所开展的职后教育模式，已经初步被市场所接受。

二、行为主义、认知主义教育观比较

笔者认为，以行为主义教育观为指导的家政职业培训和以认知主义教育观为指导的电大传统教育模式，直接运用在职后家政学历教学上都存在很大的问题，与家政服务员的文化背景、学习模式、知识来源、训练条件等都存在很大的冲突。

1. 行为主义教育观指导下的家政职业培训

行为主义教育观的基本观点是学习是在刺激和反应之间建立起连接。行为是学习者对环境刺激所作出的反应，而所有的行为都是习得的，教师的作用就是为学习者创造一种环境，在这种环境中强化学生的正确行为，修正错误行为。当学习者建立起连接后，未来在工作中再碰到类似的环境，就能够通过连接做出适当的行为。职业培训的目的是开发受训者的职业技能，使受训者获得或提高某个方面的职业技能，以适应工作岗位的要求。所以包括家政培训在内的大多职业培训，都是将一个职业等级细分为若干个职业模块，每个职业模块又由若干个技能点组成。而职业培训就是通过教师对于各技能点的示范教学，并让学习者在练习这些技能点的过程中纠正错误动作，提高熟练程度，最终达到符合要求的技能水平。

行为主义家政培训存在很多问题，主要集中在以下几个方面。第一，忽视了学习者的理解及心理过程。教师将所有的注意力集中在技能点上，以学习者现场成果为教学评价标准，往往导致学习者产生短期记忆效应，现场会做，回家就忘记。本质上还是因为学习者对技能点的原理缺乏理解。第二，学习时间无法达到行为主义的要求。行为主义所说的"刺激—反映"模式是建立在大量练习基础上的，有点类似于中学数学的"题海战术"，而家政培训是无法达到这个训练量的。第三，技能点式的教学导致严重的应试现象。职业培训以技能点为单位，但教师也应该讲授技能点所涵盖的理论知识，但在实践中往往出于应试目的，将理论知识省略，甚至只讲要考的技能点。第四，忽略了学习者的选择权。家政尽管是一个职业，但也有20多个不同方向的细分，例如从事母婴服务的学习者对于烹饪技能的需求就较低，而职业培训无法顾及学习者的不同需求。第五，导致学习者知识的碎片化。全面的教学应该能够建立起较为全面的家政知识、技能系统，但行为主义技能点的教学方式无法构建起知识框架，导致学习者的知识碎片化，知识迁移的能力非常弱。

2. 认知主义教育观指导下的传统电大学历教育

认知主义教育观认为，学习者的认识不是由外界刺激直接给予的，而是外界刺激和认知主体内部心理过程相互作用的结果，远比行为主义的“S—R”连接要复杂得多。认知主义注重解释学习行为的中间过程，每个学习者根据自己的兴趣、需要并利用过去的知识和经验对当前学习者的外界刺激做出主动的、有选择的信息加工过程，这个过程中，学习者的态度也非常重要，甚至是决定性的。认知主义特别重视学习者的学习行为，要采用一定手段控制学习者的认知结构。在传统电视大学的教学中，较大程度地传承了普通高等教育的教学模式，体现出更多的认知主义教学观。首先，在教学目标上更多地帮助学生建立完整的知识体系，培养学生观察、运算、想象、思辨等能力。其次，在教学过程中，传统的教学更加关注教什么的问题，通过树立学习典型、组建学习小组等活动，帮助学生树立良好的学习动机；通过加强面授环节，用所谓“科学、正确、完整”的知识结构改变或者替代学生原有的认知结构，当学习者获得与客观相一致的知识时，学习也就完成了[10]；通过注册入学、教学计划、学期设置、课程进度等方式固化学习程序，期望通过所谓的“最佳顺序”来帮助学习者掌握知识；通过特定的考核形式，向学习者反馈学习成果，并一次鼓励或者督促学习者保持或矫正下一步的学习活动。另外，在办学模式上，电视大学构建起与政权组织相类似的从中央到省、地市、县市的办学模式，并据此进行教学权力和资源的分配，为了最大程度控制教学质量，就必须强化教学内容的控制，这也进一步强化了对学习者认知结构的控制。

传统基于认知主义的电大教学模式与开放教育，特别是家政开放教育，还是有很多不相适应的地方。首先，开放大学正在从学历补偿教育向终身教育转变，学习本身正在从“到达彼岸的手段”转变为“目的”本身，学习者非智力因素[11]（例如兴趣）在学习中所发挥的作用不断增强，缺乏学习者参与、对于教学内容过度的强化会严重影响到学习的效果。其次，我们今天面临着信息超载和知识碎片化两大学习挑战[12]，我们缺少的不是知识本身，而数字时代也允许我们将“知识储存在朋友处”[13]，于是学习就变成了形成链接、创建网络的过程[14]。开放教育下的学习更重要的任务是学习者自己对于知识框架的建构，而非仅仅学习知识本身。再次，传统电大教学中面授与自学相结合的模式，使得教师必须把海量的知识压缩在有限的教学时间内，从而被迫放弃知识的“情境化”，仿佛是给活生生的学习内容“洗了一个硫酸澡”，大大影响了学习者对于知识的建构，更影响了学习者对于知识的新的运用。这样的学习模式更加不利于高等职业教育。

三、建构主义理论渊源及学习观

1. 建构主义学习理论的认识论基础

人类社会自诞生之日起，就在不断认识自我和身边的这个世界，认识论作为研究人类认识的本质和发展过程的理论，从 16 世纪后逐渐成为哲学研究的重点[15]。在围绕着世界是否可以为人所认识争论一番后，哲学家们把讨论的重点集中在知识的起源到底是来自我们日常的经验还是理性的思想上。于是著名的哲学家笛卡尔怀疑一切感官知觉，试图建立起唯理论的知识大厦；而休谟、培根等人则坚持经验论，即我们的知识只能全部来源于感觉经验；康德却走了第三条道路，区分了自在之物和物自体，认为人们的认知只能达到"自在之物"，没办法达到"物自体"本身，这样知识的有效性只在于经验对象与知识相符合[16]。

20 世纪对于建构主义思想发展起到关键性作用并将建构主义思想用于指导教学和学习的，主要包括杜威、皮亚杰、维果茨基。杜威是坚定的经验自然主义者，他认为经验既包括经历的事物，也包括经历的过程，所以对象和过程是不可分割的，进而主体与客体、精神与物质也不是对立的，也不是各自独立存在的。经验是主体在有目的地选择对象的基础上主观"创造"的。所以，引发学习者不断探索的正是情境的独特性和不确定性。皮亚杰反对纯粹将知识看成主观或者客观的东西，他认为知识一定是个体在与环境的互动过程中逐渐建构起来的。他提出以平衡作为解释学习的机制，平衡是一种动态的促进认知变化的机制，包括同化和顺应两种相反倾向的自我调节，同化是指个体将感受到的刺激纳入原有图式的过程；顺应是个人调节内部认知结构以适应特定环境的过程。可以看出，同化和顺应的关系是从量变到质变的过程，顺应又引起了图式的发展。人类的学习就是主体主动建构的活动，学习者学习到越来越多的有关自己认识事物的程序，即建构了新的认知图式。苏联心理学家维果茨认为行为主义学派不能解释人的"高级心理机能"，他强调人类改造世界的行为也导致了人类自身行为方式的变化，人所有的心理过程首先必须在人的外部活动中形成，随后才可能转移至内部。认识的提高本质上就是社会经验的内化，所以脱离了社会实际的学习，很多内在的发展是不可能的。

2. 建构主义的基本理念

建构主义认识论和学习理论的内容非常庞大，还分为激进建构主义、社会建构主义、社会建构论、社会文化认知、信息加工建构主义、控制系统论等流派[17]。普遍认同的基本理念有十几条，这里从学习的角度列举三个方面的理念，主要为下文的家政学习设计做铺垫。

(1) 什么是知识？关于什么是知识，建构主义有三点认识。首先，知识不是绝对的，我们所谓的知识不是客观世界的真实反映，而是建立在不同认识基础上对于客观世界的一种解释或者解说。不同的认识基础就可能产生不同的知识。随着社会的发展，认识基础也会得到发展和提高，于是就产生了新的知识，或者称为对于客观世界新的解释。其次，知识是有局限性的，没有所谓"放之四海而皆准"的知识，任何知识都是对以往经验的总结，使用时必须结合新的实际再创造。再次，知识是主观的。对于知识的掌握和使用是建立在理解的基础上的，缺乏理解的死记硬背和被动的复制重复是毫无意义的，而理解本身就是学习者基于自身的环境和知识背景建构起来的。

(2) 什么是学习？这也许是建构主义的核心理念。第一，建构主义认为学习不是教师对于学生的单项传递，而是学习者主动建构知识的过程。这种过程是无法代替的，缺乏建构的学习最终会沦为死记硬背，无法达到良好的效果。第二，学习是学习者与环境互动的过程。这个环境既包括物理环境，更包括学习环境，也就是学习者之间的互动交流。主观的学习建构是否会导致没有标准？建构主义认为学习者在与环境的互动中，会逐渐改变自己不恰当的建构方式，形成全社会普遍接受的内容。第三，学习的差异在于学习者自身建构的能力。学习就是学习者运用自己已有的知识和经验，结合外部的信息进行主动再加工的过程，而对于外部信息的不同反映和新旧知识间的结合决定着学习的效果，是醍醐灌顶还是听而不闻，是融会贯通还是囫囵吞枣，学习的差异就在于此。

(3) 什么是教师？建构主义对于教师突破传统教学理论有着更高的要求，这种要求更加适应于开放大学或者成人教育教师。首先是对于学习者的认识，从"白纸说"转变为"树根说"。学习者不是一张可以创作出任意作品的"白纸"，而是一个已经有着相关知识经验、形态各异的"树根"，教师只能因势利导，在教学中重视学习者已有的知识和学习者的个性，引导学生从已有经验中生长出新的经验。其次，教师是学生建构知识的支持者。教师必须改变传统的知识权威的形象，成为学习者学习的伙伴与合作者。教师需要为学生提供较为复杂的真实问题，激发学生对于解决复杂问题的兴趣，并保持这样的学习动机。教师应该提示学习者新旧知识之间的联系线索，帮助学习者构建当前所学知识的意义。再次，教师是学习环境的设计者。建构主义认为学习一定要尽可能地在实际情境下进行，因为只有在实际情境下，学习者才可以更好地利用自己原有认知结构中的有关经验去"同化"当前学习到的新知识，或者"顺应"对原有知识结构的重组。在这个环境中，学习者可以得到来自教师和其他学习者的支持，学习者的学习行为应当被促进和支持而不应受到严格的控制与支配。另外，学习小组的组建是教师的重要责任。建构主义强调协作学习，单纯地依靠个人孤单地建构知识体系，很可能会出现"盲人摸象"，各有各的见解。通过教师指导下的协作学习，学习者能够将自己的思维和智慧被整个群体共享，也可能通过其他学习者的意见，调整自己建构知识体系的方法，从而实现学习小组共同完成对于所学知识的建构，使得学习成果区域共同。

四、基于建构主义的家政学习设计

1. 家政专业学习者的特点

参加家政专业学习的学生，她们的文化基础不同于普通高校的大学生，她们的学习动机不同于成人教育其他专业的学生，她们的认知能力不同于一般岗位的家政服务员，她们的社会经验、技能储备也远大于全日制的学生。所以在讨论家政学习设计前，我们有必要先分析一下家政专业学习者的特点。

通常认为家政服务员薄弱的学习能力使得她们不懂得如何学习，家政行业的非正规性使得家政服务员不愿意参与学习。其实家政专业的学习者想学、要学、乐学，但是不善学。总结一下，家政服务员有以下特点：

(1) 文化基础差，工作经验丰富，技能知识呈点状分布。毫无疑问，家政大专班的学习者的文化基础是薄弱的，青年时期她们由于各种原因没有机会接受更高的教育。但是她们对于学习始终保持积极的态度，长期的家政服务工作也为她们提供了不同的学习机会。从表面上看她们“经验丰富”，但是实际上这些经验都处于零散状态，都是一个个“点”，点和点之间缺乏“链”。

(2) 学习者珍惜来之不易的学习机会。家政大专班的学习者，可能都是这个时代的“牺牲者”，她们心目对于学习充满着渴望，高端市场的需求又让她们认识到只有学习才能适应新的岗位需求，获得更好的生活状态。

(3) 知识技能与工作实际的结合更加紧密。家政行业相对于其他行业的特殊性在于其实践性的特点。技能的训练不仅可以在学习中，更多的是可以在工作中完成的。家政服务工作对于学习来说是技能熟练的过程，是检验理论和技能的过程，是巩固知识创新方法的过程，也是进一步增强信心、得到雇主鼓励的过程。

2. 基于建构主义的家政专业学习设计

在本文对于建构主义基本理念的讨论中，我们可以进一步明确学习过程既不是“刺激—反映—强化”的简单过程，也不是学生对于教师提供的学习材料进行信息加工的过程，而是在真实环境中的新、旧经验的相互作用，这种作用包括理解、更新、冲突、重组，并进而引发学习者知识结构的重组。笔者提出建构主义家政学习设计的四部曲：真实情境下的家政教学、实践基础上的知识建构、小组环境下的知识修正、多元化学习评价机制。

(1) 真实情境下的家政教学。笔者认为在家政专业教学中，首先要确保学习者对于分散知识点的掌握，要取得好的效果就必须在情境下进行，而此时需要适当地放弃对于系统性的追求。知识点、系统性、情境三者犹如行政组织框架中的“点、条、块”的关系，系统性是“条”，情境是“块”。身处“块”中的知识点更加能被学习者理解、吸收，但此时必然损失系统性。

(2) 实践基础上的知识建构。笔者认为可以采用的方法是综合性实践，通过完成“家政服务全过程分析”作业来实现知识建构。“家政服务全过程分析”中的每个作业都是一个系统工程，需要涉及多门课程的知识，不是将理论知识简单地通过问答形式进行考察，而是将学习活动与实际问题紧密结合，创设出一个真实的工作环境；作业中既有给定的大致目标，又给予学习者极大的选择空间，让学习者可以自己分析问题情境，自己寻找与解决问题有关的知识和技能；方法、技术的选择代表着自己对问题的理解，是对整个家政知识技能体系的建构。当学习者完成了整个作业体系后，也基本完成了自己知识的建构，完全能够适应实际工作的需要。

(3) 小组环境下的知识修正。在学习中一定会有学习者思考不全甚至是知识点错误的情况，传统教学中往往由教师担任错误的纠正者，但这种外界强加的信息输入往往难以被内化。建构主义认为学习过程的“协作”和“会话”非常重要，可以取长补短、拓展知识，共同完成复杂情形中的学习任务，使不同观点逐步趋同，从而形成共享、全面的深刻理解。

(4) 多元化学习评价机制。建构主义视角下，应该采取怎样的成果评价机制？笔者认为，开放教育，特别是技能性开放教育专业，学习评价机制应该区别于传统学历教育，评价的重点不应该是学习者对于知识的认知，而应该是对知识的应用，所以家政专业的学习评价机制要做到三个侧重：侧重于了解学习者的知识建构能力，侧重于考察学习者知识应用能力，侧重于激发学习者的学习热情。

家政学历教育，特别是成人教育，在国内仍然是新事物，利用建构主义框架进行学习设计当然是一种有益的尝试，建构主义对于知识本质、学习环境、学习心理、合作学习等观点也非常适合家政专业的特性。但笔者在研究中也感到尚有许多问题还没有解决，例如作为职后学习者在学习时间和精力上能否确保建构主义的学习取得良好效果？教师应该在建构式家政教学中发挥怎样的特殊作用，对于教师的能力又有怎样的要求？这些问题将留待后续进一步开展研究。

参考文献

[1] 胡艺华，夏婷.中国家政教育发展的历史底蕴[J].现代教育科学，2014，(01)：74－77.

[2] 李晴.从中国家政教育的历史透析现代家政学的发展[J].职业教育研究，2006，(09)：179－180.

[3] 陈亮.陈亮集.下[M].北京：中华书局，1974：34－38.

[4] 阎广芬.中国女子与女子教育[M].石家庄：河北大学出版社，1996：275.

[5] 雷良波，陈凤阳，熊贤.中国女子教育史[M].武汉：武汉教育出版社，1993：246－247.

[6] 璩鑫圭，唐良炎.中国近代教育史资料汇编——学制演变[M].上海：上海教育出版社，1991：579.

[7] 张研，孙燕京.民国史料丛刊(1067册)[M].北京：大象出版社，2009：24.

[8] 张连红.金陵女子大学校史[M].南京：江苏人民出版社，2005：194－195.
[9] 顿祖义，牛亚莉.高职院校家政专业设置的可行性分析[J].职教论坛，2008(12)：29－31.
[10] 叶增编.建构主义学习理论与行为主义、认知主义关键特征之比较[J].现代远程教育研究，2006(3)：64－66.
[11] 燕国材.应重视非智力因素的培养[J]. 教育艺术，1994(6)：40.
[12] 王竹立. 新建构主义：网络时代的学习理论[J]. 远程教育杂志，2011(02)：11－18.
[13] Stephenson K. What knowledge tears apart, networks make whole [J]. Internal Communication Focus, 1998, 36: 1－6.
[14] 张豪锋，李春燕.基于关联主义理论的网络学习共同体构建策略研究[J].软件导刊(教育技术)，2009(2)：15－17.
[15] 中国大百科全书出版社编辑部.中国大百科全书：哲学Ⅱ[M].北京：中国大百科全书出版社，1987：718－724.
[16] 高文，徐斌艳，吴刚.建构主义教育研究[M].北京：教育科学出版社，2015：14－16.
[17] 高文.教学模式论[M].上海：上海教育出版社，2002：14－16.

基于思维导图的小组合作学习探究

——以“C语言程序设计”为例

赵国辉

（上海开放大学奉贤分校，上海 201499）

摘要： 虽然“小组合作学习”是一种重要的、有效的学习方式，但在实践中也存在一些缺陷。如何根据不同学员需求和课程特点有效开展合作学习是值得开放教育同行们共同探讨的问题。文章以“C语言程序设计”为例，分析了如何运用思维导图来辅助小组合作学习有效开展，并结合笔者近年来的教学实践和探索，提出了相应的策略及成效分析。

关键词： 思维导图；合作学习；探究

引言

众多实践研究表明，合作学习可有效地改善学习者个体的学习环境，提升专业课程的学习效率。笔者曾先后承担过关于“小组合作学习”方面的研究课题，几年来的实践探索表明，虽然“合作学习”是一种重要的、有效的教学方法，但在实践教学中也存在不少问题，如何在开放教育中更加有效地开展合作学习，值得我们深思。思维导图的出现，为解决这一难题提供了新的解决方法。思维导图作为一种学习认知工具，能够指导小组成员进行意义建构，显著提高学员的学习系统意识[1]。基于此，我们把思维导图引入开放教育小组合作学习中，利用它辅助合作学习的各个环节，促进合作交流，完善合作环节，探究教学策略。

一、小组合作学习存在的问题

1. 小组合作讨论中容易偏离主题

学生在小组合作讨论过程中容易偏离主题。开放教育的学员来自各行各业，绝大部分具有一定的社会经验，思维活跃，在进行讨论时，部分学员往往凭自己的心情和兴趣，海阔天空，离题太远，有些学员甚至将讨论引向一些细枝末节上，表面看似热热闹闹的课堂，但实际上这样的学习模式流于形式，效果不佳，甚至适得其反[2]。

2. 小组合作学习容易产生“小权威”

以小组为单位的合作性学习，容易产生小权威。开放教育的学员好表现自我，因此在讨论中总是滔滔不绝，以至于阻碍了其他人的发言，而有些学员一言不发，什么也不说，于是课堂变成了少数几个人的发言，而其他大多数学员则作为旁观者，这样的学习只能让少数学员得到发展，而那些性格内向的、基础差的学员则获益甚微。

3. 教师难以全面有效监督和指导

在人数过多的大班级分组讨论的过程中，教师难以全面有效监督和指导。当学员分组讨论时，教师要给予及时的指导和帮助，但在有限的时间内，教师难以全程追踪及掌握学员的思路。如 60 位学员的班级，按 4～6 人一组的分组原则，可分为约 12 个小组，教师要在有限的课堂时间内（一般为 45 分钟），对班级中 12 个学习小组都做到有针对性的辅导很难。因此，特别是在人数过多的大班级分组讨论时，教师无法给予全面有效监督和指导，不能全面充当“咨询”“顾问”的角色[3]。

4. 教师难以客观评价学习过程

教师难以用客观、量化的方法，有效评价合作学习过程。学习过程评价是合作学习评价的一个重要方面。过程性评价主要体现在对小组成员承担任务的完成进度、完成质量以及合作程度等方面的评价[2]。目前，大部分是由指导教师或组长找一个主题，然后组员就主题内容进行讨论、发言。如何用客观的、量化的方法对合作学习过程和行为进行有效评价，仍然难以处理。

二、“C 语言”本身的特殊性

1. 应用灵活方便

C 语言一共只有 32 个关键字，9 种控制语句，程序书写自由，主要用小写字母表示。它把高级语言的基本结构和语句与低级语言的实用性结合起来。C 语言可以像汇编语言一样对位、字节和地址进行操作，而这三者是计算机最基本的工作单元。

2. 运算符多样化

C 的运算符包含的范围很广泛，共有 34 个运算符。C 语言把括号、赋值、强制类型转换等都作为运算符处理。从而使 C 的运算类型极其丰富，表达式类型多样化，灵活使用各种运算符可以实现在其他高级语言中难以实现的运算。

3. 数据结构丰富

C 的数据类型有整型、实型、字符型、数组类型、指针类型、结构体类型、共用体类型等，能用来实现各种复杂的数据类型的运算。并且引入了指针概念，使程序效率更高。另外，C 语言具有强大的图形功能，支持多种显示器和驱动器，且计算功能、逻辑判断功能强大。

“C语言程序设计”课程具有语法限制不太严格，数据类型、数据运算多样化，数据结构复杂化，语句、运算符极其丰富，源程序书写格式自由，程序设计时自由度大等特点，这些特点决定了该课程在教与学方面都可借用思维导图的特征来辅助开展。

三、思维导图运用的必要性分析

如何解决开放教育课堂中合作学习出现的这些问题，就成为我们当前面临的一个难题。开放教育学员不同于青少年学生，由于年龄相对较大，记忆力普遍下降，思维力与理解力则比较强，如果教师仍然采用传统的合作学习授课模式，显然不利于成人课堂合作学习的开展。思维导图的出现，为解决这一难题提供了新的解决方法。

1. 思维导图契合开放教育学员个性化思维的特征

思维导图能够充分体现一个人的思维特点，具有非常强的个性化特征。开放教育成人学员学习能力、知识结构、工作经验、社会阅历、家庭背景等个性差异客观存在，因此，对同一主题的思维导图来讲，由于制作者的知识结构、思维习惯、生活和工作经验的不同，其所制作的思维导图也会有很大的区别。

2. 思维导图适合开放教育学员多样化需求的特点

思维导图的制作没有很多严格的限制原则，其关键点在于能够体现制作者自己的思维特征和制作目标，因此，思维导图能够满足开放教育学员多样化的需求。

3. 思维导图符合开放教育学员碎片化学习的习惯

学员可以把制作好的思维导图打印出来，贴在床头，放在办公室或其他经常能看到的地方，早上起来、晚上睡觉前、工作休息中都可以看一遍。甚至还可以把思维导图转换成图像，设为电脑桌面、屏幕保护或上传到手机中。除了早晚，还可以坐车时、饭前、饭后、休息等一切可以利用的时间来不断地学习。

四、运用思维导图实施小组合作学习的策略

思维导图以可视化、直观形象的结构组织内容，以强大的发散、聚集型结构，组织吸引参与者思考，指引创新和发散思维，展示思维过程。

1. 运用思维导图合理分配组间讨论主题

小组合作学习在主题确定的条件下，利用思维导图放射性思考的方法，找出与主题相关的主要内容分枝，思维导图中的每个分枝就是组间讨论的主要线索，分枝结点即为组间讨论的主题。如“C语言程序设计”课中，组间对“语法基础”这章节内容进行讨论时，教师先把“语法基础”思维导图（如图1所示）绘制出来，然后让不同小组按照思维导图的各级分枝内容进行讨论，如A学习小组讨论的主题为“运算符”分枝相关的知识点，B学习小组讨论的主题为“语句”分枝相关的知识点，C学习小组组员讨

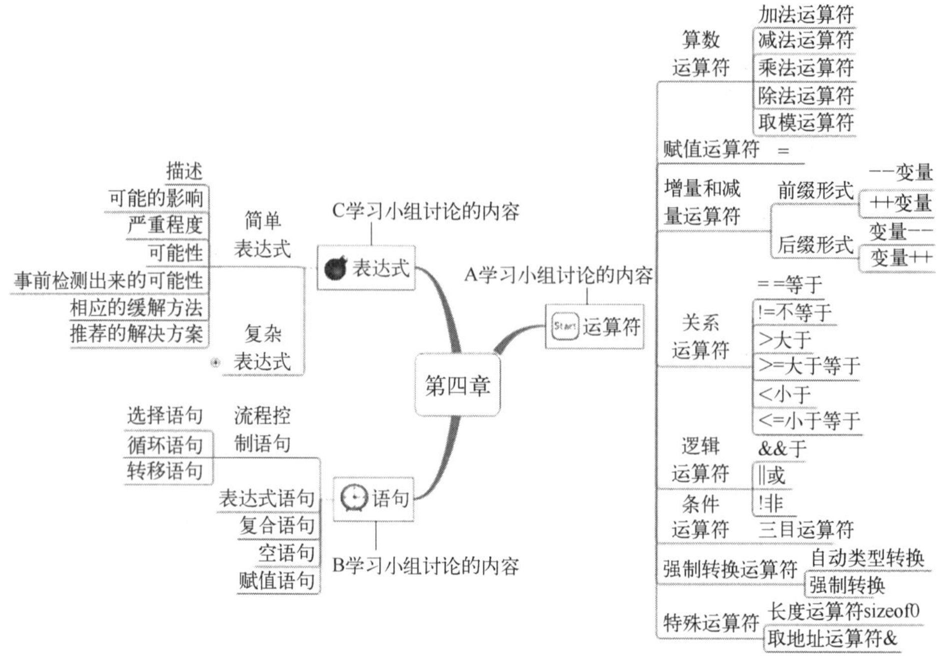

图 1　语法基础思维导图

论的主题为“表达式”分枝相关的知识点，从而确保了小组讨论内容的针对性和有效性。

2. 运用思维导图正确引导组内讨论内容

教师对“指针”知识点进行组内讨论时，首先让每位组员通过查阅和整理“指针”知识点内容，并根据自己的理解绘制好本知识点的思维导图。在小组内讨论时，每位组员把自己已绘制的知识点思维导图拿出来进行讨论、修改和完善，最终绘制出小组成员共同认可且较完整的一张思维导图[2]。如 A 学习小组甲、乙、丙三位组员绘制的“指针”思维导图如图 2、图 3、图 4 所示。A 学习小组甲、乙、丙三位组员通过讨论，对思维导图进行了修改和完善，最终绘制出学习小组成员一致认可的“指导”思维导图，如图 5 所示。小组合作学习结果验收时，每个学习小组推荐一名代表，把本学习小组最终绘制的思维导图向教师和同学做总结汇报，最后老师对每个学习小组讨论的内容进行点评，并给出每个小组的得分。

3. 运用思维导图高效管理组内讨论任务

组内成员进行任务分配时，给每个组员布置某个知识点的思维导图，或者某个知识点部分内容的思维导图，或者几个知识点的思维导图，等等。此方式可激励组员小组合作的责任感，明确组员间不同的分工，使小组活动中人人都有事可做，每个同学都有发表意见的机会，每个同学的能力都能得到锻炼，让学生真正觉得自己是活动中不可缺少的一员[2]。如"C语言程序设计"总复习课中，学习小组在对本课程知识点内容进行讨论时，给每位组员分配不同的知识点，然后让每位组员绘制出自己负责的知识点相关内容的思维导图，如图6所示。这种责任到人、分工明确的分配方式，既有利于管理组员间的任务，又可有效防止小组合作学习中组内成员的"搭便车"现象。

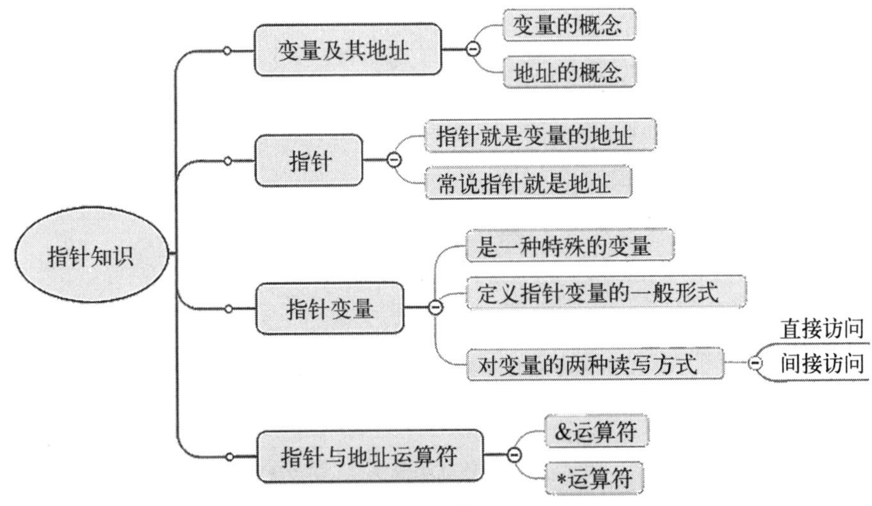

图2　A学习小组甲同学绘制的思维导图

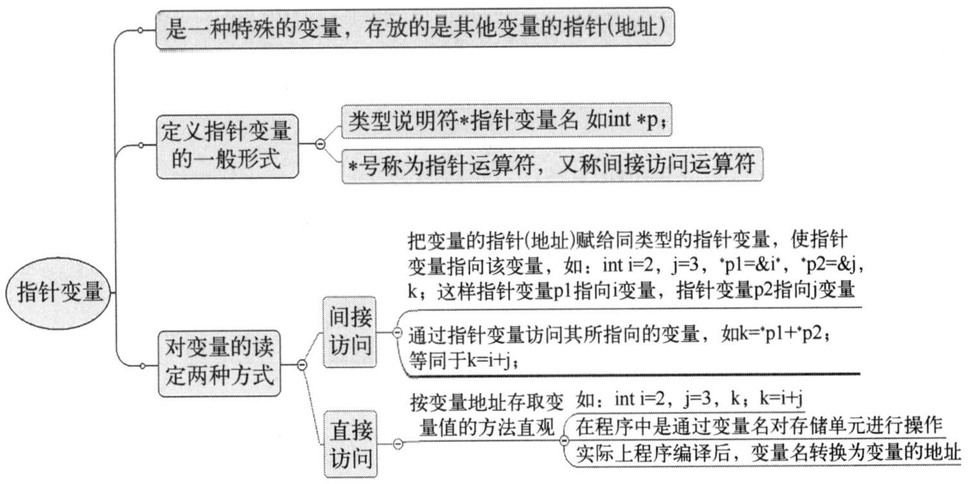

图3　A学习小组乙同学绘制的思维导图

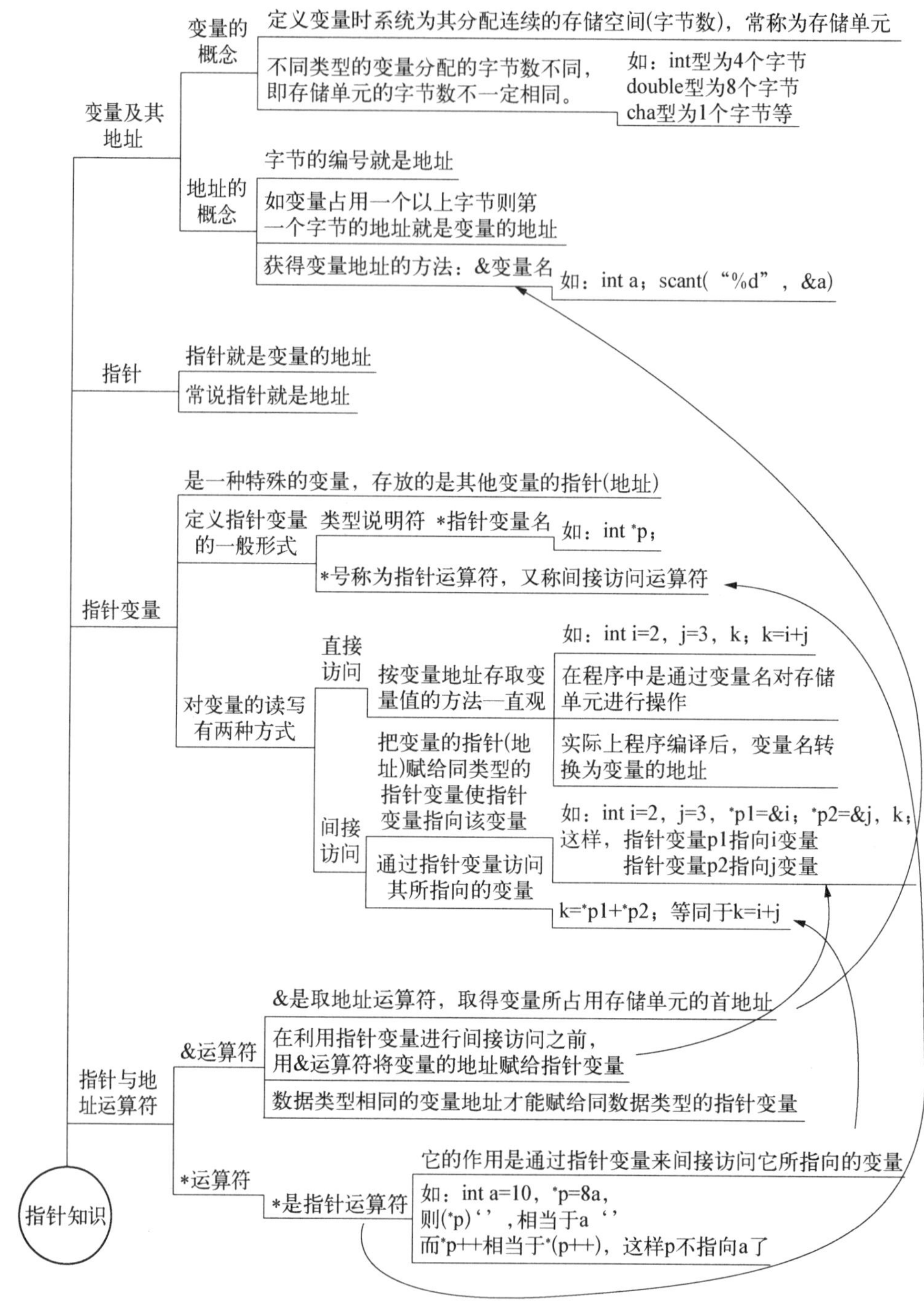

图 4　A 学习小组丙同学绘制的思维导图

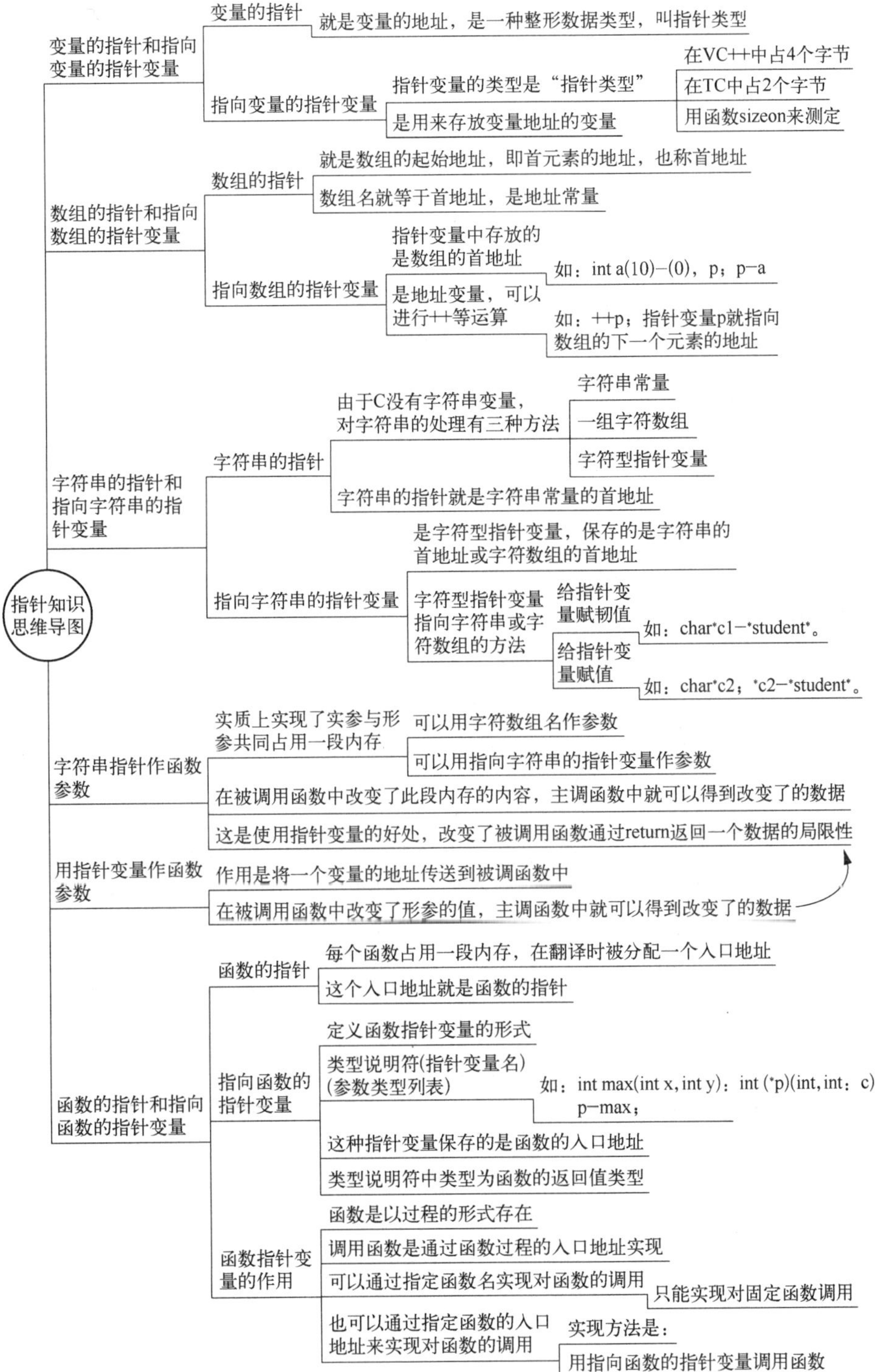

图 5　A 学习小组最终绘制的思维导图

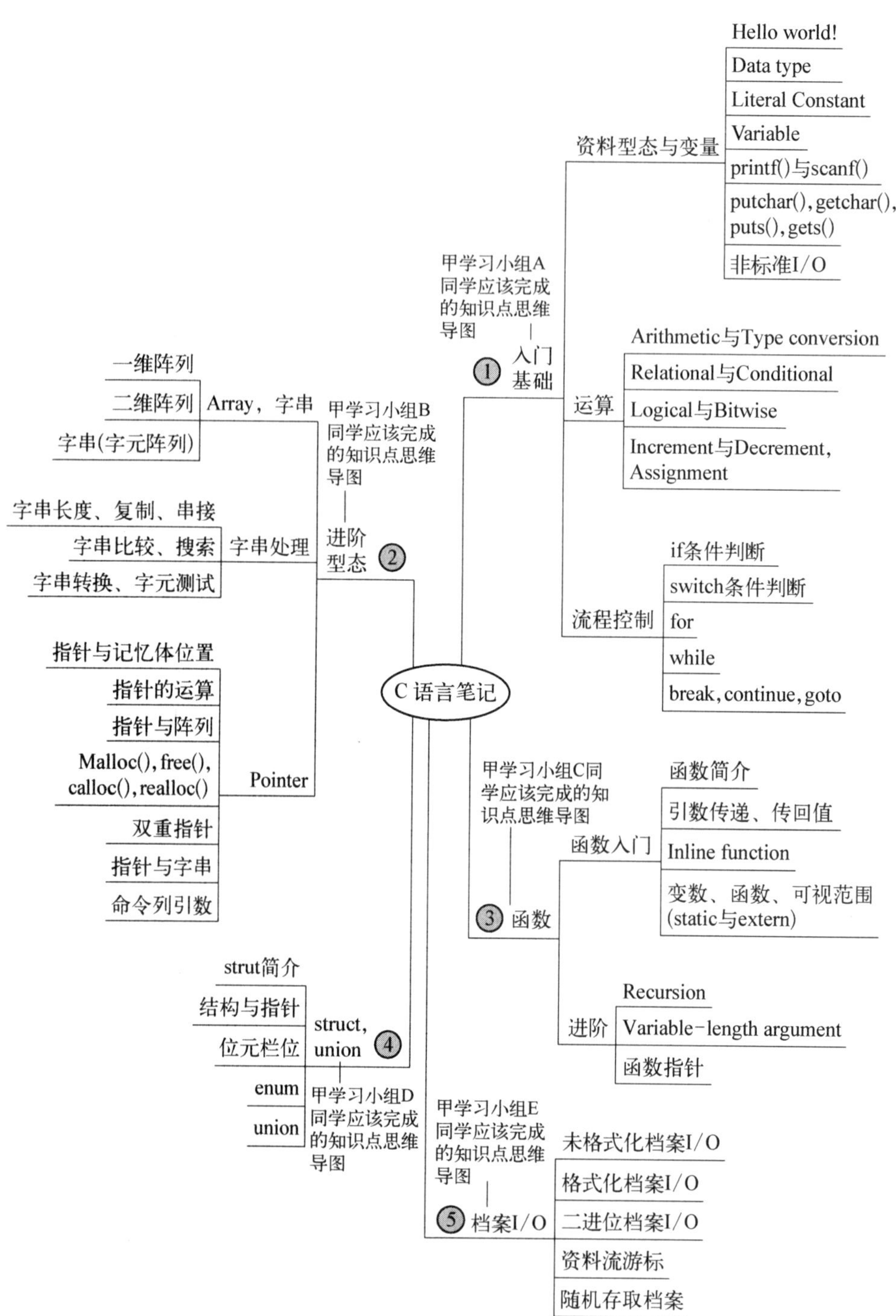

图 6　总复习知识点任务分配思维导图

五、运用思维导图实施小组合作学习的成效

1. 思维导图提升了小组成员复习的效率

运用思维导图进行复习课教学，可以直观地、立体化、可视化地体现知识间的关系；可以使“看不见、摸不着”的抽象的、内在的东西，形象地展示出来，便于记忆和理解；可以帮助小组成员把“厚书读薄”，也可以帮助学员把“薄书读厚”，从而把握知识的内在逻辑，在学员的头脑中折叠或打开来并形成体系，达到培养学员综合分析能力的目的。复习过程中，小组成员可以把“C语言程序设计”课的知识结构绘制成一张思维导图，如图7所示，不同知识结构分支作为不同的主题分支，组员再根据思维导图中的分支进行发散和聚集复习。

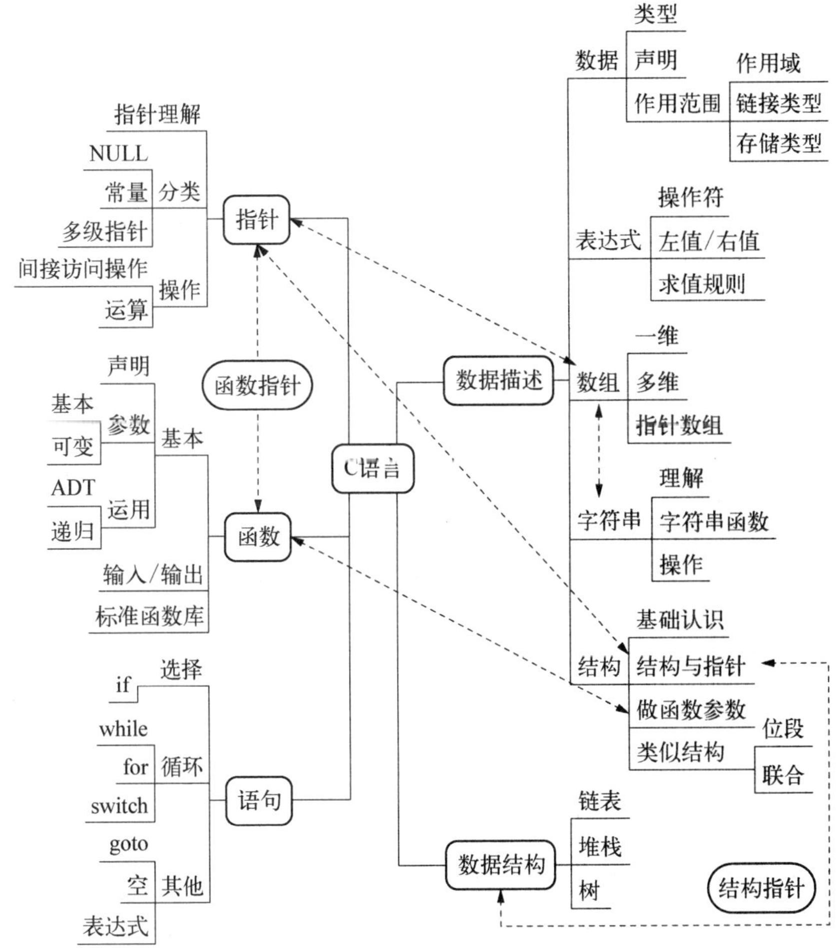

图7　C语言知识结构思维导图

2. 思维导图提高了小组成员考试成绩

“C语言程序设计”是上海开放大学计算机本科的一门专业基础课，同时也是机电一体化等专业的选修课程。本课程的特点是：语法限制不太严格，数据类型、数据运算多样化，数据结构复杂化，语句、运算符极其丰富，源程序书写格式自由，程序设计时自由度大等特点，这些特点决定了该课程在教与学方面都存在一定的难度。通过运用思维导图来辅助合作学习的开展，学员期末考试成绩得到了比较明显的提高。以2012下半年至2014年上半年，连续三个学期“C语言程序设计”课程期末考试成绩为例（如图8所示），其中学期“201302”表示是2013年2月份期末考试阅卷，从中可以看出，“C语言程序设计”课程在学员实考率每次提高的情况下，学员连续三次期末实考平均分都有明显增加。连续三个学期实考率分别为78.39%、87.27%、91.48%；实考平均分分别为：78.49、82.21、89.36。

学期	学生类型	试卷号	试卷名称	系部名称	考试方式	命题单位	报考人数	实考人数	实考率	卷面成绩 实考平均分
201302	上海开大本科	5005	C语言程序设计	信息与工程学院	闭卷	上海开大	199	156	78.39	78.49

学期	学生类型	试卷号	试卷名称	系部名称	考试方式	命题单位	报考人数	实考人数	实考率	卷面成绩 实考平均分
201307	上海开大本科	5005	C语言程序设计	信息与工程学院	闭卷	上海开大	274	240	87.27	82.21

学期	学生类型	试卷号	试卷名称	系部名称	考试方式	命题单位	报考人数	实考人数	实考率	卷面成绩 实考平均分
201402	上海开大本科	5005	C语言程序设计	信息与工程学院	闭卷	上海开大	305	279	91.48	89.36

图8　2012—2014年连续三个学期期末考试成绩

3. 思维导图利于评价小组成员学习效果

教师可根据每个学习小组或者每位组员负责的思维导图的完成过程、完成数量和完成质量，给出客观、有效、合理的评价。思维导图在引导学习小组讨论、小组任务分配、管理等方面具有很大的优势。它能使小组成员分工一目了然，熟知自己的任务。教师只要根据学习小组完成的思维导图进度和质量，就能给出一个客观、合理的评价，同样也可以对学习小组每位成员给出公正的评价和考核[2]。通过教学实践，我们发现，思维导图以其完整的系统性、直观的形象性、思维的开放性和高度的浓缩性，为开放教育中小组合作学习的交流搭建了一个很好的平台，营造了一种平等、轻松、新颖的协商交流的学习氛围[4]。因此，无论对小组合作学习过程评价，还是对学习结果评价，教师都能做到有据可依、有量可求。

六、结语

我们通过实践探究发现，在合作学习中思维导图作为一种工具能有效地促进学习者的交流、沟通、合作，促进问题解决效率和合作学习能力的提高。思维导图能够直观地展示知识点，同时它还能围绕知识目标、学员需求和组员已有的技能引导小组成员讨论，把需要讨论的主题分配给学习小组，小组在组长的带领下进行小组个别化的交流讨论，利用团队的智慧一起充实主题知识体系思维导图，此外，教师还可利用思维导图随时控制任务方案时间，安排分工和管理知识学习进度。思维导图是一种树状的信息分层可视化展示，结构比较固定，并不适合分支间交互比较复杂的知识点展示，故思维导图在教学应用中也存在一定的局限性。此外，文章是利用“C语言程序设计”课程进行案例分析，课程本身有其固有的特性，因此，思维导图可否推广到其他课程中辅助开展合作性学习，还需要进一步实践和探索。

参考文献

[1] 岳书杰.思维导图和概念图在大学生协作学习中的应用[J].高教高职研究，2009(48)：45.

[2] 赵国辉.开放教育中基于思维导图的小组合作学习探究[J].高教论坛，2014(4)：34－37.

[3] 唐诗富.如何在英语教学中开展合作性学习[J].文科爱好者，2009(2)：16.

[4] 鹿美子，牛朕.思维导图在协作学习中应用的案例研究[J].软件导刊教育技术，2011(7)：30.

第三部分

资源用户体验测试分析研究

上海开放大学在线课程教学资源可用性实验研究

陆 戈[1] 许 贞[2] 李雪娇[3]

（1. 上海开放大学资源中心，上海 200433；
2. 上海开放大学信息与网络管理中心，上海 200433；
3. 华东师范大学教育学部，上海 200062）

摘要： 随着信息化的发展，终身学习越来越被人重视和需要，国内外在线课程随之迅猛发展，研究者们对在线课程的关注和研究也是越来越多。其中，对于在线课程教学资源可用性的研究也受到了重视。上海正不遗余力地推进学习型社会建设，实现“人人均能终身学习”的蓝图。上海开放大学积极响应政府号召，作为推进终身学习的主力军，拥有较多的在线课程，但是缺乏对教学资源可用性的评估。本文将梳理与综合分析上海开放大学的在线课程教学资源的可用性问题，开展可用性测试，重点研究如何将可用性的方法和策略与相关教学设计理论结合，针对教学资源设计的可用性问题进行评估和改进，最终提升上海开放大学在线课程教学资源的可用性水平。

关键词： 在线课程；教学资源；可用性

引言

在如今信息化的时代，知识的获取途径越来越广，其传播速度也越来越快，人们如何提升自己来满足工作和学习的需要呢？终身学习的概念应运而生，人们对终身学习的需求也日益增长。在这个背景下，国内外在线课程迅猛发展，与在线课程相关的研究也广泛开展起来。通过文献搜集，发现在线教学资源的可用性受到越来越多的关注，并从最初的技术层面的可用性到对网上信息资源的可用性，即转化关注学习内容和学习者使用资源效果的可用性。但缺少将可用性的理论要求应用到网站建设中从而真正实现在线课程教学资源的可用性目标，也并没有从实践出发探索提高在线课程教学资源可用性的有效方法并加以验证。

上海正不遗余力地推进学习型社会建设，实现“人人均能终身学习”的蓝图。上海开放大学积极响应政府号召，作为推进终身学习的主力军，制作了多样的在线课程。同样，上海开发大学目前对在线课程资源的评审也并未使用可用性的评测方式，日益突出的教学资源的可用性问题以及解决这一问题的迫切需求，促使笔者开展了本次研究。与此同时，上海开放大学工程中心的测试系统包括了脑波仪、体态仪、眼动仪、问卷调查等，测试工具齐全，工程中心的项目成员对于教学资源的可用性测试流程方法已有相关经验，使得可用性研究开展成为可能。由此，本文对上海开放大学在线课程教学资源可用性的测试开展了实验研究，了解了我校在线课程教学资源的可用性问题现状，并针对我校教学资源设计的可用性问题进行评估和改进。

一、在线课程教学资源可用性的内涵

1. 可用性

可用性（usability）的概念于20世纪70年代末被提出，是来源于人机交互（human-computer interaction）领域的一个基本概念，可用性设计是“以用户为中心”的设计。可用性是一个具有强烈学科交叉性质的概念，近几十年来，情报学、图书馆学、软件工程、人机交互等诸多领域的学者对其都非常关注，其学科交叉的特性使得其概念发展呈现多元化和边界模糊的特点。

Hartson于1998年提出可用性定义为两层含义：有用性和易用性。有用性是指产品能否实现一系列的功能易用性，是指用户与界面的交互效率、易学性以及用户的满意度。1991年，另一位学者沙克提出自己的可用性因素结构，他认为，用户认可接受是最高目的，并认为可用性包括有效性、可学性、灵活性和态度。

国际标准化组织在ISO/DIS 9241－11标准中对可用性的定义较为通用：产品在特定使用环境下为特定用户用于特定用途时所具有的有效性（effectiveness）、效率（efficiency）、用户满意度（satisfaction）。这里的有效性是指用户完成特定任务和达到特定目标时所具有的正确和完整程度：效率指的是产品的有效性（完成任务的正确完整程度）与完成任务所耗费资源（即时间）的比率；满意度刻画了用户使用产品时的主观感受，它会在很大程度上影响用户使用产品的动机和绩效。

可用性研究的先驱和领导者Jakob Nielsen认为可用性包括以下5个要素：

(1) 易学性：产品是否易于用户学习？

(2) 交互效率：用户使用产品完成具体任务的效率如何？

(3) 易记性：将产品放置一段时间后用户再次使用是否仍然记得如何操作？

(4) 出错频率和严重性：操作时出现的频率高低及严重程度如何？

(5) 用户满意度：用户对产品的满意程度如何？产品在每个要素上都达到很好的水平，才具有高可用性。

沙克的可用性是测试用户通过学习掌握的操作特征，而不是用户界面适合用户的程度。Hartson的定义简单直接，但他对这一概念缺乏进一步的可操作性分析。故在本文中，采用国际标准化组织在ISO/DIS 9241－11标准中对可用性的定义，并把测试可用性的指标定为易读性、易理解性、易记忆性、情绪情感体验。

本文根据学习者学习的需求、认知过程，从易读性、易理解性、易记忆性及学习过程中的情绪情感体验来评估现有的在线课程资源并以此为依据建立上海开放大学在线课程资源的用户体验指标（见图1）。值得注意的是，各指标并不是相互独立的。学习者的学习状态是一个动态过程。理解、记忆发生于整个阅读、学习在线课程过程中。故影响易读性的因素如一致性等不仅帮助课件更易读，同时也可以服务于课件的易理解和易记忆。

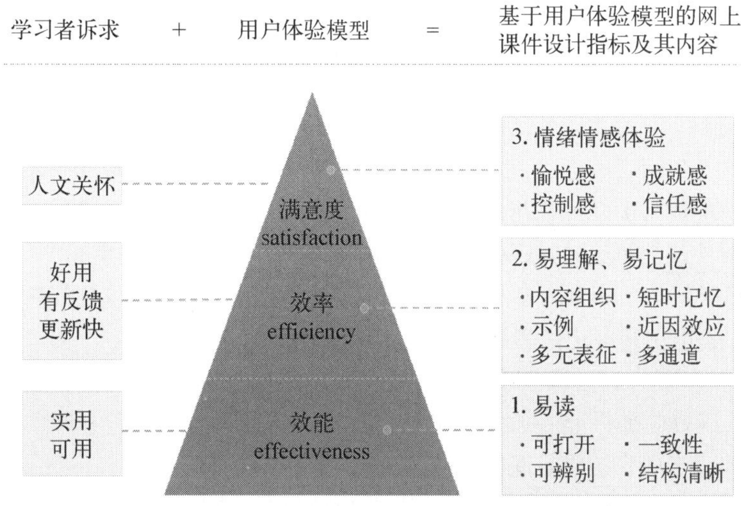

图1　用户体验指标

2. 易读性

易读性是指在线课程资源容易浏览和阅读。课件信息的易读性较高就意味着用户通过课件获取信息的速度较快，效果也较好。加强课件中知识信息的易读性设计能提高网络学习的效率和效果。要实现课件的易读性，需要满足以下条件：

(1) 文本呈现方式（大小、形状、颜色、布局、时间）清晰合理，具有可辨别性。

(2) 相似或相关内容或是同级别的信息处理，如课件中的用语、标题、字体、颜色等要保持一致性，以便学习者能够快速适应课件信息呈现方式，并知觉到不同内容的相互关系，提高学习效率。

(3) 课件结构如文本各级标题、视频帧、镜头、场景等组织清晰有序，可以有效提高易读性，帮助学习者掌握课件的逻辑关系。

3. 易理解

易理解是指课件内容、图表等信息易于学习者组织、理解和吸收。在易读性的基础上，提高课件的易理解性，可帮助学习者快速掌握知识要点，提高学习效率。要使课件易理解，需要满足以下条件：

（1）将课件信息组织化，更有助于学习者学习。如将课件信息按照难易程度，从易到难进行分解，对各子任务或信息分别加以训练和解释说明，可降低课件的学习难度。此外，按照格式塔理论的相邻性原则，人们倾向于把时间和空间上相近的信息知觉为整体。故将相同或相近意义的信息、图文等组合呈现给学习者也易于学习者理解和识记。

（2）按照认知理论的观点，示例可以帮助学习者建构概念的种种假设并验证，从而提高学习者对概念的理解。

（3）多元表征原则主张图文结合的方式优于单一呈现文字描述的方式，更能帮助学习者理解概念。

（4）按照认知负荷理论，学习者的理解力是有限的，应尽可能减少界面上的冗余信息，简洁的材料更易于学习者理解。

4. 易记忆

易记忆是指学习者通过在线课程资源学习，能有效识记、再认和回忆课件信息。有效的课件应能帮助学习者花费较少的认知资源将课件内容转化到自己的知识结构体系中。要使课件易记忆，需要满足以下条件：

（1）短时记忆（short-term memory）简称 STM，也称工作记忆，是信息加工系统的核心。Miller 有关短时记忆容量的研究表明，人的短时记忆广度为 7±2 个组块。即单次呈现给学习者的信息组块数量建议在 7±2 个。

（2）首因效应是指，第一次呈现的信息比之后呈现的信息对整个印象产生的作用更大。故将重点内容提前展现，能有效帮助学习者识记知识要点。

（3）近因效应是指，当人们识记一系列事物时，对末尾部分的信息的记忆效果优于中间部分信息的现象。因而在课件末尾，对重点知识进行强调，或对课件内容进行回顾，能帮助学习者识记课件内容。

（4）多通道信息呈现能加深记忆痕迹，从而帮助学习者再认和回忆相关学习内容。在不影响学习者注意力的前提下，提供图文信息、音频信息，或提供 Flash 等可交互操作方式，能进一步深化学习者的学习痕迹，帮助记忆。

5. 情绪情感体验

学习者在学习在线课程资源过程中的情绪情感体验是学习者学习兴趣和动机的有效保障，包括以下四点：

（1）愉悦感是指学习者在学习在线课程的过程中产生的愉快和满足的心理感受和情感体验。

（2）控制感是指学习者在学习在线课程的过程中对控制的主观感受。如学习者能自主控制或者预期学习进度和学习内容，及时获取学习效果反馈，对学习的付出和收益可以有效预期，等等。

(3) 成就感是指学习者在课件学习的过程中对自己的学习效果感到愉快和成功的情感体验。因此,尽量予以学习者及时的反馈、适时鼓励学习者等方法可以有效提高学习者的成就感。

(4) 信任感是指学习者在学习在线课程的过程中对课件质量、教师教学能力的信任,对开放大学品牌的接受程度和认可程度等。

二、在线课程教学资源可用性实验研究的实施

1. 在线课程教学资源的可用性测试评估指标的建立

为测试教学资源的可用性,首先需要建立能准确评测教学资源可用性的评估指标。通过本文第二部分对教学资源可用性内涵的解释,根据建立的上海开放大学在线课程资源的用户体验指标,分别对视频资源、文本资源、PPT 资源以及 Flash 资源进行了评估指标设计,用于以问卷的形式对教学资源可用性进行测试。

该评估指标设计包括两个部分:第一部分是视频、文本、PPT、Flash 四种资源的评估指标;第二部分是问卷数据结果的统计分析方法和分值解释。问卷第一部分详细列出了视频、文本、PPT、Flash 四种教学资源的评估指标,每类教学资源包括两级指标,具体如表 1、表 2、表 3、表 4 所示。

表 1　视频资源可用性评估指标

教学资源类型	一级指标内容	二级指标内容
视频资源	1. 录制	1.1　视频的拍摄地点正规
		1.2　视频光线状况良好
		1.3　视频的拍摄角度合理
	2. 剪辑	2.1　视频的总体时长适中,能较轻松地看完视频
		2.2　视频的片头、片尾令人印象深刻
		2.3　视频中讲解的知识点数量适中
		2.4　视频中讲解的内容重点突出
		2.5　视频中各元素不互相遮挡,容易浏览、阅读
	3. 品牌标识	3.1　视频中的品牌 logo 清晰、易见
		3.2　品牌 logo 美观,能加深学习者对开放大学资源的信任感
	4. 格式	4.1　视频支持高清的播放模式
		4.2　视频中的快进、后退、控制音量等控制按钮都可以顺利地操作

续表

教学资源类型	一级指标内容	二级指标内容
视频资源	5. 字幕	5.1　视频中的字幕清晰、易见
		5.2　视频中的字幕内容准确,有助于理解课程内容
		5.3　视频中字幕的呈现位置符合阅读习惯
		5.4　视频中字幕的大小设置合适,在电脑、手机、pad 等终端都容易阅读、浏览
	6. 配音	6.1　视频中的配音语速适中,容易听清
		6.2　视频中的配音风格能很好地契合教学内容
	7. 图片	7.1　视频中图片数量丰富,观看时不会觉得无聊
		7.2　视频中图片等元素清晰、质量高
		7.3　视频中图片亮度适中,长时间观看不会疲劳
		7.4　视频中图片风格能与教学内容协调
	8. 整体情况	8.1　总体而言,视频中各元素容易浏览、阅读
		8.2　总体而言,视频中讲解的内容容易理解
		8.3　看完视频后,能回忆起视频中讲解的大部分内容
		8.4　总体而言,阅读该资源是令人愉悦的

表 2　文本资源可用性评估指标

教学资源类型	一级指标内容	二级指标内容
文本资源	1. 目录	1.1　该资源的目录可以非常有效地指引我阅读相关内容
	2. 标题	2.1　该资源的各级标题简洁明确,能概括各章节和段落的内容
		2.2　该资源的各级标题清晰醒目
		2.3　该资源的标题层级清晰,不同层级的标题有明确的标示,如用数字或不同格式等方式标示
	3. 正文	3.1　该资源的正文文字字号、行间距等均适中,较清晰易读
		3.2　文本内容经过合理组织,逻辑清晰,没有堆砌文字
		3.3　文本的各个段落长度适宜,适合阅读
		3.4　文本内容(文字、图标、图形等)表述合理,无歧义,容易理解
		3.5　重点内容醒目突出

续表

教学资源类型	一级指标内容	二 级 指 标 内 容
文本资源	3. 正文	3.6 该资源有采用相关示例或图表等方式帮助理解
		3.7 该资源没有不能理解的术语、缩写、特殊符号等
	4. 图片	4.1 文本内的图片清晰、美观，令人愉悦
		4.2 文本内的图片均有相应的文字说明，容易理解
	5. 表格	5.1 文本内的表格排版合理、清晰，令人愉悦
		5.2 文本内的表格思路清晰，重点内容突出，易于理解
	6. 整体情况	6.1 总体而言，该文本资源清晰易读
		6.2 总体而言，该资源的内容容易理解
		6.3 看完该资源后，我能清晰地回忆起该资源的内容
		6.4 总体而言，阅读该资源是令人愉悦的

表 3 PPT 资源可用性评估指标

教学资源类型	一级指标内容	二 级 指 标 内 容
PPT 资源	1. 母版	1.1 PPT 版式整齐有序，容易阅读
		1.2 PPT 样式如配色、背景图片等美观大方，令人愉悦
		1.3 PPT 中的项目符号清晰整齐
	2. 文字	2.1 PPT 里的文字清晰可见
		2.2 PPT 中各级标题字号适中，与正文区分明显，较醒目
		2.3 PPT 中标题内容高度概括，能准确表达重点内容
		2.4 PPT 正文重点内容醒目突出
		2.5 PPT 里没有不能理解的术语、缩写、特殊符号等
		2.6 PPT 图文并茂，令人愉悦
	3. 图表	3.1 PPT 中图表清晰、质量高
		3.2 PPT 内的图表均有相应的文字说明，容易理解
	4. 动画	4.1 PPT 中动画形式合理，可以帮助学习
	5. 超链接	5.1 PPT 中的超链接都可以打开
		5.2 使用 PPT 中的超链接没有任何困难
		5.3 PPT 中的超链接容易识别

续表

教学资源类型	一级指标内容	二级指标内容
PPT 资源	6. 整体情况	6.1 总体而言，该 PPT 容易浏览、阅读
		6.2 总体而言，PPT 中的大部分内容我都是可以理解的
		6.3 看完 PPT 后，能大概回忆起 PPT 中讲解的知识点
		6.4 总体而言，阅读该资源是令人愉悦的

表 4 Flash 资源可用性评估指标

教学资源类型	一级指标内容	二级指标内容
Flash 资源	1. 按钮	1.1 Flash 中动作按钮的配色与背景颜色对比适中，容易辨认
	2. 文字	2.1 Flash 中导航文字能准确精练地概括所要表达的内容
		2.2 Flash 中文字清晰、易辨认
		2.3 Flash 中讲解的内容重点突出
	3. 图片	3.1 Flash 中图片清晰、质量高
		3.2 Flash 中动画图片形象生动
	4. 配音	4.1 Flash 中配音语速适中，能听清、听懂
		4.2 Flash 中配音风格与资源内容一致，符合预期
	5. 背景音乐	5.1 Flash 中背景音乐风格与资源内容相符
		5.2 Flash 中背景音乐可以关闭
	6. 动画	6.1 Flash 中动画能帮助学习
		6.2 Flash 中动画风格与教学内容契合
	7. 互动	7.1 Flash 中需要学习者互动的地方提示明确
		7.2 Flash 中的互动方式合理，容易操作
		7.3 Flash 中的互动反馈清晰明确
	8. 整体情况	8.1 总体而言，Flash 中各元素容易浏览、阅读
		8.2 总体而言，Flash 中讲解的内容容易理解
		8.3 看完资源后，能回忆起 Flash 中讲解的大部分内容
		8.4 总体而言，阅读该资源是令人愉悦的

其中整体情况指标反映了易读、易理解、易记忆、情绪情感体验的用户体验情况，具体对应情况如表 5 所示。

表 5　用户体验维度对应表

用户体验维度	视频	文本	PPT	Flash
易　读	题 8.1	题 6.1	题 6.1	题 8.1
易理解	题 8.2	题 6.2	题 6.2	题 8.2
易记忆	题 8.3	题 6.3	题 6.3	题 8.3
情绪情感体验	题 8.4	题 6.4	题 6.4	题 8.4

第二部分的问卷数据结果的统计分析方法和分值解释，主要是在被试者完成问卷后，对得到的数据进行统计分析，得到三个指标的数据：

(1) 课件(视频、文本、PPT、Flash)得分。其计算公式为：

所有评分者每个题项评分之和/(评分者数量×评分项目数量)

课件得分可以反映课件评估人员对课件的整体评价情况，评分范围在 1.0～5.0 分之间。得分为 4.0～5.0 分表示课件质量较好，评估者对课件整体情况比较满意；2.1～3.9 分表示课件质量较一般，评估者对课件整体情况的满意度处于中等水平；1.0～2.0 分表示课件质量有较大可改善空间，评估者对课件整体情况的满意度较差，建议课件制作者根据该课件 7.2 用户体验维度得分和 7.3 各元素得分对课件进行修改。

(2) 课件用户体验维度(易读、易理解、易记忆、情绪情感体验)得分。其计算方式为：所有评分者在易读、易理解、易记忆、情绪情感体验题项上的平均分值。

用户体验维度可以反映课件在易读、易理解、易记忆、情绪情感体验四个维度上的用户评价。

(3) 课件中各元素(如：PPT 中的图表)得分。其计算公式为：

所有评分者在该元素各题项上的评分之和/(该元素题项数量×评分者数量)

课件中各元素的得分反映了课件评估者对各元素的评价情况。分值范围 1.0～5.0 分。得分 4.0～5.0 分表示评估者对此元素的满意度较高，2.1～3.9 分表示评估者对此元素的满意度处于中等水平，得分 1.0～2.0 分表示评估者对此元素的满意度较差。

2. 在线课程教学资源可用性实验研究的整体设计

在测试上海开放大学在线课程教学资源可用性实验研究中，主要采用了问卷调查法、焦点小组讨论、分类分析法以及归纳总结法。本研究共选择了 10 门在线课程，分别为“个人理财”“仓储与配送实务”“基础会计”“学前教育学”“学前教育方法概论”“工业网络控制”“成本会计”“办公自动化”“艺术欣赏”“建筑识图与房屋构造”，每门课的教学资源可用性测试主要由课程任课老师在上海开放大学工程中心提供的技术支持和理论支持下来完成，其被试即学习该课程的在校学生。

其具体的实施方案为：

首先，根据分类分析法将教学资源按照类型分为四类，即视频资源、文本资源、Flash资源以及PPT资源。任课教师针对自己的在线课程的特点以及实际情况选择不同类型的教学资源进行可用性测试。比如“仓储与配送实务”课程中对四类教学资源均进行了可用性测试，而“汽车性能检测和故障诊断”课程只对教学PPT和微视频做了可用性测试。总共测试了文本资源2份、视频资源8份、PPT资源7份以及Flash资源7份。

然后，分别为每类教学资源选择合适的测试方法进行可用性测试。可以通过所设计的可用性测试评估指标对学生进行问卷调查，同时也可以利用现有的眼动仪和脑波仪器对教学资源可用性进行生理层面的测试。

最后，采用归纳总结法，分析数据，得出结果。对收集到的所有问卷数据、眼动数据以及脑波数据进行分析总结，总结现有教学资源在可用性方面的现状，找出存在的问题，得出解决方案。

三、在线课程教学资源可用性实验结果分析

通过对10门在线课程的可用性测试，得到了关于四类教学资源的问卷调查结果和眼动仪、脑波仪测试数据，对其进行汇总和分析。

1. 问卷调查的总体数据分析

(1) 文本类资源。由汇总的数据可以看出(见图2)，文本资源在总分为5分的情况下，得到的总体评分为4.1分，可见课件质量较好，学习者对课件整体情况比较满意。用户体验情况中，学习者对文本资源的总体用户体验效果较好，但是其中“易记忆”部分得分较低，表明文本资源虽然容易阅读和理解，但学习者对重点的记忆情况欠佳。在各元素的具体评分中，图片和目录得分最高，而表格得分最低，可见文本资源中的表格部分还需要进一步的完善。所以，文本资源的可用性还有待提高。

(2) 视频类资源。参与视频资源可用性测试的课件数量最多，视频资源的使用是在线课程与传统课程相比的优势来源之一，视频资源的可用性在一定程度上能很大地影响在线课程的质量。通过问卷调查发现，视频资源的易读性、易理解性、易记忆性以及情绪情感体验均得到了较高的分数(见图3)，不管是在录制、剪辑、格式方面，还是字幕、配音、图片方面等细节方面都得到了学习者的认可。视频资源的总体平均评分达到4.5分，是所有资源类型中的最高分，可见学习者对视频资源的评价较高，我校视频资源的可用性水平较高，其总分虽高但未超过4.5分，仍有一定的进步空间。

(3) PPT类资源。PPT资源的总体得分获得了4.3分(见图4)，评分明细中，每项均大于3分，各元素得分也均在4.5分以上，文本资源中表格部分得分相对较低，而在

上海开放大学
开放教学数字化实验室
文本课件评估问卷
评估课件名称
仓储与配送实务_何庆斌 & 工业网络控制_由路
用户信息
全部
评估课件名称
多个值
总体平均评分
4.1
参与人数
24
课件数量
2
用户体验情况
易读
易理解
易记忆
4.3
4.2
4.0
4.3
0.0 1.0 2.0 3.0 4.0 5.0
整体平均值
各元素得分
目录
标题
图片
表格
正文
整体情况
4.5
4.3
4.5
4.2
4.3
4.3
4.3
0.0 1.0 2.0 3.0 4.0 5.0
整体平均值
各元素得分
评分情况明细
小于等于3分的显示为红色，大于3分的显示为绿色
目录
1.2 该课件的目录可以非常有效地指引我阅读相关内容
2.1 该课件的各级标题简洁明确，能概括各章节和段落的内容
标题
2.2 该课件的各级标题清晰醒目
2.3 该课件的标题，层级清晰，不同层级的标题有明确的标示，如用数字或不同格式等方式标示
3.1 该课件的正文文字字号、行间距等均适中，较清晰易读
3.3 文本的各个段落长度适宜，适合阅读
正文
3.5 重点内容醒目突出
3.6 该课件有采用相关示例或图表等方式帮助理解
3.7 该课件没有不能理解的术语、缩写、特殊符号等
4.2 图片—文本内的图片清晰、美观，令人愉悦
图片
4.3 文本内的图片均有相应的文字说明，容易理解
5.2 文本内的表格排版合理、清晰，令人愉悦
表格
5.3 文本内的表格，思路清晰，重点内容突出，易于理解
6.1 总体而言，该文本课件清晰易读
6.2 总体而言，该课件的内容容易理解
整体情况
6.3 看完该课件后，我能清晰地回忆起该课件的内容
6.4 总体而言，阅读该课件是令人愉悦的

图 2　文本课件评估数据

上海开放大学
开放教学数字化实验室
视频课件评估问卷
评估课件名称
全部
用户信息
全部
评估课件名称
全部
总体平均评分
4.5
参与人数
135
课件数量
8
用户体验情况
易读
8.1 总体而言，视频中各元素容易浏览、阅读。
4.6
易理解
8.2 总体而言，视频中讲解的内容容易理解。
4.6
易记忆
8.3 看完视频后，能回忆起视频中讲解的大部分内容。
4.5
情绪情感体验
8.4 总体而言，阅读该课件是令人愉悦的。
4.6
0.0
1.0
2.0
3.0
4.0
5.0
整体平均值
用户体验维度评分
各元素得分
录制
4.5
剪辑
4.4
品牌标识
4.5
格式
4.4
字幕
4.4
配音
4.4
图片
4.4
整体情况
0.0
1.0
2.0
3.0
4.0
整体平均值
各元素得分
评分情况明细
小于等于3分的显示为红色，大于3分的显示为绿色
录制
1.1 视频的拍摄地点正规。
1.2 视频光线状况良好。
1.3 视频的拍摄角度合理。
剪辑
2.1 视频的总体时长适中，能较轻松地看完视频。
2.2 视频的片头、片尾令人印象深刻。
2.3 视频中讲解的知识点数量适中。
2.4 视频中讲解的内容重点突出。
2.5 视频中各元素不互相遮挡，容易浏览、阅读。
品牌标识
3.2 视频中的品牌logo清晰、易见。
3.3 品牌logo美观，能加深对开放大学课件的信任感。
格式
4.1 视频支持流畅的播放模式。
4.2 视频中的快进、后退、控制音量等控制按钮都可以顺利地操作。
字幕
5.1 视频中字幕清晰、易见。
5.2 视频中的字幕内容准确，有助于理解课程内容。
5.3 视频中字幕的呈现位置符合阅读习惯。
5.4 视频中字幕的大小设置合适，在电脑、手机、pad等终端都容易阅读、浏览。
配音
6.1 视频中的配音语速适中，容易听清。
6.2 视频中的配音风格能很好地契合教学内容。
图片
7.1 视频中图片数量丰富，观看时不会觉得无聊。
7.2 视频中图片等元素清晰、质量高。
7.3 视频中图片亮度适中，长时间观看不会疲劳。
7.4 视频中图片风格能与教学内容协调。
整体情况
8.1 总体而言，视频中各元素容易浏览、阅读。
8.2 总体而言，视频中讲解的内容容易理解。
8.3 看完视频后，能回忆起视频中讲解的大部分内容。
8.4 总体而言，阅读该课件是令人愉悦的。

图 3　视频课件评估数据

图 4　PPT 课件评估数据

PPT资源中图表获得了最高分，这与在PPT中图表制作更个性化、更方便有一定的关系。在PPT浏览方面得到了学习者最高的评价。总的来说，PPT资源来自学习者的评估较为理想，而不足的部分也是存在的，各项得分也有待进一步提高。

(4) Flash类资源。Flash资源获得了仅次于视频资源得分的高分4.4分。Flash资源比文字资源和PPT资源的呈现方式更加活泼、简单明了，比视频资源多了互动功能。Flash的制作相对较难一些，但若用得恰当，将会取得较好的教学效果。在参与可用性测试的四个课件中，用户体验较好，在各元素评价部分，其动画方面更是获得了4.6分的高分，可见我校在线课程的Flash资源可用性高，效果较为理想，但其互动方面分数未达到理想分数，仍需进一步改进。

图5 Flash课件评估数据

2. 眼动仪加脑波测试结果分析

眼动仪和脑波数据能反映出学习者在接收资源时的生理反应，能使测试结果更加详细和准确。眼动仪能显示学习者观看资源的路径和停留时间，脑波则可以将学习者在学习教学资源时的注意力水平直观地表现出来。眼动仪和脑波仪器的使用能对教学资源的可用性进行更进一步的测试。

以“汽车性能检测和故障诊断”课程为例，用脑波仪器可以测试出学习者在观看PPT教学资源时的专注度以及放松度的变化曲线，以学生1为例，如图6、图7所示；用眼动仪可以得出每个学生观看PPT教学资源的眼动热点图，以学生1为例，如图8所示；眼动仪还可以得出综合眼动热点图，对所有被试者的综合热点图加以分析，如图9所示。

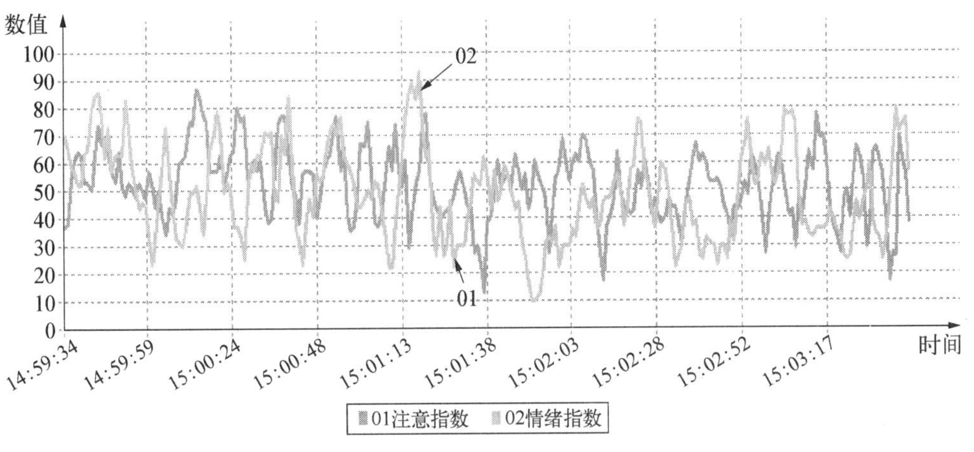

图6　专注度曲线（学生1）

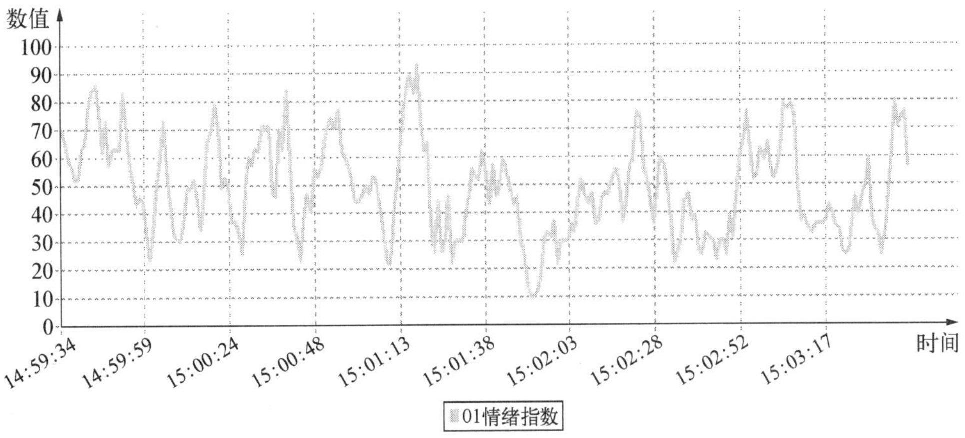

图7　放松度曲线（学生1）

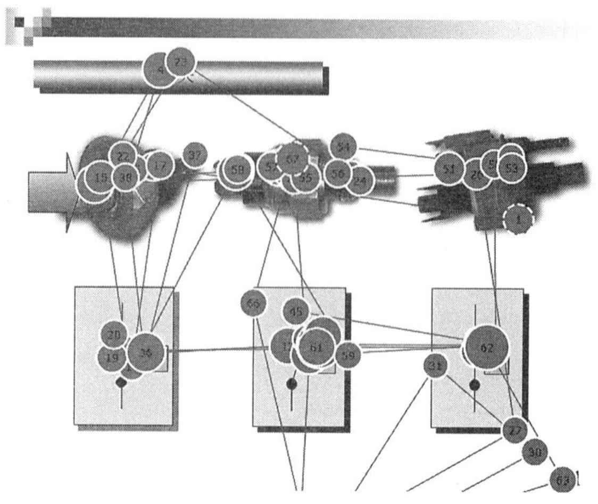

图 8　眼动轨迹图(学生 1)

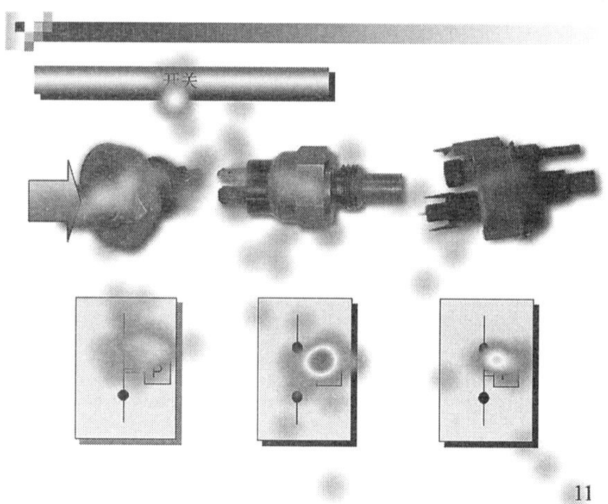

图 9　综合眼动热点图

根据 5 名被试的脑波测试数据、轨迹图和热点图显示，测试时 80%的被测用户注意力集中，PPT 页面的所有要素都能关注，且页面注视点较多，说明 PPT 整体设计达到使用要求，可以吸引学生的注意。眼动仪加脑波测试的方法一方面验证了问卷调查的结果，另一方面更为直观地显示了学习者使用教学资源时的学习状态，表明了教学资源的可用性。该课程还根据脑波试验的专注度、放松度数据，看出 60%的学生被视频吸引，注意力集中。同一场景不同被测学生的眼动热点图数据表明视频中的关键要素被 60%的学生集中注视。从生理层面上反映出 PPT 教学资源的可用性较好，这与该课程调查问卷得到的结果一致。

其他课程通过眼动仪和脑波测试也表明现有的教学资源能吸引学习者的注意力，

并且一些关键知识点位置的放置也都在学习者的注意点上。但是测试结果发现某些教学资源也存在一些不足。比如在“工业网络控制”课程中的眼动仪加脑波的测试结果显示：使用微视频、录屏课件时，学生注意力相对比较集中，但是也发现仿真软件的操作时间不宜过长，否则随着时间的拉长，学生的放松度会明显提高，同时在对“艺术欣赏”在线课程的视频资源进行眼动仪加脑波的测试时就发现学习者的注意力往往在课程的后半段会有小回落，可见视频时间长度过长，不利于学生学习。总的来说，通过眼动仪和脑波测试在生理层面表明教学资源的可用性水平较高，同时也存在一些问题，比如视频资源时间过长，一些关键点处难以引起学习者的注意等。

四、结论

通过对上海开放大学在线课程教学资源可用性测试的实验研究，总结出教学资源在可用性方面的现状，并据此提出解决方案并制定规范标准。

1. 上海开放大学在线课程教学资源可用性现状

在线课程资源作为网络教育资源中重要的一环，决定了网络教育的效果及质量。从实验结果来看，开放大学的在线课程资源具有资源类型多样、内容丰富完整等优点，但仍存在以下不足：

(1) 对在线学习的学习者的认识不足。现阶段在线课程资源并没有从学习者的角度进行设计，设计时缺乏对学习者的知识结构、认知能力、学习习惯等的了解，易造成学习者失去对网络学习的兴趣。

(2) 在线课程资源的信息组织和界面设计存在不足。部分 PPT 资源的界面采用高亮鲜艳的背景，易造成学习者的视觉疲劳；部分文本资源页面信息堆砌，无组织，易读性较差；部分视频资源清晰度低，录制场景较随意，冗余信息较多，等等。

(3) 在线课程资源质量参差不齐，缺乏统一性。

因此，为提高和规范开放大学教学资源质量，引入用户体验思想的资源指南的制定将更人性化，更有助于在线教学的发展，充实在线课程资源设计的策略方法。

针对以上问题，为保证在线课程资源具有较好的易读性、易理解性、易记忆性，使阅读者有良好的情绪情感体验，基于实验结果建立了上海开放大学在线课程资源可用性建设规范。

2. 在线课程资源建设规范

首先，教学资源要保证内容与形式方面的规范。在制作在线课程资源时切忌为了美观而使用冗余的技术，媒体表征形式必须适合所表达的教学内容的需要，这是在线课程设计的前提。在用媒体来表征教学内容时，应根据教学内容的知识特点来选择媒体表征形式。

其次，设计教学资源时要考虑学习者的特征。不同的学习者有不同的认知水平和学习目标。在设计资源时应该考虑学习者的群体特性，选择他们较容易接受的形式来呈现教学信息。

最后，根据每类教学资源的不同特征，制定不同的详细规范。视频资源的规范指标包括录制、剪辑、格式、字幕、配音、图片、背景音乐，文本资源的规范指标包括目录、标题、正文、符号、图片、表格以及阅读工具，PPT 资源的规范指标包括母板、文字、图表、符号、动画、超链接、背景音乐、视频，Flash 资源的规范标准包括按钮、文字、图片、配音、背景、音乐视频、动画、互动。

3. 本研究存在的问题及不足

本文从学习者的视角，对上海开放大学在线课程教学资源的可用性进行了测试，弥补了开放大学在教学资源可用性评估上的空缺，也反映出其教学资源存在的不足，这对以后提高开放大学在线课程教学资源的质量、提升学习者的学习体验起到了重要的作用。但本研究也存在一些不足，如教学资源的评估指标不够详细具体，参与课题的在线课程数量不够导致文本资源类型的样本少，部分资源参与评估的用户人数较少，不能客观地反映出资源的真实水平。日后会根据在线课程教学资源的评审及检测管理办法规范测试数量及流程，更客观有效地评价我校的在线课程资源，并为提高教学资源的可用性提出建设性的意见和建议。

参考文献

[1] Chowdhury S, Landoni M, Gibb F.. Usability and impact of digital libraries: a review[J]. Online Information Review, 2006, 30(6): 656 - 680.

[2] 王建冬.国外可用性研究进展述评[J].现代图书情报技术,2009,(09): 7 - 16.

[3][4][7] 鄢华梅.国家精品课程网上资源的可用性改进设计[D].南京师范大学,2011.

[5] 唐伟志,李兴敏.高校网络精品课程可用性的调查研究——基于用户(学习者)体验及需求的视角[J]. 远程教育杂志,2014,(04): 54 - 64.

[6] 琴纳莫考克蔡敏.真实世界的教学设计[M].北京: 中国轻工业出版社,2007: 35 - 37.

[8] 秦磊华,操惊雷.数字教育资源的长期可用性研究[J].现代教育技术,2013,(06): 24 - 28.

[9] 王立达.远程教育中学习者对网络学习资源需求的研究[J].高等函授学报(哲学社会科学版),2012,(11): 14 - 17.

[10] 顾凤佳.微型移动学习资源的可用性研究[D].华东师范大学,2010.

[11] 王佑镁.国家精品课程网上资源可及性评估研究[J].高等工程教育研究,2007,(3): 118 - 120.

开放教学中PPT课件资源用户体验测试实验研究

由 路

（上海开放大学理工学院，上海 200433）

摘要： 目前各种多媒体课件资源在教学中被广泛使用，但从用户使用角度出发进行课件应用开发研究的相对比较少。文章通过调查问卷及利用眼动仪数字化仪器设备进行测试，记录用户在学习过程中使用PPT课件资源时的学习体验数据，并通过研究第一次注视时间、注视总次数、注视总时长等学习者的客观指标，发现PPT课件资源在课堂教学中的特点，从而为教师的PPT课件资源设计优化及开发提供了一定的理论依据，并对开放远程学习用户的体验和测试研究提供借鉴，具有一定的意义。

关键词： 眼动仪；PPT；体验测试；注视时间

引言

测试实验是基于机电一体化技术专业的"工业网络控制"课程进行的实验设计与实验测试。该课程属于工科专业专科层次里的一门专业选修课，其应用比较广泛，对学生未来的职业发展也具有重要影响，因此学生的学习意愿比较高。

该实验对象是上海开放大学机电一体化专业2014年秋季班学员，共12人，选修该课程的有7人，根据出勤率实际样本大概在5～6人之间。

测试方法上不仅采用问卷调查法，还采用数字化实验室内的眼动仪智能设备进行数据采集记录，并通过比较法对数据进行比对分析，得出相应的结论。

一、测试实验的设计

首先根据目前比较普遍使用的教学课件资源进行了大体分类[1]，具体如表1所示。

表 1　常用教学课件资源

课件类型	举　　例
静态类课件	如：教材、word(pdf)文档、PPT 等
动态类课件	如：Flash、微视频、一般视频、三分屏、录屏、网络视频等
实验类课件	如：仿真软件、实物实验录像等

1. 学习方式测试设计

对于学习方式，主要考虑到目前大量的教学还是采用传统课堂的形式，对于翻转课堂的采用还不普遍[2]，因此测试教学过程采用传统课堂形式，由于使用到仿真软件，因此在机房中进行。

2. 课件资源测试设计

目前在教学中大量使用的静态类课件中以 PPT 最为广泛及高效，因此对于静态类课件主要选用 PPT 作为测试内容，分别采用问卷调查及眼动仪进行数据测试实验[3]。

二、调查问卷实验及结果分析

调查问卷选项结果如图 1 和图 2 所示。

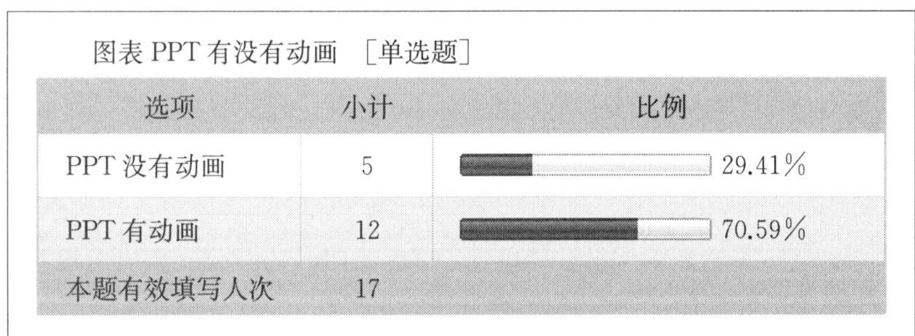

图表 PPT 有没有动画　[单选题]

选项	小计	比例
PPT 没有动画	5	29.41%
PPT 有动画	12	70.59%
本题有效填写人次	17	

图 1　PPT 问卷调查项

PPT 有没有超链接　[单选题]

选项	小计	比例
PPT 没有超链接	5	29.41%
PPT 有超链接	12	70.59%
本题有效填写人次	17	

图 2　PPT 问卷调查项

分析得出：在 PPT 中是否有动画、超链接、背景音乐等都非常重要，多种呈现形式才能有效地刺激学习者的感官，激发学习热情与动力，学习者的舒适性因素也会对学习效率有一定影响，学习者越来越希望学习的过程具有美感，单一乏味的形式不能使学习者身心感到愉悦，从而会影响学习效率。

三、PPT 测试实验结果分析

PPT 是采用眼动仪进行的实验测试，测试数据采集上主要选用了 3 页有代表性的 PPT 进行了数据提取，具体分析如下。

1. 第一页 PPT

第一页 PPT 的特点是：文字为标题性文字，比较少，主要以两个图为主，图形左右分布。

测试数据：分别用两个矩形框将两个图片重点框出，即为研究范围(如图 3 所示)。利用眼动仪的热点区域(如图 4 所示)记录眼球在这两个区域内第一次注视时间点、第一次注视时长、注视的总次数、注视的总时长。

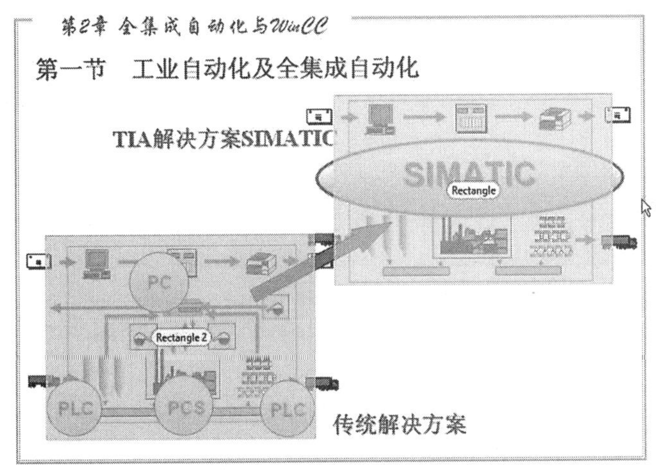

图 3　矩形框出的 PPT

数据说明：

(1) 一共测试了 6 名学生，其中第三位学生在测试过程中可能眼球点游离了，没有在测试过程中捕捉到，因此数据为缺失状态。

(2) 所有测试数据横轴坐标为 6 名学生及最后的平均值(平均值是去除了第三位学生的剩余 5 名学生的数据)。

(3) 第一次注视时间点纵轴为眼球第一次达到注视区域的时间点，单位为秒(s)。第一次注视时长纵轴为眼球第一次在该区域的注视时间长度，单位为秒(s)。注视的总次数纵轴为眼球在该区域的注视点个数，单位为个数。注视的总时长纵轴为眼球在该区域总的注视时间长度，单位为秒(s)。

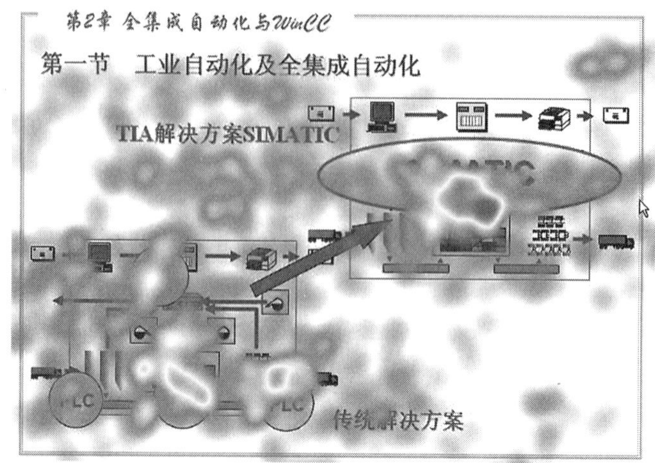

图 4 热点图

测试结果如图 5 至图 8 所示。

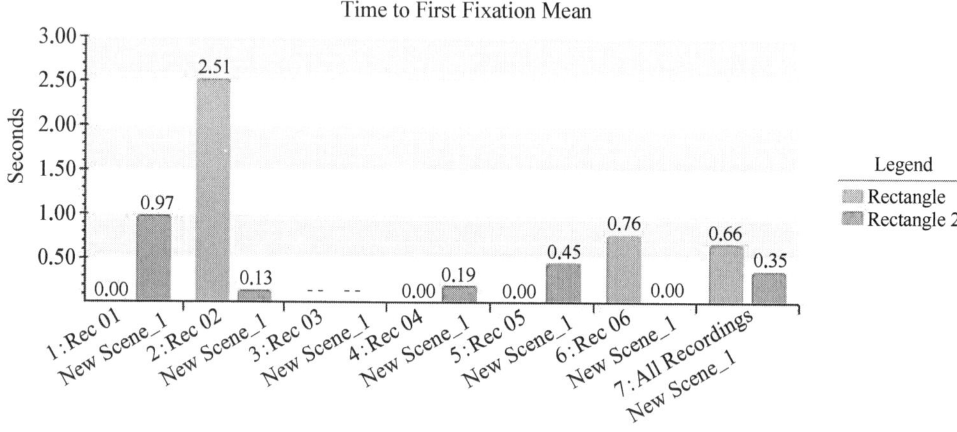

图 5 第一次注视时间点

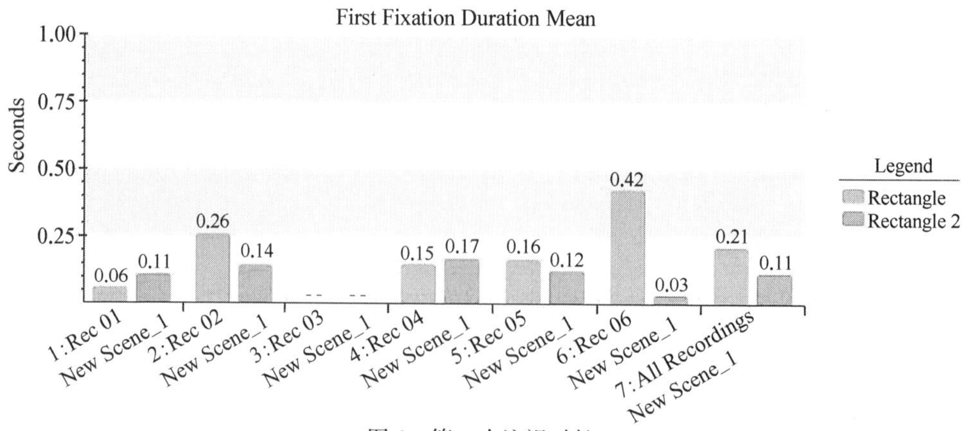

图 6 第一次注视时长

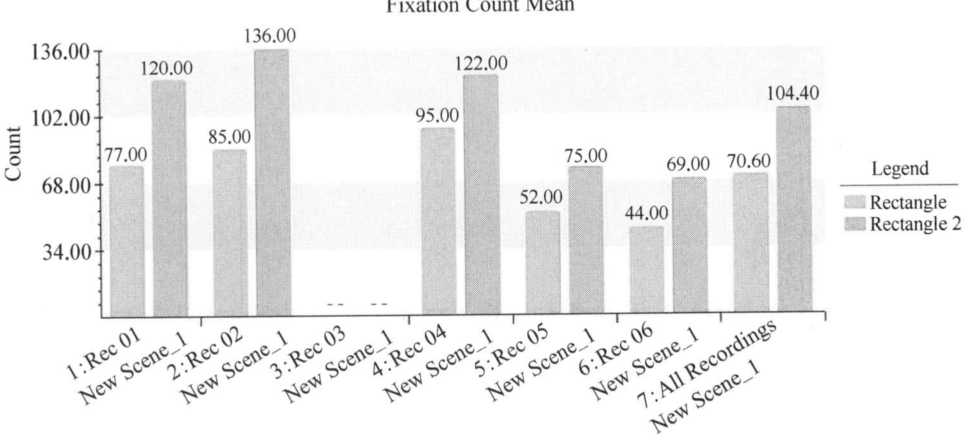

图 7 注视总次数

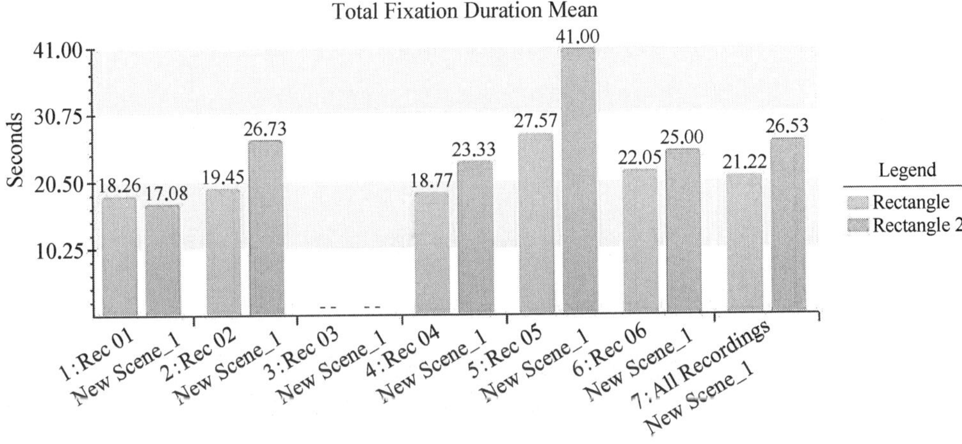

图 8 注视总时长

结论分析：

(1) 在讲解中，先讲的 Rectangle 2，后讲的 Rectangle。

从时间平均值上分析，在 Rectangle 2 区域所花费平均时间比 Rectangle 区域时间短，单从数值上符合眼球定位是随着语音讲解内容顺序进行的。但从个体来看符合这个规律的只有第二位和第六位两位同学，由于第二位同学眼球移动到 Rectangle 区域的时间滞后很多，才使得出现现有的似乎符合规律的平均值数据。

而第一位、第四位及第五位同学都是眼球先定位到了 Rectangle 区域，而且定位时间数据都是 0.0s，也就是说在这页 PPT 出现的同时，他们的眼球就直接定位在了 Rectangle 区域里，说明该区域有更吸引他们的东西，那这种东西最有可能的就是“SIMATIC”这几个在图片中央、并且字体比较大的字符。由于该页 PPT 以图片为主，字符及文字比较少，字符更简单辨认，因此更能引起注意。

(2) 两个区域的图形大小范围一样,图形的风格一致,因此,每位同学在两个区域内的第一次注视时间长度相差不大。

(3) 在讲解中重点是通过两个矩形框里的图形进行比较讲解的,略微侧重Rectangle 2 区域的讲解。因此注视的总次数及总时长都是符合规律的,在 Rectangle 2 区域停留的点数和时间都多,也符合了讲解侧重点的规律。

(4) 热点就在“SIMATIC”这附近,说明这个比较突出、显眼。

2. 第二页 PPT

第二页 PPT 的特点是:有图有文字,图比较大,文字占的区域相对比较小,以上下结构分布。

测试数据:分别用两个矩形框将图和文字两个区域框出,即为研究范围(如图 9 所示)。利用眼动仪的热点区域(如图 10 所示)记录眼球在这两个区域内的第一次注视时间点、第一次注视时长、注视的总次数、注视的总时长。

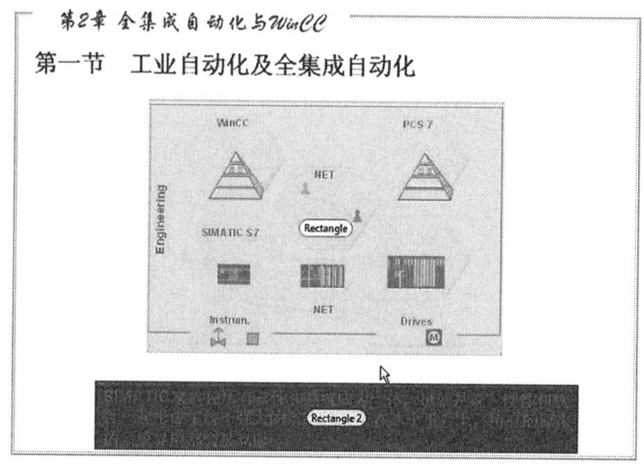

图 9 矩形框出的 PPT

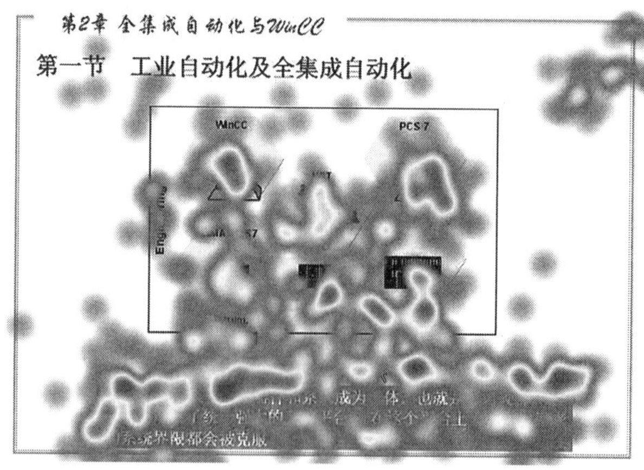

图 10 热点图

数据说明同第一页 PPT。

测试结果如图 11 至图 14 所示。

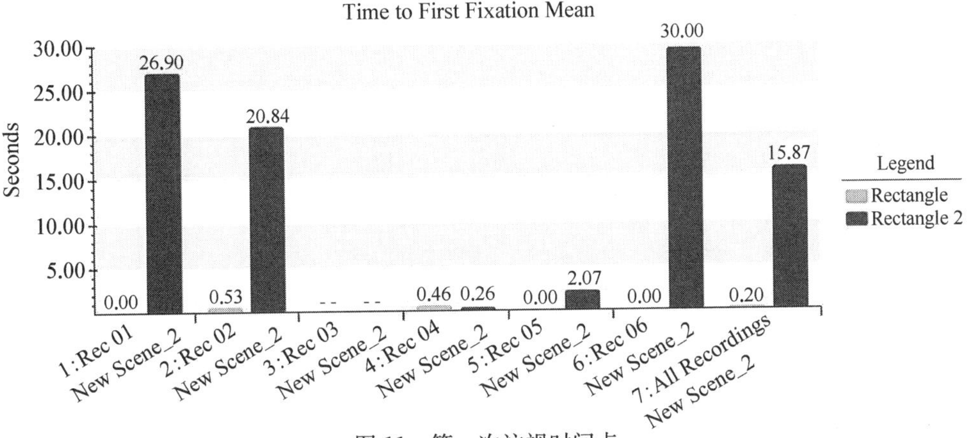

图 11　第一次注视时间点

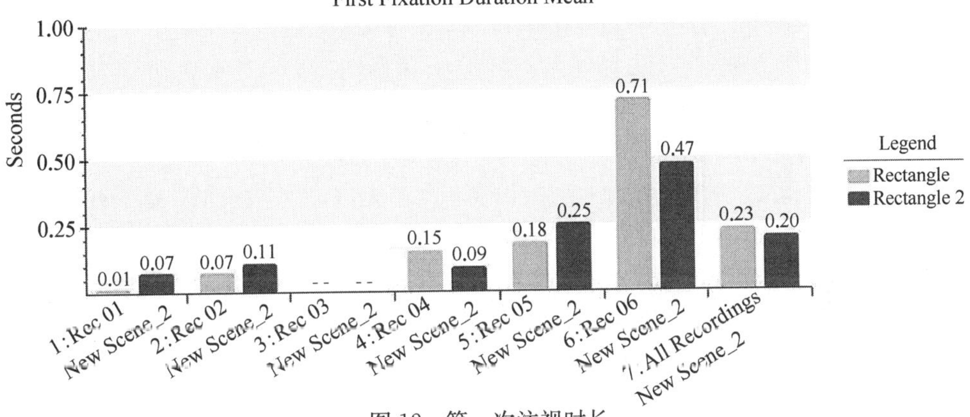

图 12　第一次注视时长

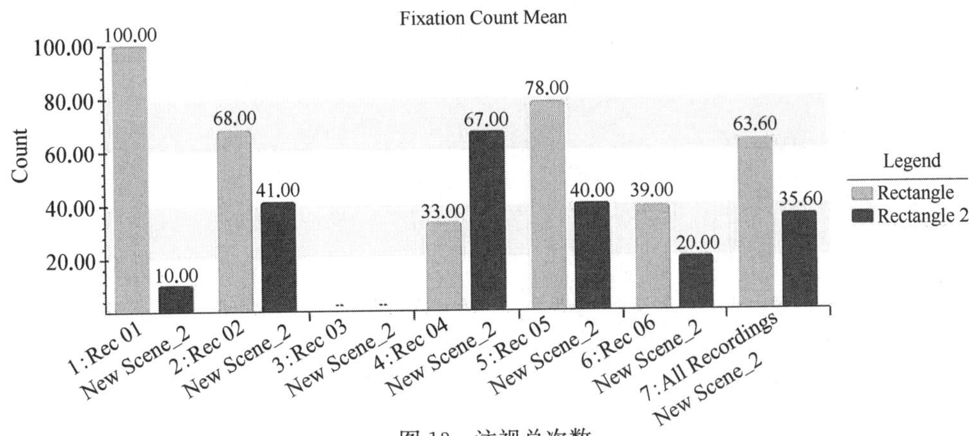

图 13　注视总次数

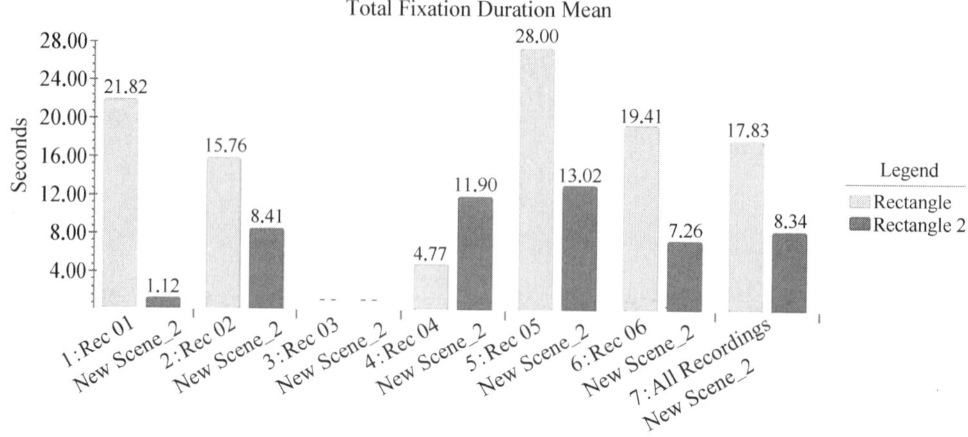

图 14　注视总时长

结论分析：

(1) 图是 Rectangle 区域，文字是 Rectangle 2 区域。

从第一次注视时间点图可以看出，5 位同学眼球都是直接定位注视到了图上，而且所花的时间与定位到文字上的时间差距比较大，说明图比文字更直观，更容易获取信息。另外，这和图占的区域比较大，放在了中间主要位置也有关系。

(2) 由于图与文字的理解内容当量基本相等，因此从第一次注视时长来看，图的第一次注视时间和文字的第一次注视时间长度相差不大，是基本吻合的。如果两者差异比较大，可以推断出这个时间差异也会变得比较大。

(3) 从注视总次数及注视总时长来看，除一位同学外，注视图的次数和时间比注视文字的次数和时间都要多都要长，说明图的表达效果胜于文字的表达效果。

(4) 热点比较分散，平均分布在图和文字上。

3. 第三页 PPT

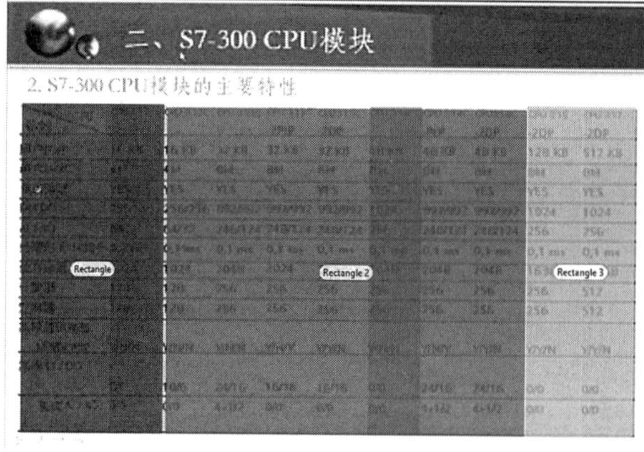

图 15　矩形框出的 PPT

第三页 PPT 的特点是：主要是针对表格的测试，除了标题外就是表格，占了此页 PPT 的整个区域。

测试数据：分别用三个矩形框将表分为左、中、右三个区域框出，即为研究范围(如图 15 所示)。利用眼动仪的热点区域(如图 16 所示)记录眼球在这两个区域内的第一次注视时间点、第一次注视时长、注视的

二、S7-300 CPU模块

2. S7-300 CPU模块的主要特性

参数 \ CPU	CPU 312	CPU 312C	CPU 313C	CPU 313C -2PtP	CPU313C -2DP	CPU 314	CPU 314C -PtP	CPU314C -2DP	CPU 315 -2DP	CPU 317 -2DP
[illegible]	[illegible]	16 K	[illegible]	32 KB	32 KB	48 KB	48 KB	48 KB	128 KB	512 KB
[illegible]	[illegible]	[illegible]	[illegible]	8M	8M	8M	8M	8M	8M	[illegible]
[illegible]	[illegible]	YES	[illegible]	YES	YES	YES	YES	YES	YES	[illegible]
[illegible]	[illegible]	256/256	[illegible]	992/992	992/992	1024	992/992	992/992	1024	1024
AI / AO	64	64/32	248/124	248/124	248/124	256	248/124	248/124	256	256
处理时间/1K指令	0,2 ms	0,1 ms	0,1 ms	0,1 ms	0,1 ms	0,1 ms	0,1 ms	0,1 ms	0,1 ms	0,1 ms
位存储器	1024	1024	2048	2024	2048	2048	2048	2048	16384	32768
计数器	128	128	256	256	256	256	256	256	256	512
定时器	128	128	256	256	256	256	256	256	256	512
集成通讯连接 MPI/DP/PtP	Y/N/N	Y/N/N	Y/N/N	Y/N/Y	Y/Y/N	Y/N/N	Y/N/Y	Y/Y/N	Y/Y/N	Y/Y/N
集成 DI / DO	0/0	10/6	24/16	16/16	16/16	0/0	24/16	24/16	0/0	0/0
集成 AI / AO	0/0	0/0	4+1/2	0/0	0/0	0/0	4+1/2	4+1/2	0/0	0/0

图 16　热点图

总次数、注视的总时长。

数据说明同第一页 PPT。

测试结果如图 17 至图 20 所示。

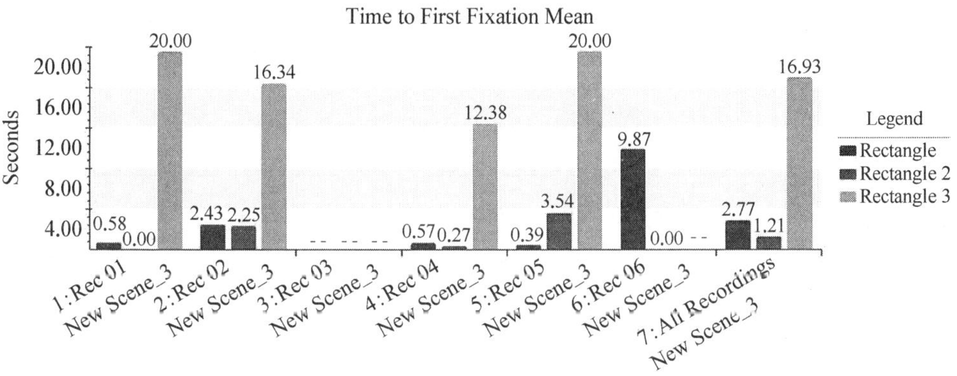

图 17　第一次注视时间点

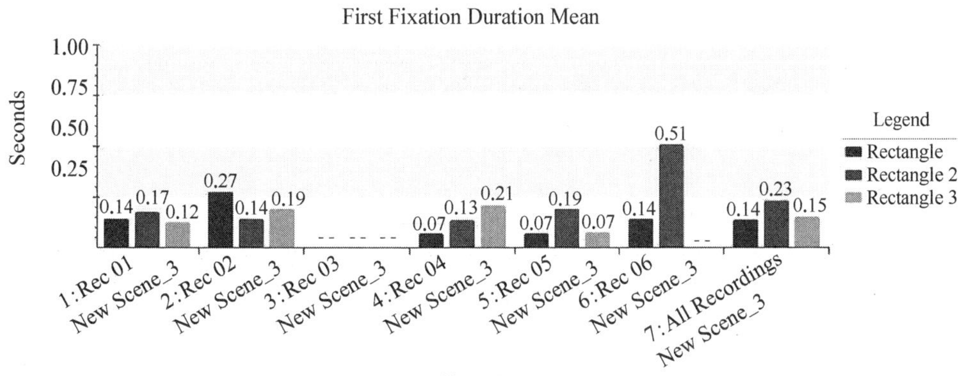

图 18　第一次注视时长

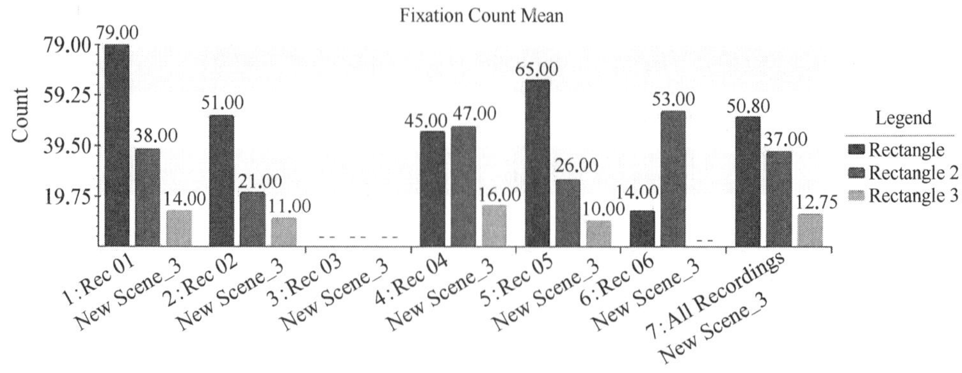

图 19　注视总次数

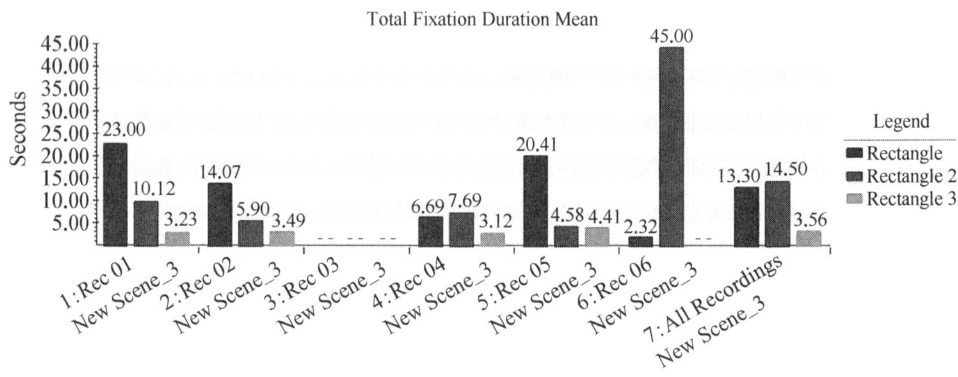

图 20　注视总时长

结论分析：

(1) 左侧表格是 Rectangle 区域，中间表格是 Rectangle 2 区域，右侧表格是 Rectangle 3 区域。

从第一次注视时间点图可以看出对于表格，人们习惯于根据表格的制作过程由左向右、由上到下地注视，更先捕捉表格的主要列项，其次才是数据，这符合表格的生成过程及表达意图。

另外，由于数据比较多，行数及列数也比较多，因此表格的右侧基本容易被忽略，因此，第一次注视到表格右侧花了比较长的时间，这为我们提供了在表格设计时需要注意的因素。

(2) 由于该表格左、中、右部分没有特殊区别，因此第一次注视时长在三个区域内时间比较接近，没有明显区分。

(3) 从注视总次数及注视总时长的数据看出，左侧区域的注视总次数及注视总时长明显要比中间及右侧区域时间多，尤其右侧被注视的时间很短。因此在设计表格时要尽量把重要的数据列放在靠近左侧，表格的数据也不要特别多。

(4) 热点也集中在表格的左上侧区域，基本和表格生成顺序一致。

四、总结

对于 PPT 课件，有动画、超链接、背景音乐等这些因素都是非常重要的。其中图片比文字更具有吸引力；图片的大小、位置比较关键；图片的风格也是重要因素；文字的大小、字体、数量要适度；图表要重点突出，不易数据过多、过于复杂。

参考文献

[1] 吕爱春.多媒体网络课件开发实践与思考[J].信息与电脑(理论版)，2010(3)：49.

[2] 俞树煜，朱欢乐.从开放课件到视频公开课：开放教育资源的发展及研究综述[J].电化教育研究，2013(5)：55－61.

[3] 李鑫，崔亚娟，俞必忠.基于用户体验的多媒体课件交互设计方法研究[J].艺术科技，2014，27(2)：107－108.

开放大学课程视频资源学习行为试验研究

——以汽车专业课程为例

李战伟

（上海开放大学理工学院，上海 200433）

摘要：为了研究在自主学习课程视频资源时，不同视频要素对学习者学习行为的影响，研究者同时使用眼动仪、脑波仪结合调查问卷和测试题采集学习者的学习行为数据，了解其学习结果；分析试验数据，了解不同学习者的学习行为特点，探究不同视频要素对学习者学习行为和学习结果的影响。文章指出：① 具有好的用户体验效果的视频课件应该做到内容设计精炼，知识点讲解清晰；② 从有利于知识点理解和记忆的角度看，视频课件效果较好；③ 视频拍摄的场景选择应该认真考虑。

关键词：汽车专业；视频资源；眼动试验；脑波试验；问卷调查

引言

教学的前提是教学设计，学习行为的分析是教学设计的前提，开放教育的教学也是如此。采集和分析学生的学习行为数据，研究学生的学习行为特征已经迫在眉睫。由于开放教学环境中的学习者具有高度的学习自主性，教学资源的质量、可用性直接影响着学习者的学习行为和学习结果，“大量的质量不可靠的信息使用户感到迷惑，甚至产生失落感。”[1] 因此，采集和分析学生自主学习情景下的学习行为，对于开放教学的发展具有重要的意义。

当前，国内外部分开放教育研究者使用问卷调查[2]、评价量规[3]、电子档案袋等方式来间接研究学习者的学习行为，还有部分开放教育研究者单独运用眼动仪直接研究学习者的学习行为[4]。上述两种研究方法的研究结果都较为片面。

本研究既采用眼动试验、脑波试验，又同时配合使用调查问卷和测试题，全面采集开放学习者的眼动和脑波数据，研究学习者的眼动和脑波规律，从主、客观两方面分析不同学习者在学习开放大学汽车专业课程视频课件过程中学习行为的差异，探究不同视频要素对学习者的影响，为汽车专业课程建设提供参考，为汽车专业乃至工科专业课程教学设计提供现实依据，服务于开放大学的教学发展和课程改革。

一、相关理论与技术

根据ISO 9241－11的定义，可用性是指在特定环境下，产品为特定用户用于特定目的时所具有的有效性、效率和主观满意度。有效性是用户完成特定任务和达成特定目标时所具有的正确和完整程度。效率是用户完成任务的正确和完成程度与所用资源（如时间）之间的比率。主观满意度是用户在使用产品过程中所感受到的主观满意和接受程度。尼尔森认为可用性有五个指标，分别是易学性、易记性、容错性、交互效率和用户满意度。产品只有在每个指标上都达到很好的水平，才具有高的可用性。

脑电波（electroencephalogram，EEG）是大脑在活动时，脑皮质细胞群之间形成电位差，从而在大脑皮质的细胞外产生电流。人脑是凭借不同频率的脑波来传递信息的，人脑的四种脑波——α、β、θ、δ，可以通过脑波检测器来测量。α脑波，是当人们放松身心、沉思时的脑波，它以每秒钟8～12周波的频率运行。β脑波，是一种有意识的脑波，它以每秒钟12～25周波的频率运行。θ脑波，是人们沉溺于幻想或刚入眠时发出的脑波，它以每秒钟4～8周波的频率运行。δ脑波，是人们沉睡无梦时发出的脑波，它以每秒钟0.3～4周波的频率运行。使用脑波仪研究使用者在训练过程中的注意力集中程度时，使用“专注度”指标；使用脑波仪研究使用者在训练过程中精神的平静程度或者放松程度时，使用“放松度”指标。“专注度”和“放松度”参数均以1到100之间的具体数值来指示用户的专注度水平和放松度水平。

人类的信息加工很大程度都依赖于视觉，所以，对于眼球运动的研究被认为是视觉信息加工研究中最有效的手段。研究显示，眼动有“注视”“眼跳”和“追随”三种基本的运动方式。而一个人注意并获取信息，主要是通过眼睛的“注视”来实现的。根据眼动的三种运动方式，利用眼动仪进行心理学研究时常用的测试参数包括：注视点轨迹图、注视点热点图、首次注视时间、注视持续时间、眼跳距离（或称幅度）、瞳孔大小（主要指面积或直径）和眨眼次数、丢失时间等。

二、试验设计

1. 试验目的

本试验对不同的学习者选用相同的视频课件内容，观察眼动、脑波情况的区别，考查其学习行为和学习结果是否有显著差异。主要研究三个方面的问题：① 不同学习者在视频学习过程中的学习行为有无差异；② 不同学习者的测验成绩有无显著差异；③ 不同学习者对视频课件可用性的评价有无差异。

2. 试验被试

本次试验至少需要5名被试对象。首先通过与面授班级学生面谈，了解学生们的工作经历和年龄；再筛选出不同性别、不同年龄、不同工作岗位的10名学生作为试验候选者；与试验室及试验候选者商议确定试验时间，并最终确定5名试验对象(4男、1女)。

3. 试验材料

课程“汽车性能检测及故障诊断”视频课件(全长40分钟，测试时播放前面7分钟)。

4. 试验变量

(1) 自变量。视频中构成要素(人物、logo、标题文字、电路图、语音、同步字幕、仪器设备等)随着播放时间在变化。

(2) 因变量。

脑波仪记录被试学习过程中的脑波情况；

眼动仪记录被试学习过程中的眼动情况；

保持测验成绩：采用纸笔测验的形式，要求完成1个需要涉及课程内容的简答题，以此来检测学习者所记住的内容的数量(工作记忆)。

迁移测验成绩：采用纸笔测验的形式，要求完成1个需要对所学概念进行深度加工的简答题，以此来检测学习者对所学知识的运用程度。

可用性：设计了调查问卷，调查问卷包含若干评价项目，采用了5点式主观量表来评价试验课件的可用性，“5”表示“非常同意”，“4”表示“同意”，“3”表示“不确定”，“2”表示“不同意”，“1”表示“非常不同意”。

5. 试验假设

具有较少要素的视频内容更加适合开放教育学习者学习。

6. 试验设备与环境

本试验所用试验设备为Tobii T120眼动仪和脑波仪。眼动仪集成于17英寸的TFT显示器中，无可见或移动式的“追踪装置”，无论被试是否佩戴眼镜或隐形眼镜，都可对其眼球进行追踪，不会影响被测者，并提供高质量数据。

本试验在上海开放大学上海开放远程教育工程技术研究中心的开放教学数字化试验室进行，试验过程中所有被试采用同一台眼动仪、脑波仪和同一台计算机逐个进行试验。

7. 试验过程

(1) 事先将被试随机分成5组，每组1人，各组依次进行试验。

(2) 被试带进试验室，被试对试验室的环境进行熟悉，同时主试告知被试试验中的相关要求。

(3) 主试告知被试设备操作方法和注意事项。

(4) 让被试做一个练习，校正眼动仪，同时戴好脑波设备，随后进入正式试验。

(5) 进行视频课件眼动、脑波测试，视频不停顿播放。

(6) 观看 7 分钟左右，停止播放。

(7) 针对测试视频课件内容，立即让学生回答两道问题。

(8) 最后让学生填写视频调查问卷，对视频课件进行评分。

(9) 下一名被试重复步骤(2)～(8)。

三、试验结果与分析

为了方便研究，截取视频中的六个典型场景，对相应眼动数据加以重点分析。场景划分如下：

场景 1：2 秒～8 秒

场景 2：9 秒～24 秒

场景 3：白板＋教师　42 秒～1 分 5.6 秒

场景 4：白板特写　4 分 26 秒～4 分 34.9 秒

场景 5：电路板特写 1　5 分 48.7 秒～6 分 13 秒

场景 6：电路板特写 2　6 分 26.4 秒～6 分 55 秒

确定研究场景、提取研究场景试验数据中注视点热点图；划分关注区域，关注区域首次注视时间(TFF)和注视持续时间(TFD)；提取脑波数据；从注视热区、关注区域进入时间和停留时间分析开放教育学习者的学习行为；对被试者的脑波、测试成绩进行分析，了解开放教学学习者的学习专注度和放松度、学习成果。

1. 眼动分析

1) 注视点热点图

在六个场景中，场景 3(白板＋教师)包含要素最多，所以选取该场景，研究不同被测学生的眼动热点图，如图 1 至图 5 所示。

图 1　眼动热点图(学生 1)

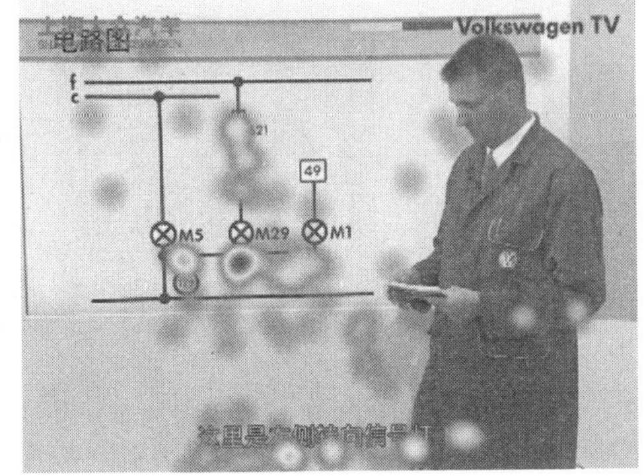

图 2　眼动热点图(学生 2)

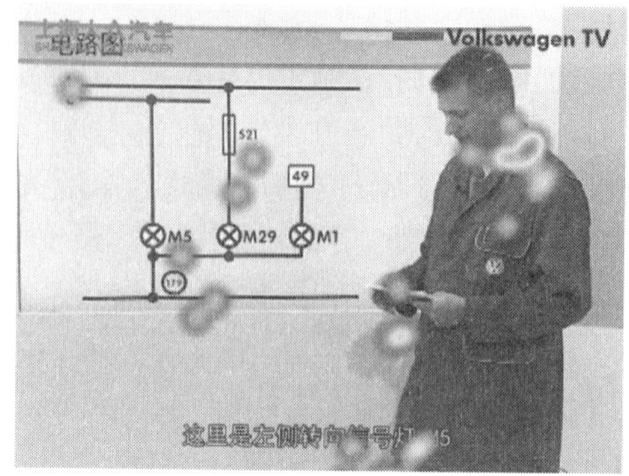

图 3　眼动热点图(学生 3)

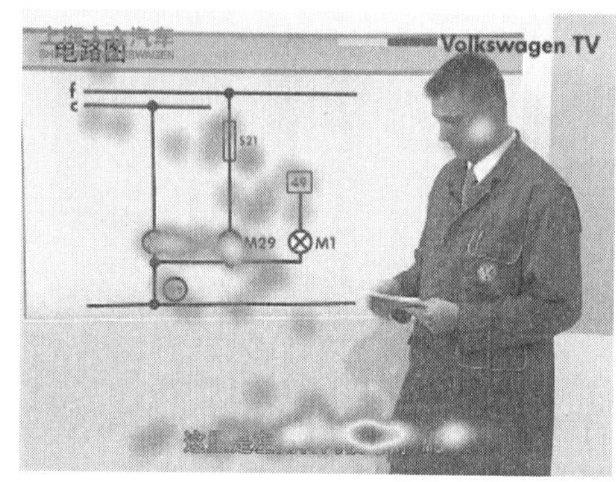

图 4　眼动热点图(学生 4)

图 5　眼动热点图(学生 5)

2) 关注区域首次注视时间和注视持续时间

(1) 关注区域划分。场景 3 的要素包括教师、电路图、目录文字、logo、讲解语音、同步字幕等。按照重要性,选取其中的电路图区域、同步字幕区域、教师区域作为关注区域,如图 6 所示,研究 TFF 和 TFD。

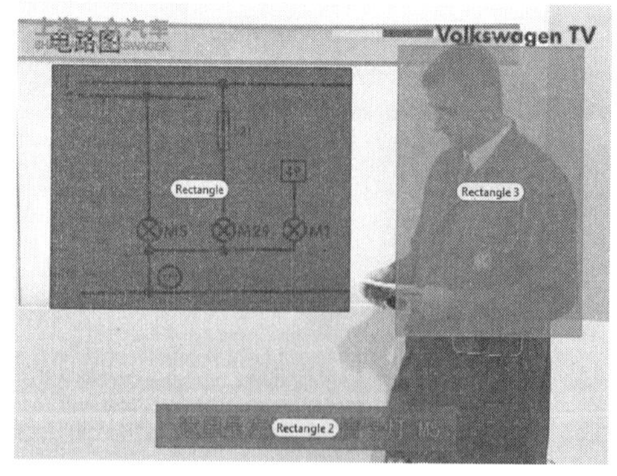

图 6　关注区域划分

(2) TFF 和 TFD。三个关注区域的 TFF 数据见表 1，三个关注区域的 TFD 数据如表 2。

表 1 首次注视时间(TFF)

Recordings	Rectangle			Rectangle 2			Rectangle 3		
	N (Count)	Mean (Seconds)	Sum (Seconds)	N (Count)	Mean (Seconds)	Sum (Seconds)	N (Count)	Mean (Seconds)	Sum (Seconds)
Rec 01	1	0.00	0.00	1	7.44	7.44	1	10.54	10.54
Rec 02	1	0.00	0.00	1	3.15	3.15	1	2.17	2.17
Rec 03	1	5.32	5.32	1	3.30		1	1.73	1.71
Rec 04	1	0.94	0.94	1	1.22	1.22	1	0.00	0.00
Rec 05	1	0.08	0.08	—	—	—	1	14.43	14.43
All Recordings	5	1.27	6.35	4	3.78	15.10	5	5.78	28.88

表 2 注视持续时间(TFD)

Recordings	Rectangle			Rectangle 2			Rectangle 3		
	N (Count)	Mean (Seconds)	Sum (Seconds)	N (Count)	Mean (Seconds)	Sum (Seconds)	N (Count)	Mean (Seconds)	Sum (Seconds)
Rec 01	1	12.83	12.83	1	3.76	3.76	1	1.92	1.92
Rec 02	1	14.06	14.06	1	5.38	5.38	1	4.36	4.36
Rec 03	1	0.37	0.37	1	0.22	0.22	1	1.32	1.32
Rec 04	1	9.36	9.36	1	13	13	1	2.17	2.17
Rec 05	1	14.72	14.72	—	—	—	1	1.12	1.12
All Recordings	5	10.27	51.34	4	5.59	22.38	5	2.18	10.89

3) 眼动数据分析

眼动仪可以整合一组被试的注视点，将其叠加在视景图像上，直观地反映眼动的时空特征。Tobii T120 眼动仪所配套的数据分析软件 Tobii Studio 可以导出集合所有被试眼动数据的注视热点图，即整合了一组被试视觉的注视扫描图，将图像作为背景，在被试注视扫描过的位置用突出的颜色显示，由绿色过渡到黄色，再到红色，以示注视频率越来越高。

场景三是教师讲解电路图，在该场景电路图、讲解语音和同步字幕是视频的核心内容，标题文字是次要内容。对比不同试体、场景三的眼动热点图，三人的眼动热点位于中间电路图区域，一人的眼动热点位于提示文字区域，一人的眼动热点位于视频中人物区域。这说明三名学生的注意力很集中且能关注重点要素。

从首次注视时间(TFF)数据看,电路图对应的矩形区域首次注视时间平均值最短,其次是语音同步字幕,教师形象所在矩形区域首次注视时间平均值最长。这说明学生能快速关注该场景重点内容。

从三个关注区域内容的难度来说,电路图区域内容难度最大,语音同步字幕内容难度一般,教师形象所在区域没有难度。从注视持续时间(TFD)数据看,电路图区域注视停留时间平均值最长。说明学生对难点内容能认真学习,没有放弃。

2. 脑波分析

1) 专注度

“专注度”指使用者在训练过程中的“专注程度”或“专心程度”,该参数反映了使用者当前的注意力集中程度。如图 7 至图 11 是被试学生的专注度曲线。表 3 是专注度训练参数,表 4 是专注度统计数据。

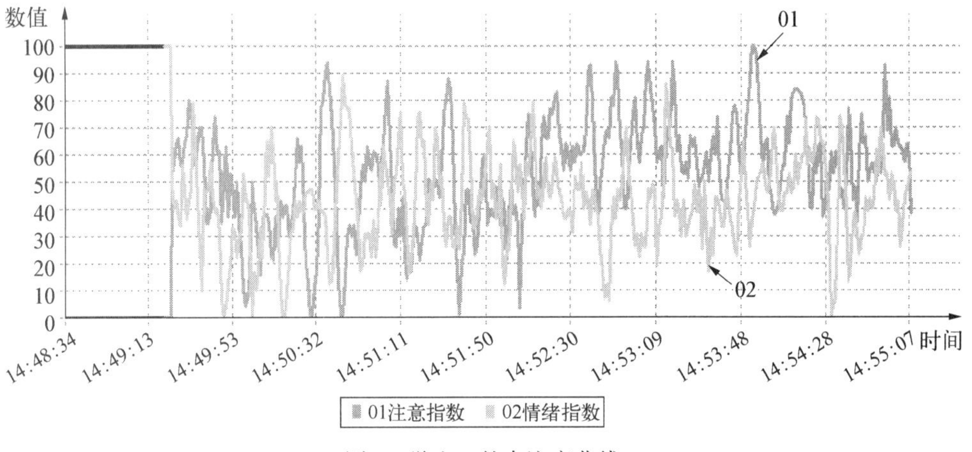

图 7　学生 1 的专注度曲线

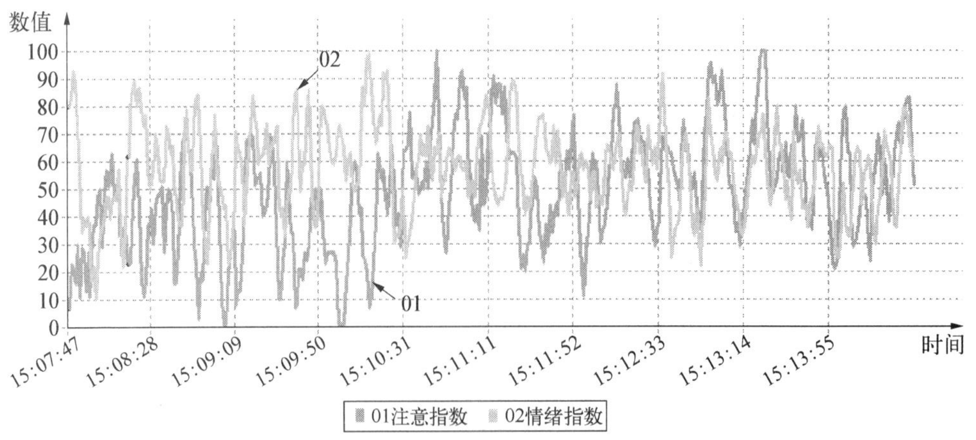

图 8　学生 2 的专注度曲线

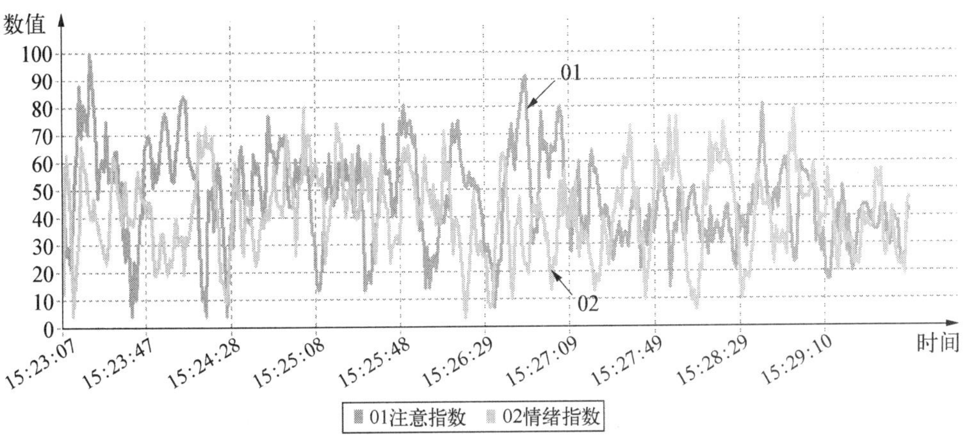

图 9　学生 3 的专注度曲线

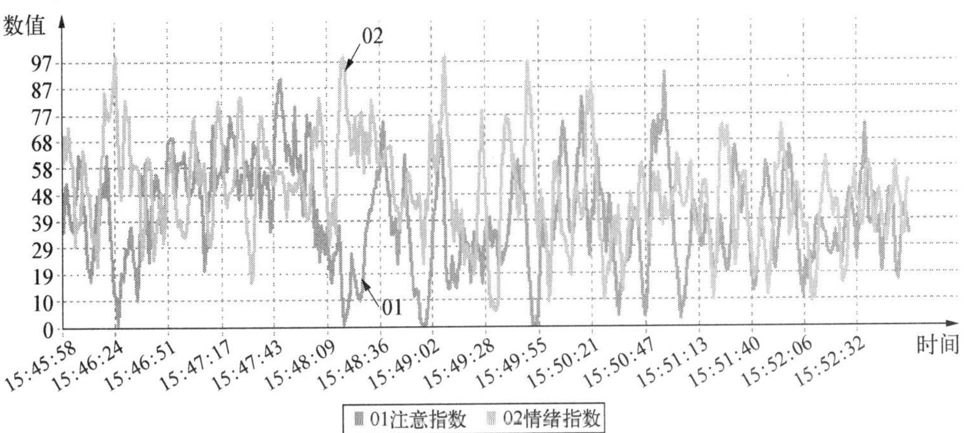

图 10　学生 4 的专注度曲线

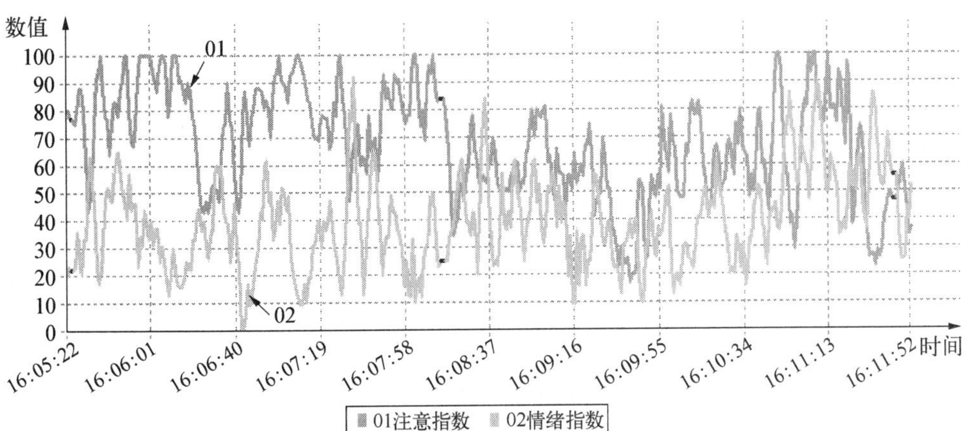

图 11　学生 5 的专注度曲线

表 3　专注度训练参数

	专注度平均值	专注度最高值	专注度最低值	专注度标准差	专注度差异系数
学生 1	53	100	0	20	38%
学生 2	49	100	1	21	42%
学生 3	46	100	4	17	36%
学生 4	40	93	1	18	45%
学生 5	67	100	17	19	28%

表 4　专注度统计数据

数值范围 (程度)	1～19 (很低)	20～39 (较低)	40～59 (一般)	60～79 (较高)	80～100 (很高)
学生 1	5.5%	19.8%	31.7%	32.6%	10.5%
学生 2	7.6%	24.3%	35.0%	25.0%	8.1%
学生 3	4.7%	30.0%	41.3%	20.3%	3.7%
学生 4	12.6%	36.8%	32.8%	16.2%	1.7%
学生 5	0.3%	7.5%	26.9%	32.4%	32.9%

2) 放松度

“放松度”指使用者在训练过程中的“平静程度”或者“放松程度”。放松度反映的是使用者的精神状态,而不是身体状态。如图 12 至图 16 是被试学生的放松度曲线。表 5 是放松度训练参数,表 6 是放松度统计数据。

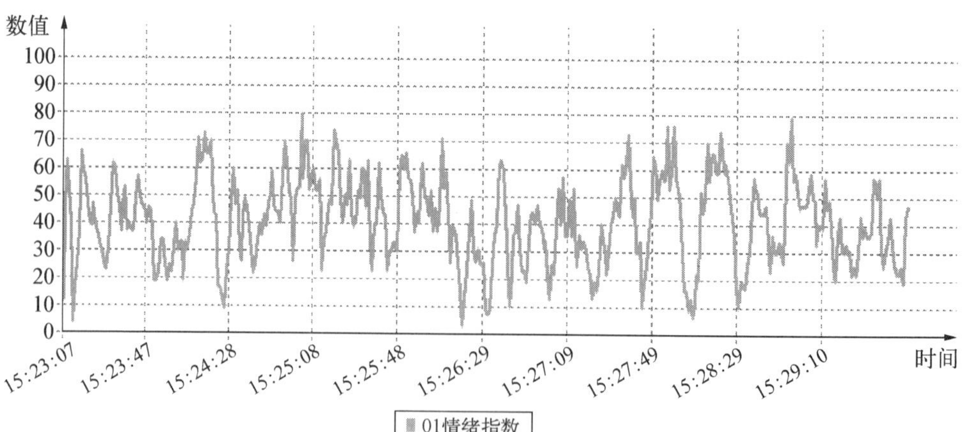

图 12　学生 1 的放松度曲线

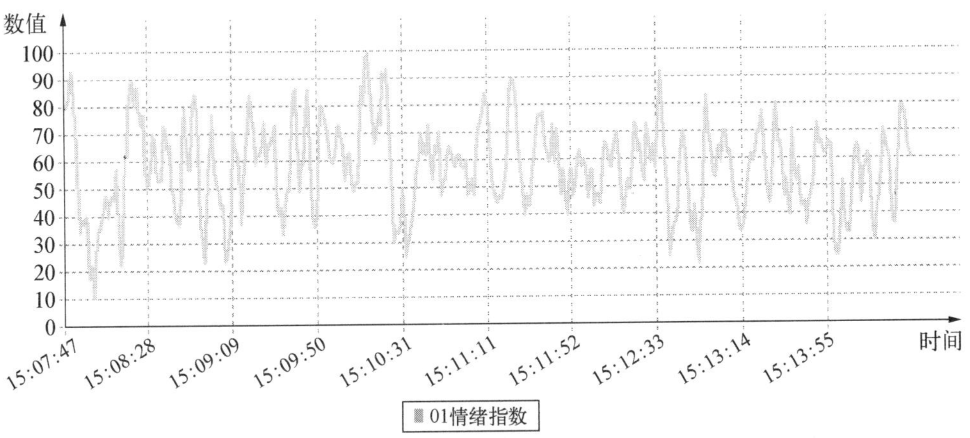

图 13　学生 2 的放松度曲线

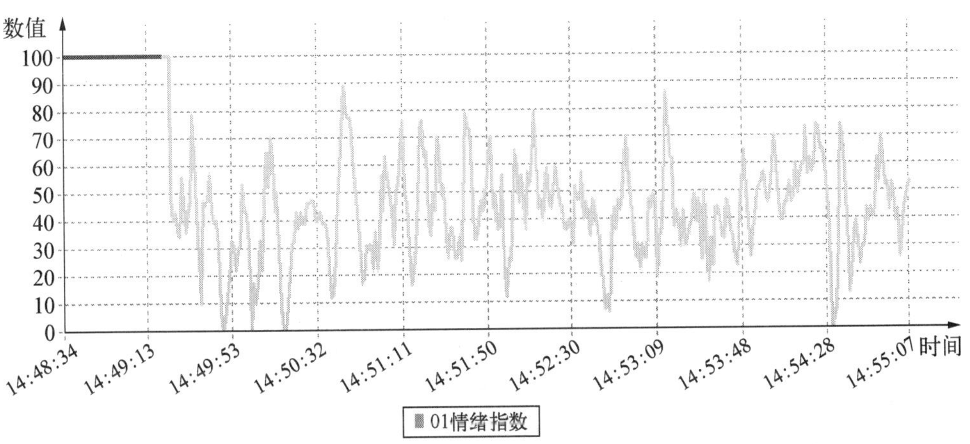

图 14　学生 3 的放松度曲线

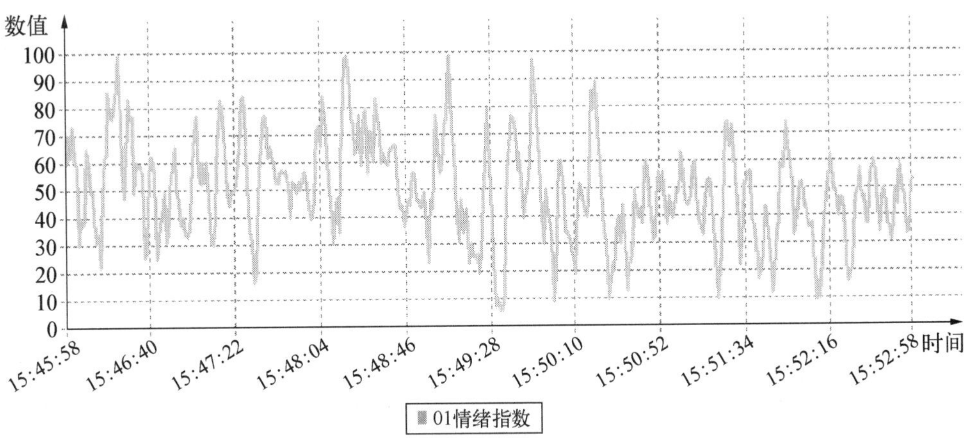

图 15　学生 4 的放松度曲线

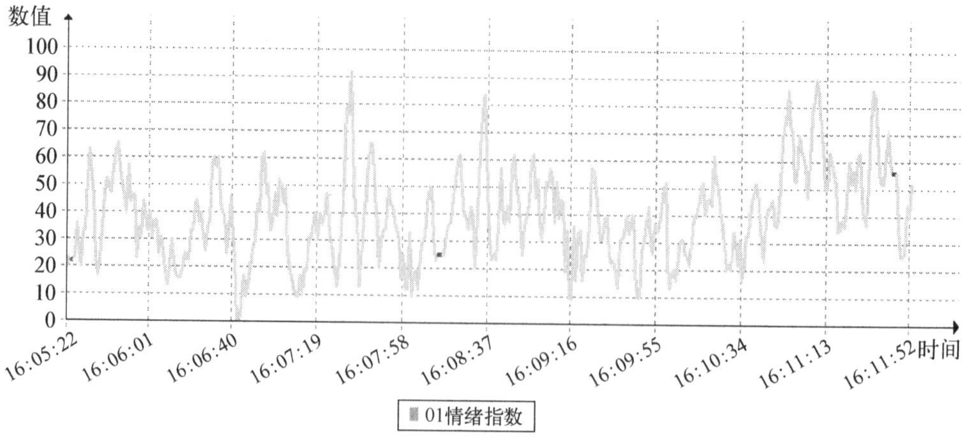

图 16　学生 5 的放松度曲线

表 5　放松度训练参数

	放松度平均值	放松度最高值	放松度最低值	放松度标准差	放松度差异系数
学生 1	43	100	0	17	39%
学生 2	57	99	10	15	26%
学生 3	41	80	3	15	36%
学生 4	49	99	6	18	36%
学生 5	39	92	0	16	41%

表 6　放松度统计数据

数值范围（程度）	1～19（很低）	20～39（较低）	40～59（一般）	60～79（较高）	80～100（很高）
学生 1	7.3%	32.2%	44.2%	14.9%	1.5%
学生 2	0.5%	15.0%	38.2%	38.2%	8.1%
学生 3	9.2%	36.4%	41.8%	12.4%	0.2%
学生 4	5.2%	25.2%	42.0%	22.8%	4.8%
学生 5	11.2%	43.8%	43.8%	11.2%	2.1%

3）脑波数据分析

“专注度”和“放松度”参数均以 1 到 100 之间的具体数值来指示用户的专注度水平和放松度水平。数值在 80 至 100 之间表示处于“高值区”，它表示用户的专注度或放松度达到了非常高的水平，即处于非常专注的状态或者是非常放松的状态。

根据上述脑波试验的专注度、放松度数据，可以看出60%的学生被视频吸引，注意力集中。学生1、学生2、学生5在本次综合训练中自我调节和控制能力较好；学生3、4在本次综合训练中自我调节和控制能力一般；在自我调节和控制能力方面，5个学生都有很大的提升空间。

3. 用户测试与用户体验调查

(1) 问题测试。在完成视频课件眼动和脑波测试后，要求被试学生立即完成测试题。学生完成测试的情况见表7。

表7　问题测试结果统计

	学生1	学生2	学生3	学生4	学生5
正确率%	70	60	80	70	100

(2) 用户体验调查。让五个被试学生各自独立填写视频课件用户体验调查问卷(见附件一)。调查问卷表单共分为三部分：基本信息数据、评价内容、整体评价。

基本信息部分由被试学生填写个人基本信息。

其中评价内容部分包括录制(含3个二级指标)、剪辑(含5个二级指标)、品牌标示(含2个二级指标)、格式(含2个二级指标)、字母(含4个二级指标)、配音(含2个二级指标)、图片(含4个二级指标)、整体情况(含4个二级指标)共8个一级指标，26个二级指标。评价数据部分由被试学生根据阅读学习视频课件时的体验，对各项二级指标进行判断、打分，“5”表示“非常同意”，“4”表示“同意”，“3”表示“不确定”，“2”表示“不同意”，“1”表示“非常不同意”。

整体评价部分包括优点和缺点两个一级指标，采用主观描述方式评价。

学生的评价数据和整体评价见表8。

表8　用户体验调查结果统计

		学生1	学生2	学生3	学生4	学生5
评价内容	录制	11	15	15	11	14
	剪辑	21	24	25	19	24
	品牌标示	7	9	10	9	9
	格式	9	8	10	8	9
	字幕	18	20	20	18	19
	配音	9	10	10	8	10

续表

<table>
<tr><td></td><td></td><td>学生 1</td><td>学生 2</td><td>学生 3</td><td>学生 4</td><td>学生 5</td></tr>
<tr><td rowspan="2">评价内容</td><td>图片</td><td>14</td><td>19</td><td>20</td><td>14</td><td>19</td></tr>
<tr><td>整体情况</td><td>16</td><td>20</td><td>20</td><td>16</td><td>20</td></tr>
<tr><td rowspan="2">整体评价</td><td>优点</td><td>内容容易记忆</td><td>课程内容新颖，讲解详细，让人印象深刻，能运用于工作中</td><td>视频没有多余内容，可以在短时间内看懂大多数内容</td><td>视频很吸引人，讲述详细</td><td>形象生动，容易接受，知识点清晰</td></tr>
<tr><td>缺点</td><td>无</td><td>内容较简单，没有体现现代汽车技术</td><td>无</td><td>拍摄有待改进，拍摄场地可选择正规修理厂</td><td>无</td></tr>
</table>

(3) 问题测试与用户体验调查结果分析。用户测试结果和调查表结果表明：视频课件整体吸引人，知识点讲解清晰，能够让学生短时间看懂并记住知识点，正确完成测试。视频课件在内容选择和拍摄场景方面还有改进之处。

四、结论

1. 基本结论

具有好的用户体验效果的视频课件应该做到内容设计精炼、知识点讲解清晰。分析试验数据，可以看出“汽车性能检测与故障诊断”的视频课件在内容设计和知识点讲解上达到了上述要求。

从有利于知识点理解和记忆角度看，视频效果较好。从测试题回答正确度以及用户调查分析表数据看，学生对视频中知识点理解和记忆的效果均较好。

视频拍摄的场景选择应该多加考虑。视频不但要重视内容，还要重视场景，合适的场景能够让视频资源更有吸引力。

2. 存在的问题

(1) 视频拍摄的场景还可以改进。从用户调查表的反馈信息看，部分学生认为拍摄场景不佳。

(2) 试验的被试样本容量偏少。因为本次试验需要在工作日的白天完成，而上海开放大学汽车专业的学生几乎都是在职人员，工作日很忙，参加试验需要事先请事假(请假多了，还要扣工资或奖金)，所以尽管很多学生最初愿意来参加试验，但很多人因为请不出假而放弃了。所以最后参与试验的学生只有 5 名。试验的被试样本容量偏少。

3. 启示与建议

根据前述结论，建议在设计开放大学工科课件时，应把课件内容与知识点设计、重点内容讲解这两个要素作为最重要指标，在视频脚本编写时要特别考虑场景的选择与设计。

参考文献

[1] 尼克拉斯·法内斯，宋志勤.开放远程教育网上资源开发的质量保证[J].中国远程教育，2003(1)：31-38.

[2] Hummel K A, Hlavacs H. Anytime, anywhere learning behavior using a web-based platform for a university lecture[C]//Proceedings of the SSGRR 2003 Winter Conference, L'Aquila, Italy. 2003.

[3] 刘葭.远程学习评价量规的设计研究[D].西南大学，2009.

[4] 刁永锋，刘明春，杨海茹.网络视频公开课程学习行为眼动实验研究[J].现代教育技术，2014，24(11)：81-87.

开放教学资源用户体验学习测试实验研究

——基于上海开放大学数字化实验室现场教学的评价

孙传远[1]　刘玉梅[2]　董丽敏[1]

（1. 上海开放大学人文学院，上海 200433；
2. 上海开放大学经济管理学院，上海 200433）

摘要： 开放教学资源建设的核心宗旨是要促进其开放、共享，促进学习者的学习和发展，保证开放教学资源的质量。运用实验方法研究开放教学资源的用户体验学习测试是资源质量评价的一种新尝试。PPT课件是开放远程教学中最常用的教学资源形式之一，通过在数字化开放教学实验室里的测试评价、手机问卷调查及脑波测试等方法对学习者的体验学习进行研究发现：学习者对PPT课件资源质量及其可用性总体满意度较高；比起文字和图片，学习者对PPT课件中的视频、动画更感兴趣；学习者在基本知识和复杂理论的掌握、注意力和情绪的保持、专注度和放松度的相互协调等方面存在显著性差异。

关键词： 开放教学资源；PPT课件；数字化实验室；脑波测试；用户体验；教学交互

一、实验研究背景

教学资源是指高等教育机构中用于教学过程及其评价与管理的教材、阅读材料、参考辅导资料、习题集、考试题、实验室数据、实习项目、教学计划、教学标准与过程规范等[1]。开放教学资源的概念来源于"开放教育资源(OER)"，后者最初于2002年由联合国教科文组织界定为"那些基于非商业性目的，通过信息与通信技术来向有关对象提供的，可被自由查阅、参考或应用的各种开放性教育类资源"[2]。通常，这些开放式教育资源可通过互联网免费获得，主要用于教育机构中教师的课程教学，但也可用于学生的学习。其类型主要包括：讲义、参考文献、阅读材料、练习、实验和演示，另外也包括教学大纲、课程内容和教师手册等。本研究囿于目前开放远程教学平台、技术媒体条件等的限制，开放教学资源主要是指基于开放大学各校网络教学平台，将文字、图片、音视频、动画、影像、超链接等整合于PPT课件之中的用于线上线下混合学习的资源。

开放教学资源建设的核心宗旨是要促进开放教育资源的开放、共享，促进学习者的学习和发展。使用用户（学习者）体验学习测试和评价是衡量开放教育资源质量的重要指标。英国开放大学的尼古拉斯·法内斯（Nicholas C Farnes）较早从院校和课程的质量、开放远程教育电子信息质量、开放远程教育印刷资料质量等几个方面研究了开放远程教育网上资源的质量评估和保证问题。研究发现，远程教育的资源库、资源服务、网站和数据库形形色色，用户难以获得一致的权威性的信息和建议，大量的质量不可靠的信息使用户感到迷惑，甚至产生失落感[3]。当前，基于用户体验的移动学习资源、网络课程资源、在线课程资源建设等大多还处于设计、质量保证模型理论构建阶段[4][5][6]，关于眼动行为实验研究仅局限于少数网络视频公开课程学习研究[7][8]，不能有效解决现实中大量的普及化课件资源质量评价问题和改进。因此，当前学习效果评价侧重点必须放在常用的教学资源学习测试和评价上。

上海开放大学开放远程教育数字化实验室的建设就是为了在网络技术和移动学习潮流的引领下，探索网上网下一体化学习资源整合模式，引导学习者有计划、有目的地学习，为学习者提供有效的学习指导、优越的学习环境和愉快的学习体验。因此，运用开放教学资源为学习者提供帮助，调查学习过程中的教学交互现状和学习者体验学习的满意度，有利于改进教学方法，增强教学交互水平，提高开放教学资源的使用效果，从而最终保证开放远程教学质量。PPT课件是开放大学教师最常用的教学资源形式之一，本研究通过实验方法，运用开放教学资源评价规范进行评价，结合手机问卷调查及脑波测试，尝试发现学习者在实验室环境中的体验学习效果。

二、实验研究设计

1. 实验室环境与研究对象

上海开放大学开放教学数字化实验室集多样现代化学习媒体于一体，旨在为学习者构建一种智能化的、无所不在的体验式学习环境和评价平台。它具有开放学习测试分析的功能，能对在线课程、微课、电子书包等教学产品进行用户体验测试，通过测试发现产品自身的问题，判断产品改进前后的使用效率、效能和用户满意度，使用户的学习体验发生“有用→能用→好用→爱用”的转变；如果结合眼动仪，还可以追踪用户的视线轨迹、注视时间和兴趣区域等信息，提高测试数据的客观性。此外，该平台还可以对数字化学习进行学习分析，利用实验室先进的设备，从能耗、网络、行为体征、脑波等角度进行跨学科教学实验和评估分析，可以对各种学习模式的在线学习行为进行数据分析，将其应用到课程优化、学习成效评估、学习质量保障、学习模式改进等方面。

未来课堂设计研究可划分为空间设计和技术设计。空间设计的研究主要是借鉴环境心理学和人体工程学方面的研究成果，通常包含灵活的空间布局、多显示屏空间、动态的课桌椅组合等特征[9]。本研究中的数字化实验室即是未来课堂空间设计的一种类型。实验室的桌椅是可以移动的，便于学习者自由组合学习和讨论。实验室具备多项视频教学互动、移动电子屏幕、虚拟现实技术、多视频展示，以及脑波、眼动仪等多项测试功能。学习者还可以在 Wi-Fi 状态下通过个人手机开展课堂学习和评价。

本研究以上海开放大学国顺校区学前教育专科专业 2014 年秋季 22 名在校生和 2015 年秋季 16 名在校生为实验研究对象，借助于开放远程教育数字实验室及其研究人员和工作人员的支持，对开放教学资源进行用户体验学习实验评估，收集数据并进行学习分析。

2. 学习资源与学习方式

本研究的学习资源主要是学前教育学、学前教育方法概论两门课程的 PPT 课件资源。学前教育学课程学习的重点内容有学前教育学的价值、儿童发展与科学的儿童观、学前教育活动、幼儿教师发展、幼儿园环境创设、幼儿园与家庭和社区互动、幼小衔接等。目的在于通过课堂理论学习和幼儿园实践，让学习者掌握学前教育学的基本理论知识和幼儿园的工作环节和流程。学前教育方法概论的重点是让学习者掌握幼儿教师在工作实践场所的教学设计、管理、保育和教育活动以及教师修养等多方面的技能。课程学习主要采用“面授辅导＋在线学习”的混合学习形式。本次实验室环境中的在线学习采用的是开放教学资源评价规范、手机移动学习评价和脑波测试等多种方式评价，学习者在课堂师生交互学习的同时，通过手机浏览网页和对学习资源进行评价。

尽管学习者均是初次接触数字实验室环境，也不是在全媒体支持下的学习，但属于一种体验学习。它是以学习者为中心的，把从自己的体验中所获得的学习结果视为最佳的学习方式，是学习者在有意识思考各种经验的基础上发展知识、技能和态度的过程，是体现学习者内心价值和焕发其生命活力的发展过程[10]。

3. 评价方式与研究假设

通过体验学习后的学习者满意度评价主要采用三种方式：① PPT 课件评估问卷；② 学习者体验性评价；③ 学习者脑波测试。PPT 课件评估问卷关注教师的教学准备，主要从母板、文字、图表、动画、超链接等维度进行详细评价，旨在了解 PPT 课件资源制作的质量，发现问题并进行改进；学习者体验性评价关注学习者的学习体验，通过自制问卷在学习后即刻对学习者进行调查，了解学习者与教师、学习资源、学习环境等的交互状况；脑波测试每次选择 5 名同学，运用 NeuroEdu 课堂教学实时记录分析系统，在课堂学习过程中进行全程测试，旨在了解学习者在不同学习环节的注意力和情绪体验情况，同时揭示教师对课堂教学的调控和组织。依据《上海开放大学网上课件用户体验设计和评估指南》，教学资源学习体验评价可从易读性、易理解性、易记忆性及学习过程中的情绪情感体验来综合评估线上线下课程资源，见图 1。

图 1　网上课件学习用户体验模型设计

本次现场教学实验研究的假设是：① PPT 课件学习资源能够有效提高学习者的学习效果；② 学习者在数字实验室环境中学习有较愉快的学习体验和良好的教学交互；③ 学习者对整合于 PPT 课件资源中的文字、图片、动画、视频、影像、超链接等形式的选择是有差异的。

三、实验研究结果与分析

本研究共进行了两次现场教学测试，分别在 2015 年 12 月 3 日和 2016 年 4 月 18 日。两次测试时长均为 45 分钟，学生总数分别是 20 人、16 人（其中每次脑波测试 5 人），借助于 PPT 课件，主要运用讲授、小组讨论、学生动手操作等方式学习“学前教育学”“学前教育方法概论”课程。经过多样评估和测试，本研究得到的几点结论如下。

1. PPT 课件资源的用户满意度较高

从第一次现场教学 PPT 课件各元素评价平均得分（各项满分为 5 分）情况看（见图 2），学习者的满意度较高，得分均在 4.5（90%）以上，只是在“动画”和“超链接”两个维度上的满意度略低。这说明教师备课很充分，比较注重 PPT 课件的制作和呈现效果。当然，学习者仍然期望资源能够灵活多样地动态呈现。

图 3 中用户体验的平均得分情况显示，学习者对 PPT 课件整体情况评价较好，均在 4.2～4.4 之间（84%～88%），但在“易记忆”和“情绪情感体验”方面得分略低。这说明学习资源要在满足学习者的认知和情感等多方面的需求上进行改进。

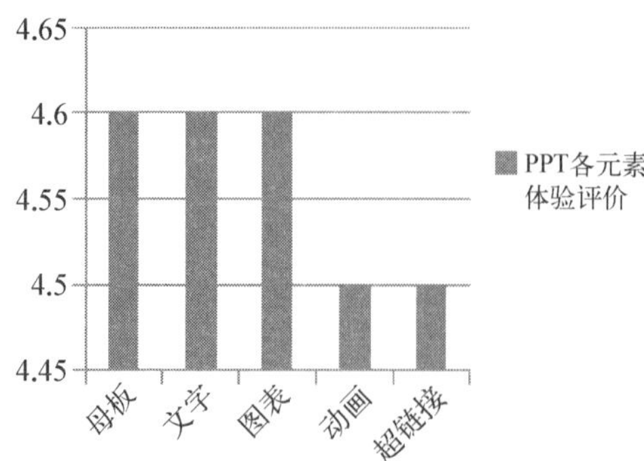

图 2　PPT 课件各元素评价平均得分情况

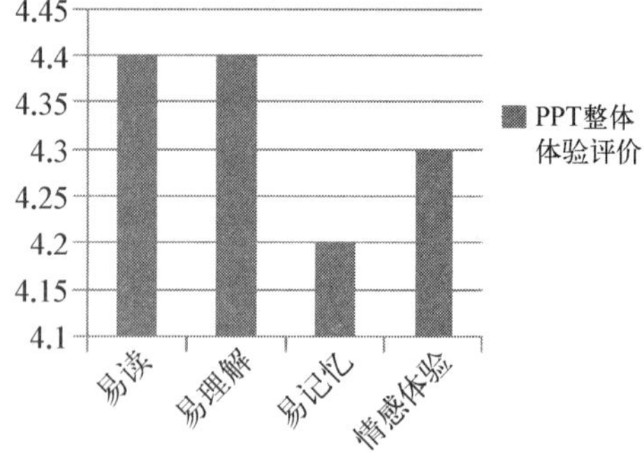

图 3　用户体验学习平均得分情况

在第二次现场教学中，对母板、文字、图表、动画、超链接、整体情况等几个方面的测试也表明：学习者对 PPT 课件比较满意，有的维度达到了 100％，没有评价“较差”和“很差”的现象。整体评价结果是：学生对现场教学的 PPT 及教学状况整体评价较高，具有文字和图片清晰、内容恰当、易懂、讲解清晰、趣味性强等优点，但也存在视频少且部分不够清晰、师生互动少、教学节奏有些快、“搞笑点少”等缺点。

2. 学习过程中的教学交互情况不佳

第一次现场教学后，研究者对学习者进行了关于教学交互的问卷调查。从图 4 至图 7 来看，学习者对学习交互的评价普遍较低。其中，学习者与环境交互方面，分值均在 3.227～3.909 之间，“学习氛围”题项得分最低(见图 4)；学习者与学习资源交互方面，分值均在 3.182～3.636 之间，“内容趣味性”题项得分最低(见图 5)；师生交互方面，分值均在 3.136～3.864 之间，“师生问答”题项得分最低(见图 6)；生生交互方面，分值均在3.456～3.646 之间，“相互协作”题项得分最低(见图 7)。说明在实验室环境中的体验学习没有满足学习者与周围环境交互的需求，教师和其他学习支持者要为学习者创设良好的教学交互环境。

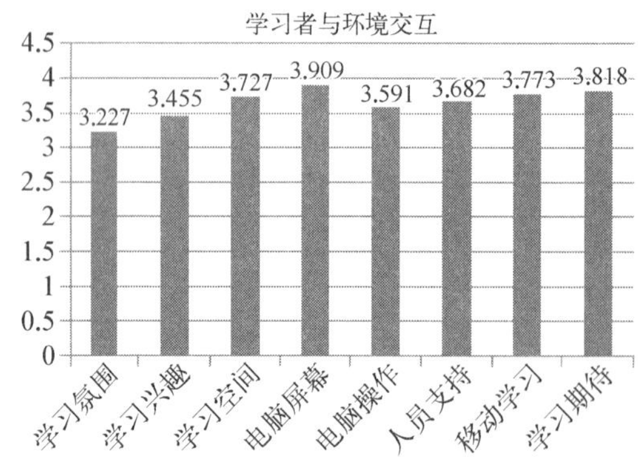

图 4　学习者与学习环境交互情况

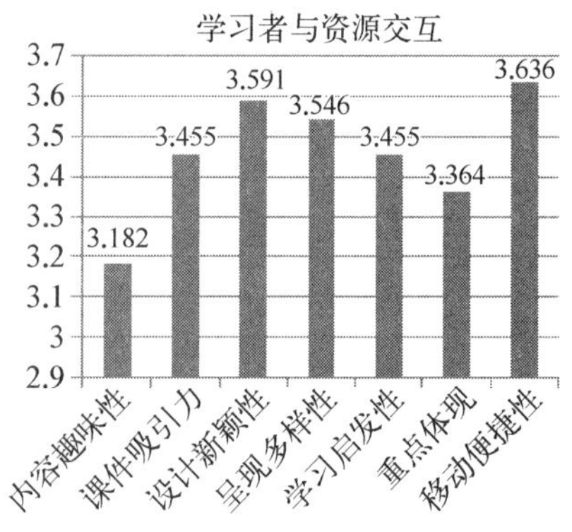

图 5　学习者与学习资源交互情况

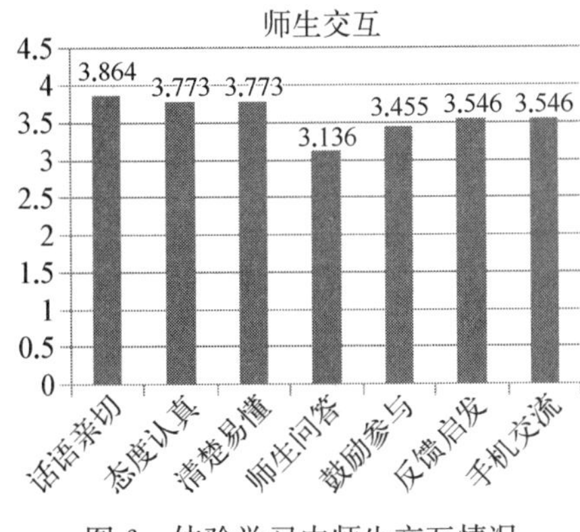

图 6 体验学习中师生交互情况

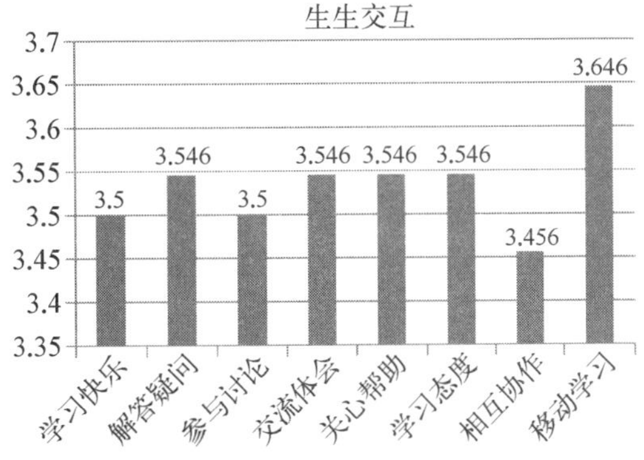

图 7 体验学习中生生交互情况

3. 用户体验学习的注意力比较集中,情绪比较稳定

人的一切活动都是受大脑支配的,通过对脑电信号的采集和分析,可以判断人在学习过程中的状态,有效调控和改进学习进程。人在进行思维活动时大脑产生的生物电信号就是脑电波,这些脑电波信号可以通过放置在头皮上的传感器来进行测量和研究。我们的大脑无时无刻不在产生脑电波。这些自发的生物电信号的频率变动范围通常在 0.1 Hz~50 Hz 之间,根据其频率不同可划分为 Delta 波、Theta 波、Alpha 波、Beta 波、Gamma 波等多种类型(见表 1)。

表 1 脑电波类型、频率范围及精神状态

脑电波类型	频率范围	精 神 状 态
Delta	0.1 Hz~3 Hz	深度睡眠,非快动眼睡眠,无意识
Theta	4 Hz~7 Hz	直觉的、创造性的、回忆的、幻想的、想象、浅睡
Alpha	8 Hz~12 Hz	放松但不困倦,安静,有意识
Low Beta	12 Hz~15 Hz	运动感觉节律,放松仍可集中注意力,有协调性
Midrange Beta	16 Hz~20 Hz	思考,对于自我和周围环境意识清楚
High Beta	21 Hz~30 Hz	机警、激动

人的注意指数参数和情绪指数参数均以 1 到 100 之间的具体数值来指示用户的注意指数水平和情绪指数水平。数值在 40~60 之间表示此刻该项参数值处于中间范围,这一数值范围类似于常规脑电波测量技术中确定的"基线";数值在 60~80 之间表示此刻该项参数的值处于"较高值区",也就是说略高于正常水平;数值在 80~100 之间表示处于"高值区",它表示你的注意指数或情绪指数达到了非常高的水平,即处于非常专注的状态或者是非常紧张的状态;同理,如果数值在 20~40 之间则表示此时的

参数水平处于“较低值区”；数值在 1～20 则意味着处于“低值区”。

“注意指数”参数反映使用者当前的注意力集中程度。心烦意乱、精神恍惚、注意力不集中以及焦虑等精神状态都将降低注意指数参数的数值。“情绪指数”参数指示了使用者当前的“紧张度”或“放松度”。烦躁、焦虑、激动不已等精神状态以及感官刺激等都将提升情绪指数参数的数值。注意指数参数和情绪指数参数的输出频率均为 1 Hz，即每秒输出一个数据。

参考以上数据，由表 2 可见，第一次现场教学中参与脑波测试的 5 位同学的注意指数位于 45～73 之间，说明注意力均比较集中；情绪指数位于 35～64 之间，除 1 位同学的情绪指数略低外，整体情绪比较稳定。在第 9 章时，除学生 3 外，其余 4 位同学的注意力比学习第 8 章时均有提高；从情绪指数看，基本保持稳定。

表 2　学生学习不同内容的脑波指数比较(Z 为标准分数)

学习内容＼学习者		学生 1		学生 2		学生 3		学生 4		学生 5	
		注意指数	情绪指数	注意指数	情绪指数	注意指数	情绪指数	注意指数	情绪指数	注意指数	情绪指数
第 8 章(19 分 53 秒)	指数	45	47	51	52	57	42	59	50	45	35
	Z	−1.09	0.29	−0.07	1.11	0.96	−0.52	1.30	0.79	−1.09	1.67
第 9 章(18 分 34 秒)	指数	61	43	73	64	41	51	53	55	47	40
	Z	0.54	−0.88	1.61	1.56	−1.25	0.05	−0.18	0.51	−0.72	−1.23

注意指数与情绪指数是密切相关的，注意指数较高时情绪指数相对较低(即处于比较放松的情绪状态)。在第二次现场教学中，由表 3 可见：5 位学生的注意指数和情绪指数基本处于 40～60 之间，即正常的中间范围；5 位学生的 50 个注意指数只有 3 个小于 40，即有 94%的注意指数处于 40～60 之间；5 位学生的注意指数在 30～67 之间，最低指数出现在教师讲解概念图的时候，最高指数出现在学生看视频的时候；情绪指数在 27～57 之间，最低指数出现在教师讲解知识的时候，最高指数出现在讲解 PPT 和概念图的时候。可见，学习者的注意指数和情绪指数随学习内容和形式变化较大，且相互之间存在较大的差异。

表 3　学生处于不同学习形式时的脑波指数(注意指数、情绪指数)

学习内容＼学习者	学生 1		学生 2		学生 3		学生 4		学生 5		平均值	
	注意指数	情绪指数	注意指数	情绪指数	注意指数	情绪指数	注意指数	情绪指数	注意指数	情绪指数	注意指数	情绪指数
1. 看视频	48	41	67	***26***	60	47	44	***37***	45	***36***	53	***38***
2. PPT 讲解	42	49	41	48	59	57	***36***	46	40	49	44	50

续表

学习内容＼学习者	学生 1		学生 2		学生 3		学生 4		学生 5		平均值	
	注意指数	情绪指数	注意指数	情绪指数	注意指数	情绪指数	注意指数	情绪指数	注意指数	情绪指数	注意指数	情绪指数
3. 绘制概念图	49	48	46	51	42	42	51	***39***	48	53	47	47
4. 讲解概念图	***30***	45	47	41	54	53	42	41	52	57	45	48
5. PPT 讲解	46	49	54	46	53	46	50	***39***	49	55	50	47
6. 看视频	***38***	46	48	54	49	45	52	42	48	52	47	48
7. 讲解	45	41	48	49	50	32	48	40	49	52	48	43
8. 看视频	50	40	49	44	51	***39***	46	40	48	46	49	42
9. 讲解	46	***27***	56	42	57	52	50	40	48	47	51	42
10. 测试题	42	***35***	56	42	52	51	48	40	***36***	55	47	45

4. 学习者对基本知识和复杂理论的掌握差异较大

表 4　学生答题正确率($n=15$)

题　项	1	2	3	4	5	6	7	8	9	10
正确人数	15	13	14	12	15	14	10	14	7	11
错误人数	0	2	1	3	0	1	5	1	8	4
正确率	100%	87%	93%	80%	100%	93%	67%	93%	47%	73%

学　生	学生 1	学生 2	学生 3	学生 4	学生 5
答题正确率	90%	70%	90%	90%	80%

表 4 中的 10 个题目均为关于幼儿园环境创设的单项选择或判断题，学生在学习完后所回答题目的正确率是有较大差异的。这里以正确率最高和最低的三题为例。

1. 幼儿园环境仅指幼儿园的物质环境。(错误)

5. 教师创设幼儿园环境不必考虑幼儿的意见。(错误)

9. 布朗芬・布伦纳提出的与儿童有关的家庭、邻居等环境属于__B__。

A. 微观系统　　B. 中间系统　　C. 外层系统　　D. 宏观系统

第 1、5 小题为判断题，很明显答案均为“错误”，幼儿园环境既包括物质环境，又包括精神环境；教师在创设幼儿园环境的时候理应考虑幼儿的意见。第 9 题为单选题，正确答案为 B，但因涉及环境系统理论，就略显深奥了，再加生态环境系统分为四个层面，较为复杂，因此就容易选错了。

5. 学习者对课件中插入的视频资源较其他资源更感兴趣

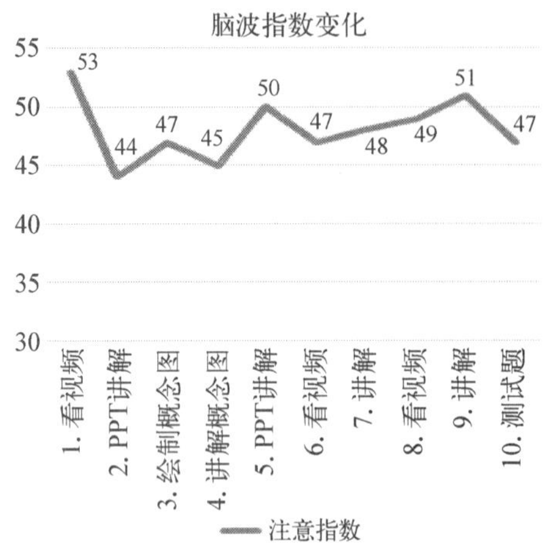

图 8　学生学习的脑波指数(注意力)变化

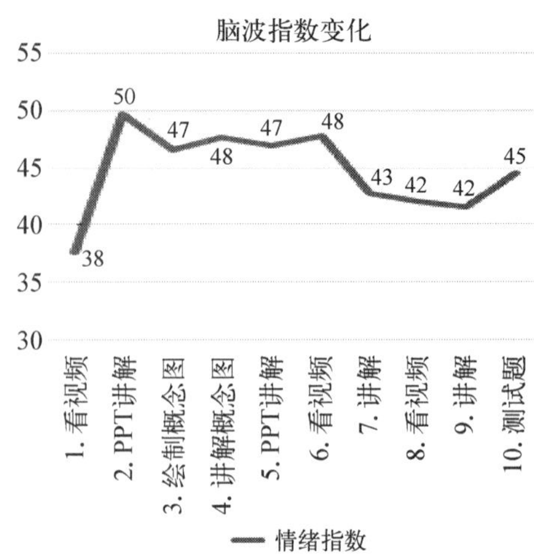

图 9　学生学习的脑波指数(情绪)变化

从图 8 的整体情况看,学习者的注意力还是保持在较为稳定的状态,即注意指数均处于 40～60 之间。从图 9 可以看出,学生整体的学习情绪从一开始看视频的平静,到老师讲课时情绪紧张度有所提升,再到后半节课又趋于平静,整个过程还算比较稳定。开始时的情绪指数较低恰好说明注意力相对较为集中。

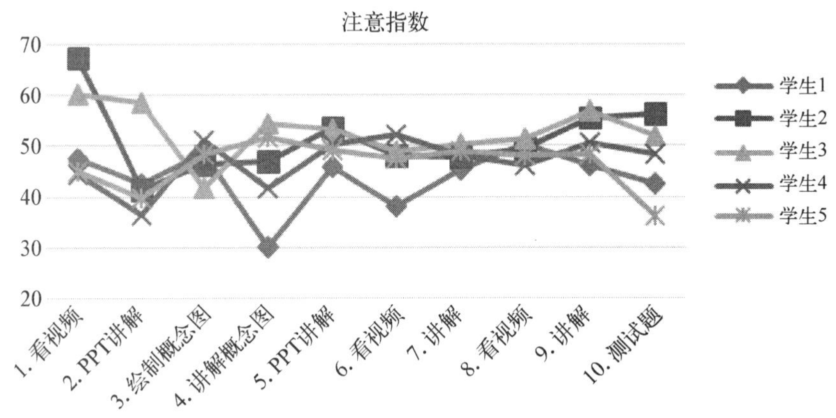

图 10　学生学习的注意指数比较

从图 10 看出:学习者在第一阶段看视频的时候注意力较为集中,但是到 PPT 讲课的部分所有人的注意力都有所下滑,可能是因为看第一个视频的时候学习者比较兴奋,能够保持较高的注意力,而讲解 PPT 的过程较长,学习者无法保持长时间的注意力,所以注意力出现了下滑;在绘制概念图的时候有 4 个学生的注意力有所上升,可见在学习过程中增加任务能够提升学习者的注意力;在第五个阶段(PPT 讲解)的时候,

3个学生的注意力有所上升，说明这部分的内容引起了多数学生的兴趣；而在第六个环节（看第二个视频）的时候又有所下降，可见第二个视频不太吸引学生；第九阶段讲课的过程中，有3个学生的注意力有所上升，1个学生注意力没有变化，可见这一部分的讲解能够吸引多数学生。

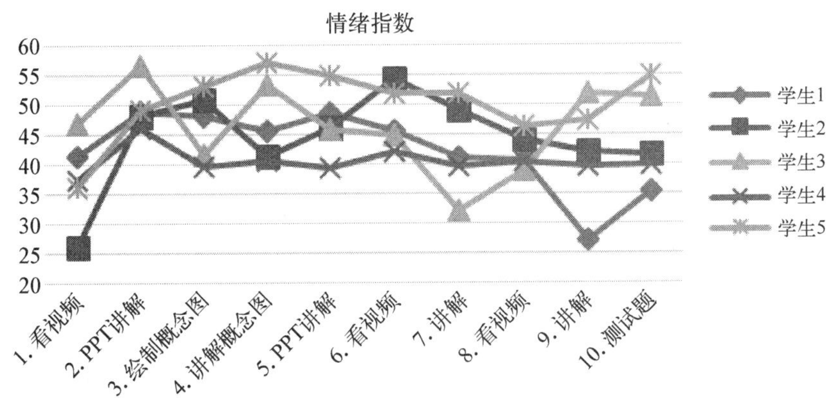

图11　学生学习的情绪指数（紧张度）比较

从图11可见，学生的情绪指数是伴随着注意指数的变化而变化的。学习者在第一个阶段都比较放松，在第二阶段听老师讲解PPT时紧张度有所增加，在绘制概念图的时候情绪有所放松；绘制概念图只有2个学生参与，参与的学生包含学生5，她的注意力和紧张度都有所提高，其他人则是情绪较为放松；在最后做测试题的过程中，2个学生的紧张度有所上升，另外3个情绪没有变化。

6. 学习者学习的专注度和放松度是相互协调的

“专注度”指使用者在学习过程中的“专注程度”，该参数反映了使用者当前的注意力集中程度；“放松度”指使用者在学习过程中的“放松程度”。从表5可见，第一次现场教学中，学生专注度较多处于“一般”水平，而“较低”水平比“较高”水平的百分比要高，这说明学习者的专注度偏低，放松度和专注度是相互协调的；另一方面，学习者之间的专注度和放松度差异较大，如学生1、学生2、学生5的专注度较高，学生3和学生4的专注度较低。从表6可见，学生1、学生2、学生5的专注度进一步提高，而学生3和学生4的专注度反而下降了。这说明学生学习风格存在较大差别。

表5　学习“学前教育学”第8章时学生的专注度和放松度对比（%）

数值范围	表现程度	学生1		学生2		学生3		学生4		学生5	
		专注度	放松度	专注度	放松度	专注度	放松度	专注度	放松度	专注度	放松度
1～19	很低	9.2	4.7	4.6	5.8	5.4	9.6	1.5	1.7	7.0	11.3
20～39	较低	35.1	32.3	30.4	23.7	19.9	34.7	20.2	30.8	32.7	46.6

续表

数值范围	表现程度	学生1		学生2		学生3		学生4		学生5	
		专注度	放松度	专注度	放松度	专注度	放松度	专注度	放松度	专注度	放松度
40～59	一般	33.7	45.0	39.0	44.0	39.9	41.6	44.5	47.2	43.7	34.6
60～79	较高	14.4	16.2	20.4	22.6	27.1	13.4	26.4	18.5	13.7	6.9
80～100	很高	7.5	1.8	5.6	3.9	7.7	0.7	7.4	1.9	2.9	0.6
指　数		45	47	51	52	57	43	59	50	45	35
平均值		44	45	47	48	51	41	52	47	43	37
标准差		20	15	18	17	19	16	17	14	17	15
差异系数(%)		46	34	38	35	37	39	32	29	39	40

表6　学习"学前教育学"第9章时学生的专注度和放松度对比(%)

数值范围	表现程度	学生1		学生2		学生3		学生4		学生5	
		专注度	放松度	专注度	放松度	专注度	放松度	专注度	放松度	专注度	放松度
1～19	很低	2.0	8.5	0.1	0.4	16.8	2.0	2.2	1.3	5.2	6.6
20～39	较低	17.4	34.6	5.5	14.5	32.9	28.3	25.9	22.2	33.7	42.2
40～59	一般	42.6	40.1	31.7	39.3	30.1	49.3	48.2	50.8	42.4	43.3
60～79	较高	29.9	15.0	41.9	36.9	17.0	18.8	22.1	23.0	16.5	7.7
80～100	很高	8.1	1.8	20.7	8.8	3.1	1.6	1.6	2.8	2.2	0.2
指　数		61	44	73	64	41	51	53	55	47	40
平均值		54	42	64	57	39	47	47	50	43	39
标准差		17	17	16	16	21	15	14	14	15	13
差异系数(%)		31	40	25	28	53	31	29	28	34	33

四、实验研究结论与反思

经过实验研究发现：① 体验学习过程中，用户(学习者)对PPT课件资源质量及其可用性总体满意度较高，但在"易记忆""情感体验"以及使用"动画""超链接"等环节略显不足；② 学习者与学习环境和学习资源交互、师生交互、生生交互方面还远远不够，学习者渴望和老师、同学更多的交流互动；③ 脑波测试结果表明，比起文字和图片，学习者对PPT课件中的视频、动画更感兴趣；对课件中插入的视频资源较感兴趣；对基本知识和概念掌握较快，但对稍微复杂的理论记忆欠佳；学习者的注意力和情绪在课堂教学中虽然会不断起伏，但总体保持平稳；学习者的专注度和放松度（或紧张度）是相互协调的，但学习者相互之间差异较大。针对以上结论，本研究进行了以下几点反思和建议。

1. PPT课件资源呈现方式应力争从静态走向动态，以吸引学习者的兴趣

尽管学习者对PPT课件资源呈现方式比较满意，但也存在着不足。尽管它易读、易理解，但在展示动画和超链接方面略显不足，如果与视频资源相比，则劣势就会突显出来了。针对PPT课件呈现资源的不足或劣势，教师在呈现学习资源时，应根据学习内容的变化而尽可能多样化，以满足不同学习者的学习需求。

2. 学习资源类型应力求丰富多样，以增强学习者的情感体验

针对当前开放大学教师将PPT课件作为主要教学资源呈现方式的单一性，需要对学习资源类型进行多样化的改进。结合学习者的学习兴趣和学习特点，根据学习目标，适当增加动画和视频资源，增强学习者的兴趣和学习动机。视频资源必须清晰可见，最好配有声音，让学习者有身临其境的感觉。还可以将多种学习资源类型进行整合，不断增强其体验性和实用性。

3. 开放远程教学交互方式应开展多向交互，以赋予学习者交互的机会

针对当前利用开放教学资源进行授课时师生交互不足的情况，应尽可能多地采用探究式学习的方法，设置问题情境以激发学生思考，开展小组合作学习以增加学生交流互动的机会，鼓励学习者创设个性化的学习环境，以增进师生、生生间的多向学习交互。

4. 开放远程教学模式应体现学习者的主体性，以增加学习者的学习责任感

针对当前开放大学的教学方式多以传统讲授式为主的缺点，应吸收翻转课堂教学模式的理念和方法，改进课堂教学方法，提高课堂教学效果。教师要转变观念，体现学习者的学习主体性，进行对话式、双向互动式教学，尽力为学习者创造学习体验和动手操作的机会，让他们增强自主学习的责任感。

参考文献

[1] 汪琼，尚俊杰，吴峰.迈向知识社会：学习技术与教育变革[M].北京：北京大学出版社，2013：5.

[2] UNESCO. Forum on Impact of Open Courseware for Higher Education in Developing Countries：Final Report[R]. Paris，2002.

[3] 尼古拉斯·法内斯.开放远程教育网上资源库开放的质量保证[J].中国远程教育，2003(1)：31-37.

[4] 傅健，谢新秀.基于用户体验移动学习软件质量保证框架研究[J].中国远程教育，2011

(6)：34－38.

[5] 衷克定，吴迪.网络课程用户体验优化设计的实践探索[J].电化教育研究，2011(3)：63－68.

[6] 梁旭.基于学习者体验的精品资源共享课设计研究[D].江南大学，2014：13.

[7] 赖文华，单春波.大学生在网络视频学习中的眼动行为研究[J].软件导刊，2015(6)：76－79.

[8] 刁永锋，等.网络视频公开课程学习行为眼动实验研究[J].现代教育技术，2014(11)：81－87.

[9] Whiteside，A.，Fitzgerald，S. Designing learning spaces for active learning [J]. Implications，2009(7)：1－6.

[10] 王嘉毅.论体验学习[J].教育理论与实践，2004(12)：44－47.

（本论文刊发于《重庆广播电视大学学报》2017年第2期）

影响书面更正性反馈效果的3个因素

谭翔宇

（上海开放大学人文学院，上海 200433）

摘要：书面更正性反馈是近年来第二语言习得和语言教学领域的热点话题。学者们通过实证性研究试图探究作为负面证据的书面更正性反馈是否能有效提高学习者书面作业中语法使用的准确性。尽管这些研究都证实了书面更正性反馈的有效性，但是究竟哪些反馈方式和哪些因素会影响到反馈效果，研究者却得出了差异较大的结果。文章通过对近年来书面更正性反馈研究的梳理，试图分析学习者、环境和反馈方法等因素对书面更正性反馈的效果产生的影响，并基于这些因素尝试提出对书面更正性反馈研究和外语教学的启示。

关键词：书面更正性反馈；纠错；外语教学

引言

书面更正性反馈是近年来第二语言习得和外语教学研究领域的热点。由于这些研究的侧重点和关注有所不同，得出的结果也有较大的差异，甚至产生了一些矛盾的结果。正如Guenette所指出的那样[1]，“在书面更正性反馈研究中之所以会出现矛盾的结果，很有可能是由于每个研究的设计和方法论不同，而一些外在因素超出了研究者的控制范围。”Evans把影响书面更正性反馈有效性的因素归结为3类[2]：学习者因素、背景环境因素和方法因素。本文通过对近年来书面更正性反馈研究的梳理，试图探究这些因素对书面更正性反馈的效果产生的影响，并初步探讨这些因素对书面更正性反馈研究和外语教学的启示。

一、影响书面更正性反馈效果的学习者因素

1. 学习者的语言能力

Carroll认为[3]，语言能力由4部分组成：语音编码能力、语法敏感度、语言推理能

力和机械学习能力。从认知角度来分析,教师提供反馈的根本目的,就是期望学习者利用自己的这种“语言分析”能力,不断进行中介语和目标语之间的比较,进而在这一过程中准确掌握目标语的正确语法结构,达到准确使用目标语的目的。如果这一分析成立,“语言分析”能力的强弱显示就会直接影响书面更正性反馈的效果。“语言分析”能力强的学习者能够更快、更准确地利用教师提供的各种书面更正性反馈比较自己的语法结构(中介语)与目标语结构之间的差别,进而掌握准确的目标语语法结构。相反,“语言分析”能力较弱的学习者很难做到这一点。因此,学习者在语言能力方面的差异就会直接影响到教师所提供的书面更正性反馈的有效性。

2. 学习者的需求

学习者是反馈信息的接受者。他们对反馈的需求直接影响到他们是否可以受惠于教师的反馈。尤其是对成人学习者来讲,他们十分清楚自己学习外语的目标。因此,教师在提供反馈时,一定要考虑所提供的反馈是否能满足学习者的学习目标。如果提供的反馈在学习者看来并不能够帮助自己实现自身的学习目标,那么即使教师认为反馈是有效的,也不能使学习者更好地处理反馈信息,也就无法达到帮助其提高准确使用语法结构的目的。谭翔宇所作的针对成人远程教育英语学习者的研究显示[4],有95%的研究参与者希望教师能对他们的写作提供反馈,其中73%的参与者愿意接受教师提供的间接反馈。由此可见,学习者希望得到教师提供的书面更正性反馈需求较高,且他们也倾向于获得某种类型的书面更正性反馈。如果学习者的语言能力相当,但是书面更正性反馈提供给不同需求的学习者,那么效果也会有较大差异。

二、影响书面更正性反馈效果的环境因素

环境因素包括设备条件、客观环境等。本文集中讨论其中的教学途径因素。这里所说的教学途径是指学习者是通过哪种途径获得外语学习的机会。传统的最为普遍的外语学习方式是课堂教学。在这一教学方式下,教师布置学生完成一定量的作业,等学生完成后才能给予及时的书面更正性反馈,学生再根据教师的反馈来完成新的作业。这一过程需要的时间较长,教师提供反馈的工作量也较大。随着互联网技术的发展,有越来越多的学习者通过基于互联网的远程教育来学习外语。这些学习者大多都是在职学习者,利用业余时间来进行外语学习。这些学习者的学习时间较为零碎,无法在固定的时间学习。他们很少有机会在课堂上与教师面对面学习。在这种情况下,书面更正性反馈对于这种类型的学习者就成了一个重要的教学环节。在这种模式下,学习者不必和教师面对面就可以通过网络和移动应用程序等手段完成书面作业,并获得自己教师提供的反馈。并且,教师不用在一个固定时间完成所有学习者的反馈。这些反馈可以通过技术手段推送给学习者,他们可以根据自己的时间安排来查看这些反馈,并在这些反馈的基础上完成新的作业。另外,数据库和应用程序可以记录下这些

学习者所犯错误的类别、频次以及反馈的效果。依据这些数据，教师可随时观察书面更正性反馈的效果，随时调整反馈的策略。并且，学习者的数据可以积累下来，不断给教师提供做出决策的依据。因此，对于依靠网络远程教育进行外语学习的学习者而言，书面更正性反馈可以变得更为灵活多样，以适应学习者各式各样的需求。

三、影响书面更正性反馈效果的方法因素

反馈的方法可以有多种分类。书面更正性反馈可以根据突显度分为直接反馈和间接反馈。直接反馈是教师在学习者语言错误处或者附近提供准确的语言形式或结构。间接反馈是指教师只对学习者的语言错误给予提示，如提供元语言解释，圈出或划出错误，页边空白处记录错误数量，或使用符号表示哪里有错以及错误的类型等[5]。书面更正性反馈也可以根据关注范围分为"聚焦式"和"非聚焦式"的反馈。本文将集中探讨此类方法的因素对书面更正性反馈效果的影响。

一般而言，学生的书面作业中存在各种类型的错误，包括拼写、语法、用法等诸多方面。只针对某一类或某几类错误提供更正性反馈的方式称为"聚焦式"反馈；与之对应的是，对学生书面作业中全部错误提供书面更正性反馈的方式，即"非聚焦式"反馈。有的研究者认为，教师针对学习者作业中某一类错误给予书面更正性反馈[6]（Ellis et al.，2008）效果较好。但在实践中，教师受客观条件的限制，无法做到这一点。因此，Bitchener（2008：108）提出一种折中的办法，即教师在 1 次作业中，只针对某一类和某几类错误给予反馈[7]。Storch（2010）的研究则验证了这种方法的有效性[8]。

"聚焦式"反馈之所以效果较好，可能有两个原因：① 从认知角度来看，大部分学习者受限于工作记忆的容量，无法同时处理教师提供的过多书面反馈，这样，反馈的效果很有可能是不理想的；② 从学生的情感角度出发，当他们看到自己的作业中都是教师批出的各类错误，他们语言学习的自信度会降低，从而影响到他们的语言学习效果[9]（Storch & Wigglesworth，2010）。当然，也有一些学者 Bitchener & Ferris（2012）通过研究表明，教师应采用"聚焦式"反馈和"非聚焦式"反馈相结合的方式，尤其对于语言水平较高的学习者[10]。但他们并未指出哪种程度的语言学习者具体在哪个阶段应该获得"聚焦式"反馈还是"非聚焦式"反馈。因此，这一议题还有待相关研究进一步证实。

四、影响书面更正性反馈效果的因素对于研究和教学的启示

1. 对书面更正性反馈研究的启示

本文所提及的影响书面更正性反馈的因素对于进一步研究有以下两点启示：

(1) 尽管研究者通过各种实证性研究驳斥了 Truscott（1996）所认为的书面更正性

反馈对于学习者提高语言运用准确度没有任何帮助这一观点[11]，但是他们还未就哪些书面更正性反馈对哪类学习者在哪种环境下起到更好的效果达成一致。书面更正性反馈的效果受到多个因素的影响，因此进一步的研究应当把影响书面更正性反馈效果的各种因素结合起来一起考量，以期就书面更正性反馈的效果作出更为全面的研究。

(2) 在本文综述影响反馈效果原因的过程中，搜集了 20 多篇相关研究论文，发现除了 Bitchner(2010)的研究长达 10 个月之久[12]，可被视为一种长效性研究，其余的研究时间都较短。较短的研究周期使得我们无法观察影响反馈效果的这些因素是否只在短期起作用。因此未来的研究应更侧重于较长周期的研究观察，以期发现并搞清楚这个问题。

(3) 书面更正性反馈在基于互联网技术的远程教育中所扮演的角色并未得到充分的研究。虽然谭翔宇(2010)所作的研究涉及远程教育学习者，但她并未进一步深入地揭示出远程教育学习者在书面更正性反馈方面有什么不同于传统学习者的特点。如上文所述，远程教育的特点决定了书面更正性反馈一定是一个重要的手段，那么如何根据远程教育的特点设计出更有效的书面更正性反馈就非常值得进一步研究。

2. 对外语教学的启示

本文所做的书面更正性反馈研究的因素研究对于外语教学实践有两点启示：

(1) 对于书面更正性反馈的研究已经显示其有利于学习者语言使用准确度的提高。但是在实际教学过程中，由于书面更正性反馈需要消耗教师大量的时间，而教师所教授的学生数量又比较多，因此往往无法对每一位学生均提供书面更正性反馈。对教师而言，也应该考虑调整自己的教学计划安排，将书面更正性反馈融入教学安排之中，从而提高学生语言使用的熟练度与准确度。

(2) 教师在实施书面更正性反馈时，应当根据学习者语言能力、学习需求等选择反馈目标结构以及合适的方法。尽量做到在充分了解学习者水平需求等的前提下，采取个性化的反馈方法。

五、结语

本文在书面更正性反馈研究的基础上，对影响书面更正性反馈的各种因素进行了梳理。不难看出，书面更正性反馈尤其复杂性，其对第二语言学习者的语言学习过程的运作机制仍然不够明确。尽管如此，“纠错”作为外语教学的一种教学手段，其重要性对于外语教学不言而喻，搞清楚书面更正性反馈的运作机制不但对于外语教学质量的提高十分重要，对于我们更深入地了解第二语言习得规律也是大有启发。

参考文献

[1] Guenette D. Is feedback pedagogically correct? Research design issues in studies of

feedback on writing[J]. Journal of Second Language Writing, 2007(16): 40－53.

[2] Evans N W, Hartshorn K J, Mccollum R M, et al. Contextualizing corrective feedback in second language writing pedagogy[J]. Language Teaching Research, 2010, 14(4): 445－463.

[3] Carroll J.B. Twenty-five years of research in foreign language aptitude[A]. K. Diller. Individual differences and universals in language learning aptitude[M]. Rowley MA: Newbury House, 1981.

[4] 谭翔宇.远程英语教学中的书面更正性反馈有效性研究[J].中国远程教育,2012(8): 28－44.

[5] Ellis, R. A typology of written corrective feedback types[J]. ELT Journal, 2009,63(2): 97－107.

[6] Ellis R. Y. Sheen, M. Murakami, H. Takashima. The effects of focused and unfocused written corrective feedback in an English as a foreign language context[J]. System, 2008(3): 353－371.

[7] Bitchener J, Knoch U. The value of written corrective feedback from migrant and international students[J]. Language Teaching Research, 2008(3): 409－431.

[8] Storch N. Critical feedback on written corrective feedback research[J]. International Journal of English Studies, 2010, 10(2): 29－46.

[9] Storch N, Wigglesworth G.. Learners' processing, uptake and retention of corrective feedback on writing: case studies[J]. Studies in Second Language Acquisition, 2010(2): 303－334.

[10] Bitchener J, Ferris D R. Written corrective feedback in second language acquisition and writing[M]. New York: Routledge, 2012: 130－131.

[11] Truscott J. The case against grammar correction in L2 writing classes[J]. Language Learning, 2010, 46(2): 327－369.

[12] Bitchener J. & U. Knoch (2010). The contribution of written corrective feedback to language development: a ten-month investigation [J]. Applied Linguistics 31(2): 193－214.

基金项目: 上海远程教育集团学科课题“二语习得认知框架下的更正性反馈及其有效性研究”阶段性成果(项目编号: JF1321);上海开放远程教育工程技术研究中心课题“基于眼动跟踪技术的在线英语写作反馈有效性研究”阶段性成果(项目编号: KFKT1511)。

(本论文刊发于《青年时代》2016 年第 29 期)

开放大学数字化资源学习体验评估实验研究

——以“仓储与配送实务”课程数字化资源为例

何庆斌

（上海开放大学经济管理学院，上海 200433）

摘要： 开放大学承担着开发建设面向学习型社会中行业建设的继续教育数字化学习资源并向成人学习者提供开放学习服务的重任。为了完成好这项任务，开放大学在数字化资源建设和使用中需要经常进行数字化资源学习体验评估，以不断完善和提高数字化资源的建设质量和使用效果。本文是以上海开放大学“仓储与配送实务”课程数字化资源为例，选取了一组开放大学二年级学习者为实验对象，要求实验者通过在家中自主学习和到开放教学数字化实验室集中学习两种形式来对视频、文本、PPT、Flash 四类数字学习资源进行体验评估。

关键词： 开放大学；数字化学习资源；学习体验评估

引言

开放大学是在广播电视大学的基础上发展起来，是在新的条件下承载成人继续教育任务的载体和平台，也是实现成人继续教育人本价值的手段和途径。开放大学的社会教育使命，就是面向全体社会成员开展学历继续教育与非学历继续教育，促进教育公平，解决人民群众期盼良好教育与教育资源相对短缺的矛盾，主动适应国家经济社会发展和人的全面发展需要。因此，开发建设面向学习型社会中行业建设的继续教育数字化学习资源，并向成人学习者提供开放学习服务，成为开放大学必须承担的重任。为了完成好这项任务，开放大学在数字化资源建设和使用中需要经常进行数字化资源学习体验评估，以不断完善和提高数字化资源的建设质量和使用效果。本文就是以上海开放大学“仓储与配送实务”课程数字化资源为例，主要以实验研究的方法来进行数字化资源学习体验的评估。

一、相关概念

1. 数字化学习资源

数字化学习资源是指基于计算机和网络的学习环境以及能在该环境下运行的学习平台和多媒体材料。

2. 基于资源的学习

要为基于资源的学习定义，必须先了解其自身的特点和有别于其他学习方式的地方。第一，数字化学习资源是基于资源的学习得以实现的基础。传统的学习资源形式单一、内容有限，而且即时服务和交互功能低下，无法满足基于资源的学习的需要。只有当数字化学习资源发展到相当程度后，基于资源的学习才能出现。当然，基于资源的学习并不是只基于数字化学习资源，还应包括传统的学习资源。但不可否认，没有数字化学习资源就不可能有基于资源的学习。第二，基于资源的学习的学习目标是学习者自定的，是为了满足学习者的自身需要。传统课堂教学的学习目标是由教育主管部门制定、教师实施的。而基于资源的学习的学习目标则是由学习者根据外界的要求或自身的需要自己制定、自己实施的。第三，基于资源的学习过程是无序的，由学习者控制。同传统教学过程的有组织、有顺序不同，基于资源的学习过程是随意的、无序的，何时开始，何时结束，采用什么学习方式，通过哪种媒体，均由学习者自己选择，没有严格的程序限制。

综上所述，基于资源的学习是指依托数字化学习资源，学习者自定学习目标，自控学习过程，利用和开发各种学习资源，满足自身需要的学习。

3. 基于资源的学习中数字化学习资源的角色

“数字化的课本”，数字化学习资源首先是知识的传递者，它能向学习者提供有效的学习信息。

“被学习者控制的教师”，数字化学习资源有一定的交互功能，但是在交互中居主导地位的是学习者。

“潜在的学伴”，学习者在利用数字化学习资源的同时也在制造着新的学习资源。对同一问题，不同的学习者会创造出相似或不同的“新资源”，从而引起赞同或反对，如同学间的讨论一样。

4. 数字化学习资源的学习者体验

数字化学习资源体验是学习者在获取与利用信息产品(服务)过程中建立起来的一种纯主观的心理与感知，是学习者对基于学习资源与数字化平台服务的特性、功能、价值等所做、所想、所感的综合反映。学习者体验是信息交互中用户内在状态(倾向、期望、需求、动机、情绪等)、系统特征(复杂度、目标、可用性、功能等)与特定情境(或环境)相互作用的产物。

二、课程数字化资源情况

“仓储与配送实务”是上海开放大学物流管理专科的专业必修课，具有综合性强和应用性强的特点。课程内容分为仓储和配送两大模块，主要包括：仓储管理概述、仓库和仓库设施、仓储作业管理、仓储商务管理和成本控制、配送和配送管理概述、配送中心运作管理、配送作业管理。教学重点是仓储与配送管理的基本概念、主要作业过程和方法。仓储与配送实务网络课程资源以“章节学习”“实务展示”和“模拟训练”三大模块为主体构架（如图1所示），突出应用性、互动性和整合性特点。

图1 “仓储与配送实务”网络课程资源主体构架

“章节学习”主要分导学、助学、自学和测试四大部分（如图2所示）：导学部分提供案例导入和学习目标两项内容，助学部分提供学习要点、案例分析、电子教案、教学视频四项内容，自学部分提供释疑解惑、在线答疑两项内容，测试部分提供章节自测题。

“模拟训练”模块包含仓储模拟实践和配送模拟实践两个多媒体课件（如图3所示）。仓储模拟实践多媒体课件的设计对象是针对课程的仓储模块，课件虚拟了神奇物流公司为上海红光第一食品公司提供仓储和配送服务，学员以见习生的身份参与其仓储的具体环节，并完成开具各项仓储业务（共13项）表单的任务，课件自动记分。配送模拟实践多媒体课件的设计对象是针对课程的配送模块，设计思路来源于上海联华超市公司的实际运作，以节约里程法的实际应用为中心线索，将订单处理、配送路线设计和车辆积载这三个配送的主要环节串联为一个整体，以情景模拟、任务操作、网上记分的方式制作成多媒体课件，使其成为课程实践教学的重要一环。

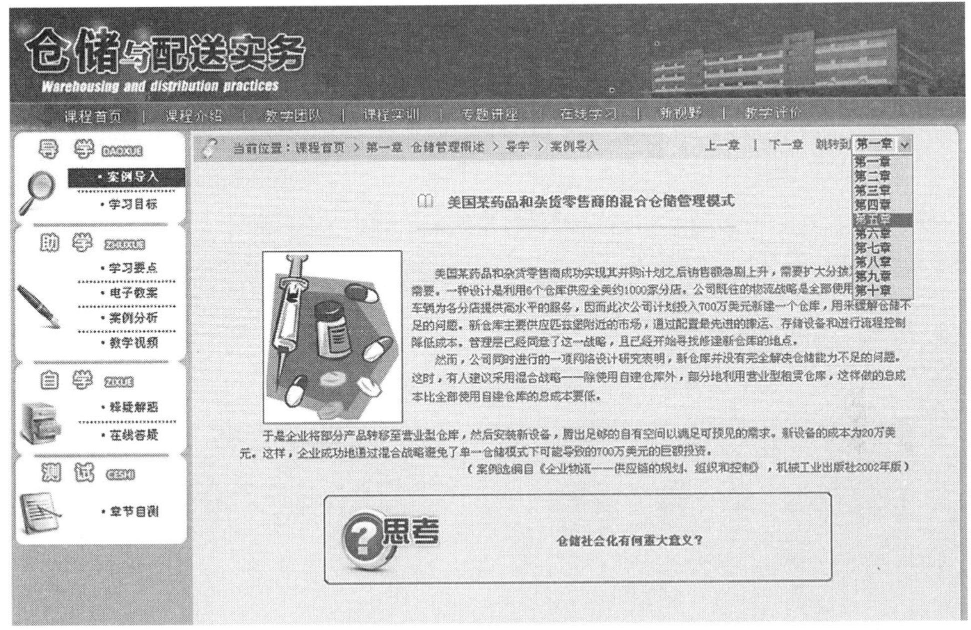

图 2　“仓储与配送实务”网络课程资源“章节学习”的内容

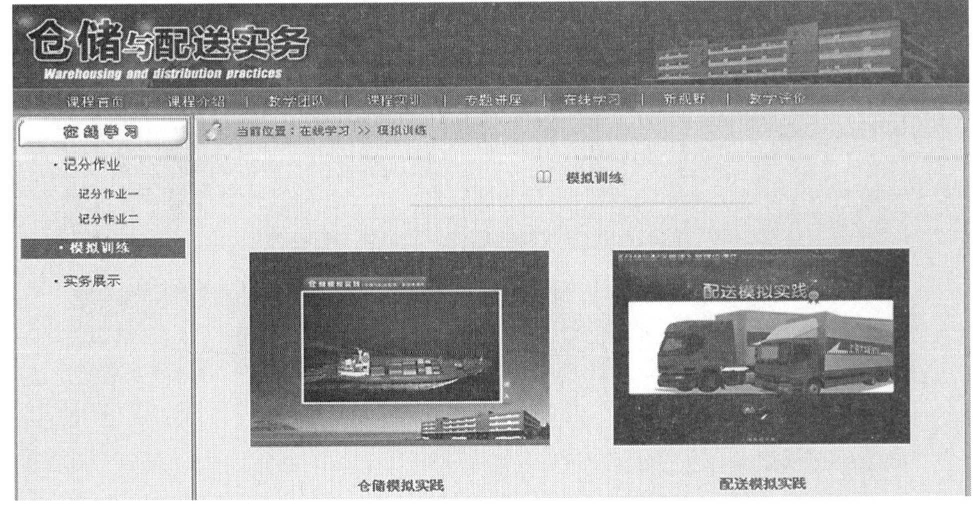

图 3　“仓储与配送实务”网络课程资源“模拟训练”的内容

“实务展示”包含仓储和配送作业流程集锦、仓储和配送作业视频集锦、案例集锦(如图 4、图 5 所示)。学生可以根据自身需要和兴趣自主查看和学习。

本课程资源还建设有：专题讲座、在线学习、新视野等学习资源(如图 6 所示)。

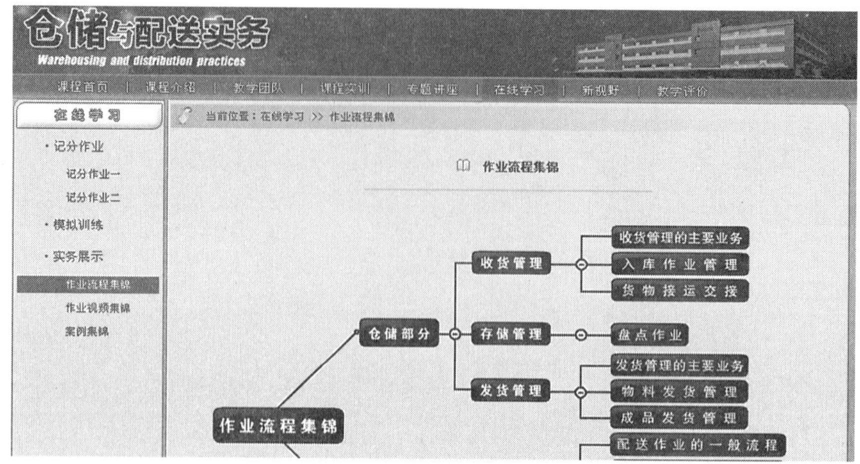

图 4 “仓储与配送实务”网络课程资源“实务展示”的内容

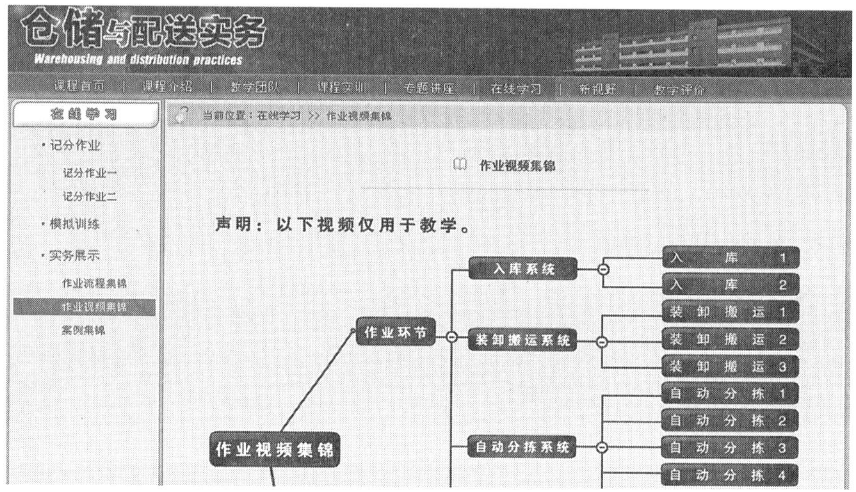

图 5 “仓储与配送实务”网络课程资源“实务展示”的内容

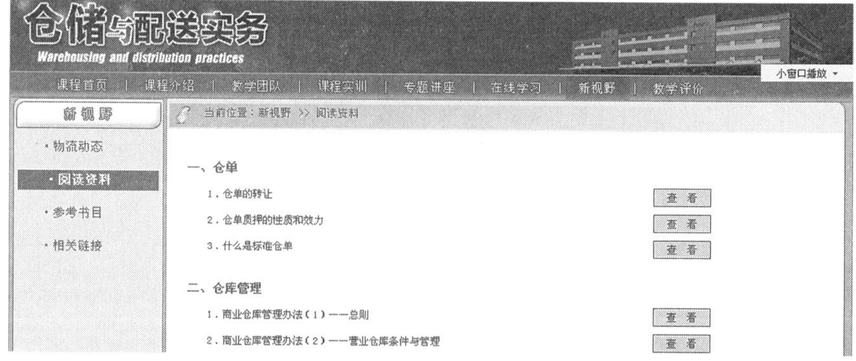

图 6 “仓储与配送实务”网络课程的其他资源内容

三、实验设计

1. 实验对象

选取上海开放大学物流管理专科二年级(上)的一组学习者(7 人)为实验对象。这组学习者在上海开放大学已进入第三个学期的学习,对开放大学的学习平台功能有一定的了解,能够较熟练地使用数字学习资源进行学习,并且对数字学习资源的使用效果能够有较客观和全面的评价。

2. 实验过程

选取本课程的视频、文本、PPT、Flash 四类数字学习资源,要求学习者通过在家中自主学习和到开放教学数字化实验室集中学习两种形式来对四类数字学习资源进行体验评估。具体实验过程如表 1 所示。

表 1　实验过程设计

时　间	地　点	内　容	程　　序
第一次(时长 2.5 小时)	开放教学数字化实验室	视频课件 文本课件	采用眼动仪和脑波测量仪采集学习者对视频课件、文本课件学习体验的注意指数和情绪指数
			根据所学的知识点进行客观题测试,考查学习效果
			评估问卷调查获取学习者对视频课件、文本课件学习体验的主观评价
			格式化访谈了解学习者对视频课件、文本课件学习体验的总体感受和评价
第二次(时长 2 小时)	开放教学数字化实验室	PPT 课件 Flash 课件	采用眼动仪和脑波测量仪采集学习者对 PPT 课件、Flash 课件学习体验的注意指数和情绪指数
			根据 PPT 课件所学的知识点进行客观题测试,考查学习效果(Flash 课件可直接计分)
			评估问卷调查获取学习者对 PPT 课件、Flash 课件学习体验的主观评价
			格式化访谈了解学习者对 PPT 课件、Flash 课件学习体验的总体感受和评价

四、实验结果分析

1. 四类数字资源学习体验注意力与情绪的(眼动仪和脑波测量仪)测量值统计及分析

表 2　学生观看四类数字资源时的注意力与情绪测量值统计

	视频课件		文本课件		PPT 课件		Flash 课件	
学习者	注意指数	情绪指数	注意指数	情绪指数	注意指数	情绪指数	注意指数	情绪指数
学生 5	54	54	44	37	58	52	47	49
学生 4	63	38	56	52	56	50	47	51
学生 3	62	45	50	43	54	43	49	42
学生 2	47	68	49	50	59	55	63	41
学生 1	58	52	48	48	49	51	47	46
平均值	56.8	51.4	49.6	46	55.2	50.2	50.6	45.8

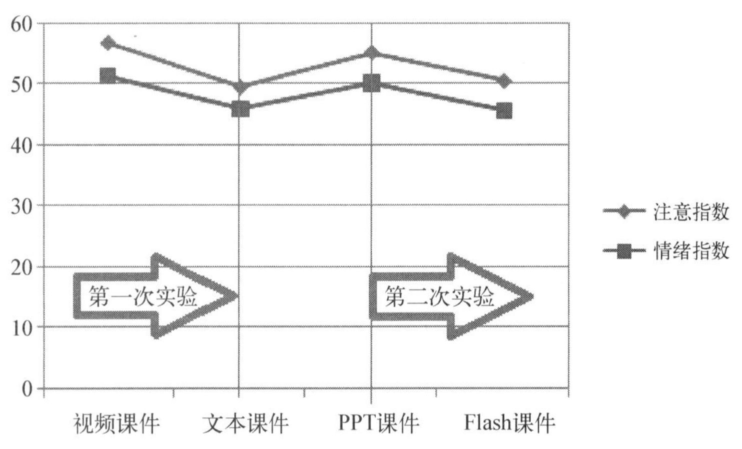

图 7　学生观看四类数字资源时的注意力与情绪测量值变化

从眼动仪和脑波测量仪对学习者注意力和情绪的测量值看，实验组学习者对四类数字资源学习体验的注意指数与情绪指数的平均值变化趋势基本相同，变化幅度不大，数值在 50 上下，说明四类课件在引起学习者注意和激发学习兴趣方面效果都较好。从这组客观数据的变化趋势上反映出两种可能的结果：① 视频课件和 PPT 课件更能吸引学习者的注意，也更被学习者喜爱；② 学习者的注意力和情绪较难长久保持，同一学习时段(2 小时左右)中，前期注意指数和情绪指数较后期高，因此注意力和情绪与学习时长的关联度大于与学习资源质量(或学习效果)的关联度。由于本项实验分两次(天)完成，每次 2～2.5 小时，先后测量同一实验组学习者对两类数字资源的学习体验的数据，所以我们更倾向于相信第二种结果。

我们的这个分析结论在下一步的学习效果测试、访问调查、评估问卷调查中都得到了进一步的印证。

在学习效果测试中，Flash 课件和文本课件的学习效果测试分数较高(见表 3)，与注意力和情绪测量值的关联度不大，如图 8 所示。

表 3　四类资源使用后的学习效果测试分数统计

学习者	视频课件	文本课件	PPT 课件	Flash 课件
学生 5	80	95	90	100
学生 4	70	65	80	100
学生 3	90	100	80	100
学生 2	50	80	55	85
学生 1	60	85	75	100
平均分	70	85	76	97

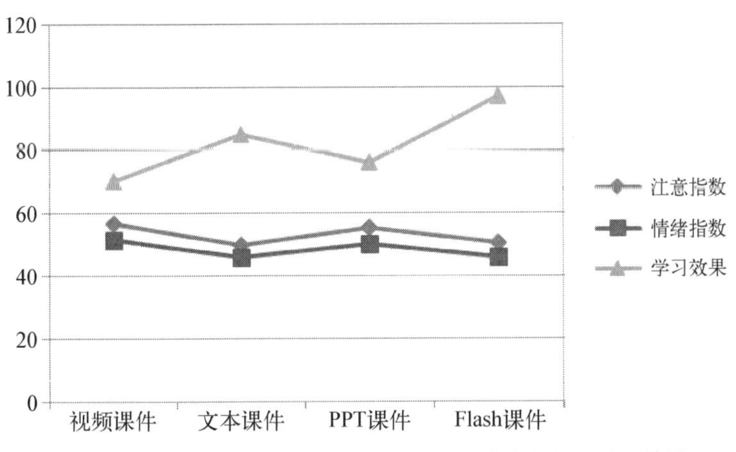

图 8　学生观看四类数字资源时的注意力、情绪变化和学习效果

在访问调查中，实验组学习者表示："两个多小时的实验，时间过长，测试内容较多""感到测试仪器的佩戴不够舒适，坚持两个多小时对学习体验干扰很大""在实验室的集中学习和在家里的自主学习相比较，缺少学习时间安排和学习内容选择的自由度"。因此，注意力和情绪测量值与学习时长的关联度较大，学习时间增长，注意力和情绪测量值降低。

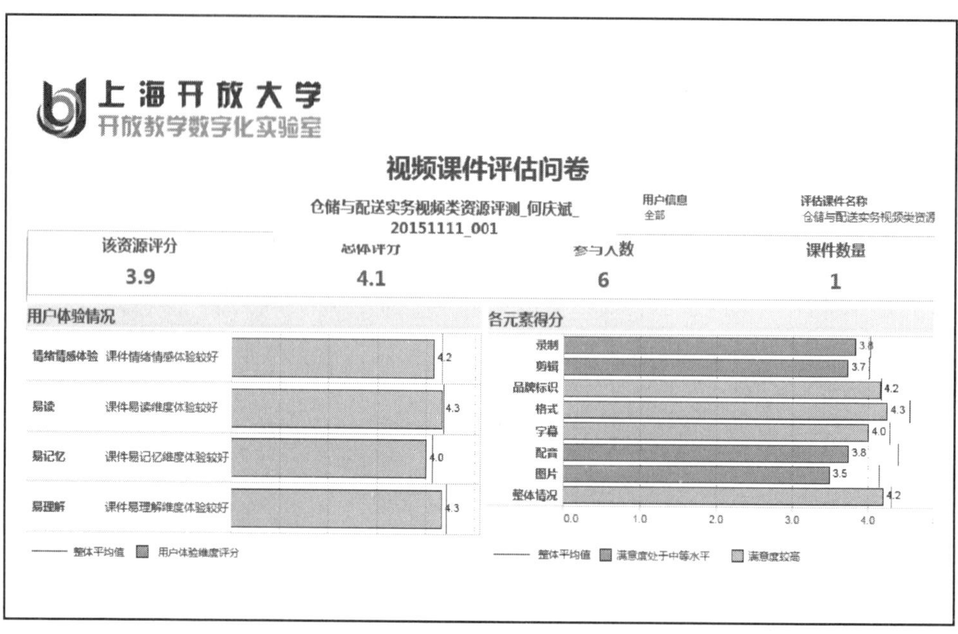

图 9　视频课件评估问卷统计数据

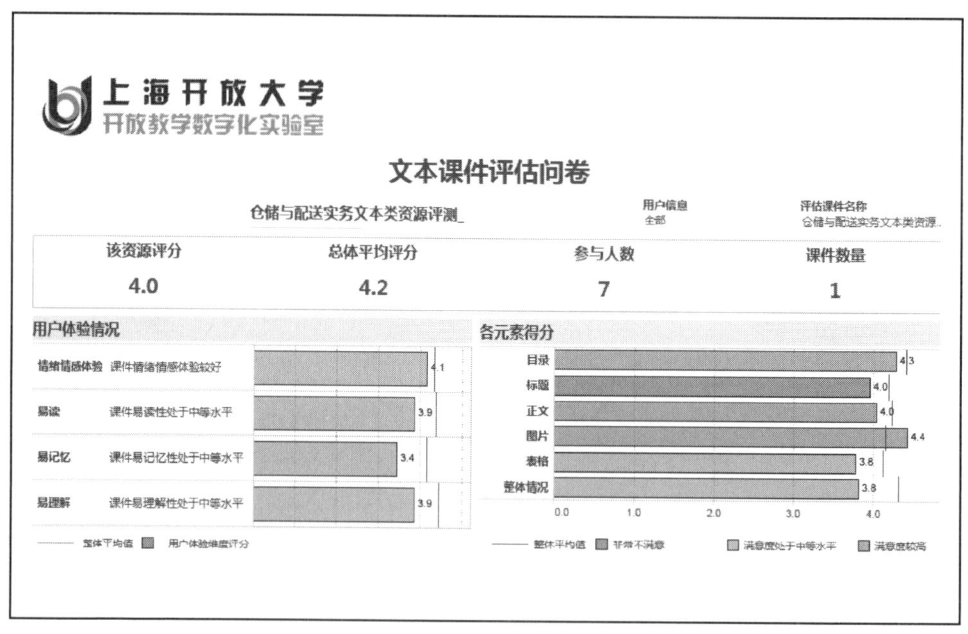

图 10　文本课件评估问卷统计数据

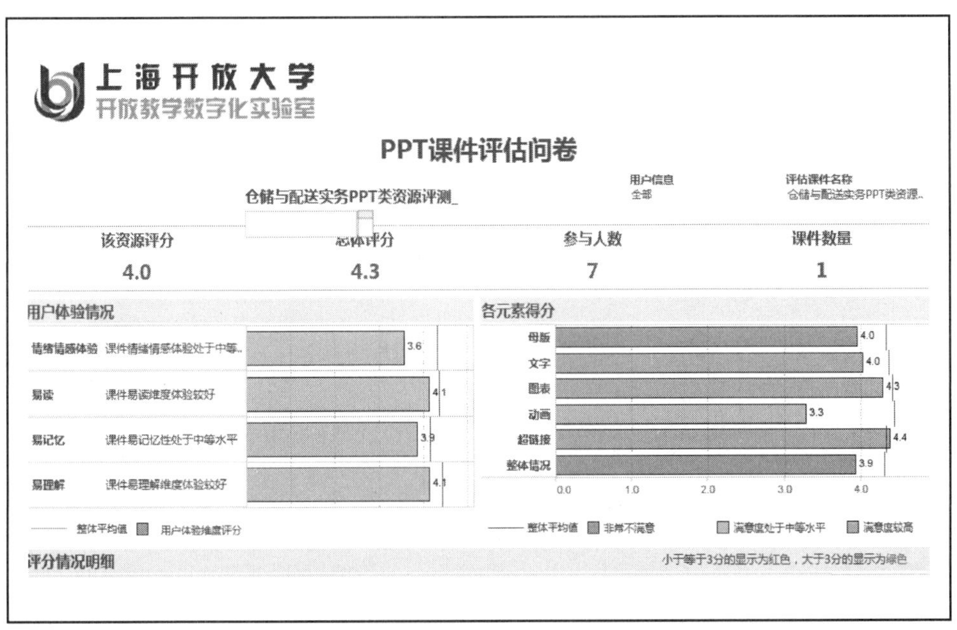

图 11　PPT 课件评估问卷统计数据

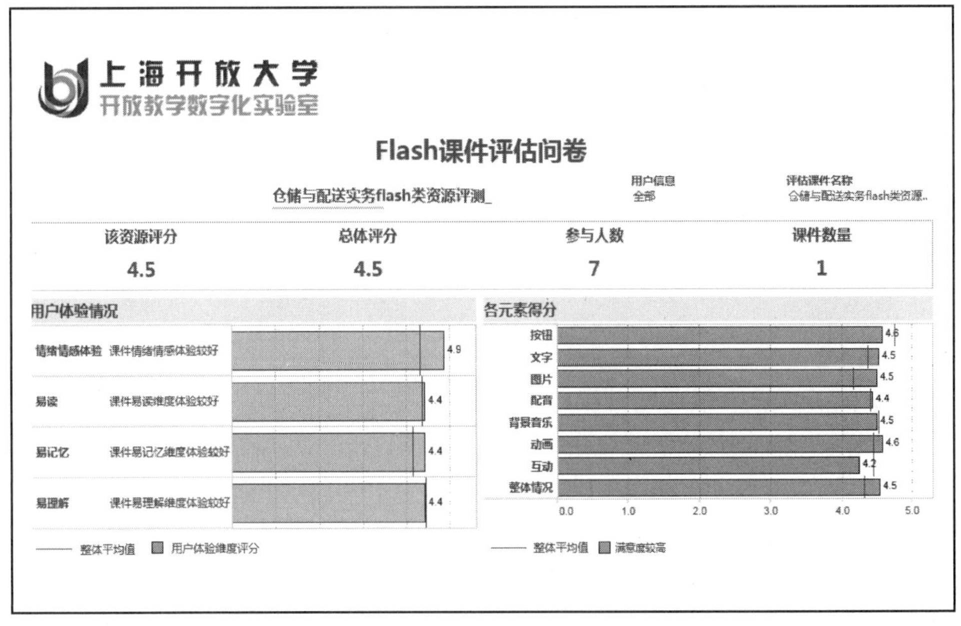

图 12　Flash 课件评估问卷统计数据

在评估问卷调查中，Flash 课件的“情绪情感体验”评分最高，达到 4.9 分（见图 13）。这个结果和采用眼动仪和脑波测量仪对学习者注意力和情绪的测量值结果相反。所以，这两个结果的准确性需要进一步甄别。考虑到学习者反映的“感到测试仪器的佩戴不够舒适，坚持两个多小时对学习体验干扰很大”，我们认为这个因素对客观测量值的干扰大于对主观问卷评估结果的干扰。因此，我们认为评估问卷调查中的“情绪情感体验”评分较可信。

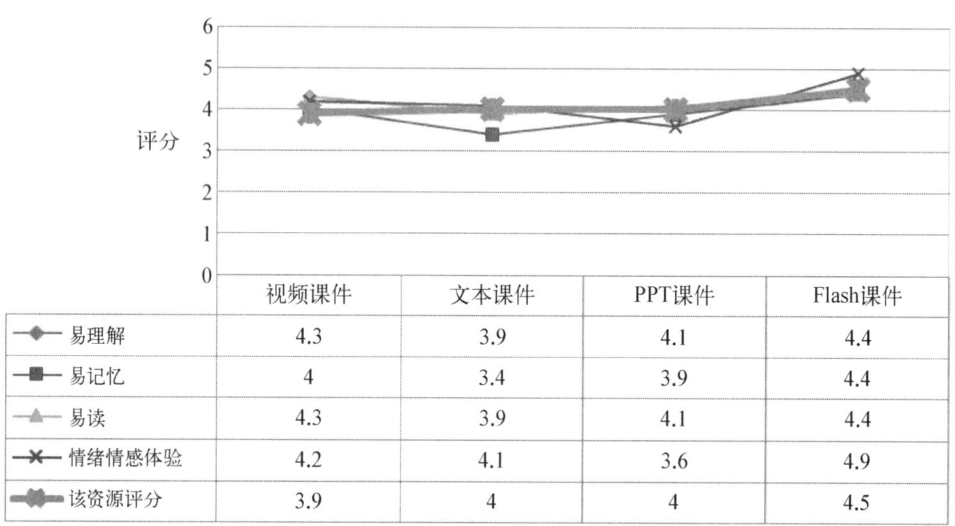

注：参与人数（视频课件 6 人，文本课件 7 人，PPT 课件 7 人，Flash 课件 7 人）

图 13　四类数字资源学习体验评估问卷关键评分汇总

2. 四类数字资源使用后的学习效果测试分数统计及分析

将这组学习效果测试数据和访谈结果（见表 4）结合起来分析，我们认为：① Flash 课件的学习效果测试分数最高是因为这类数字资源“生动形象”“寓教于乐，好玩、好记、好懂、易做”，而且有错误提示，能够激发学习者的兴趣反复学习操练，达到最高成

表 4　四类数字资源学习体验总体感受和评价的访谈结果

资源类型	学习体验的总体评价	
	优　　点	缺　　点
视频课件	视频清晰、易懂	背景单一，交流互动少，图片太少
	时长适中，视频清晰、易懂	内容不易查找
	讲解内容与实际生活较接近，容易联想，容易理解，并且记忆深刻	有些概念听得懂，但记不牢
	知识内容清晰、易懂	外网播放不流畅

续表

资源类型	学习体验的总体评价	
	优　　点	缺　　点
文本课件	标题清楚，文字说明容易理解	重点内容最好用不同颜色加以区别
	易找、易看、易懂、一目了然	个别知识点有遗漏
	内容简洁明确，层次清楚	个别知识点解释不够详细，不好理解
	内容简单易懂	
PPT 课件	整齐有序，容易阅读	关键章节不明显
	整齐有序，内容表达准确	知识点不易查找，有部分知识点缺失
	结合实际，易懂	文字太多，图片太少
	简单明了	内容不够详细，没有强调重点
Flash 课件	寓教于乐，好玩、好记、好懂、易做	操作错误时没有及时的提示，要提交后才有提示
	动画容易接受，易懂	配送实践偏长，理论没有耐心看
	生动形象	知识点不够明确
	好玩、易记	配送实践的计算有点难

绩；② 文本课件“内容简洁明确，层次清楚”“易找、易看、易懂、一目了然”，所以学习效果测试分数也较高；③ PPT 课件由于“内容不够详细”“有部分知识点缺失”，所以学习效果测试分数偏低；④ 视频课件由于“内容不易查找”“有些概念听得懂，但记不牢”，所以学习效果测试分数最低。

3. 四类数字资源评估问卷统计及分析

从四类数字资源学习体验评估问卷关键评分情况看，Flash 课件在易理解、易记忆、易读和情绪情感体验四个方面的评分都是最高，该资源评分也最高，达到 4.5 分。视频课件、文本课件和 PPT 课件在这四个方面评分相差不大，评分都接近或等于 4 分。

由此可以看出，四类数字资源的质量都较好，学习者对资源整体情况比较满意。其中，Flash 课件最能吸引学习者注意力，也最能调动学习者情绪，而且学习效果最好。视频课件、文本课件和 PPT 课件在易理解、易记忆、易读和情绪情感体验方面各有长处，也有需要改进完善的地方。

4. 四类数字资源学习体验总体感受和评价的访谈结果及分析

通过对四类数字资源学习体验总体感受和评价的访谈，我们知道了学习者对四类数字资源整体情况是比较满意的，也明确了每一类课件存在的不足。今后，我们可以在以下方面完善“仓储与配送实务”课程的数字资源建设：

(1) 视频课件的建设中可以采用一些新的技术手段来呈现课程内容,使画面的清晰度更高,并且增加动画效果和互动环节。

(2) 文本课件的建设要注意两点:一是内容要全面,要涉及教学大纲要求的所有内容;二是要将所有内容根据教学大纲要求的“重点掌握”“掌握”“理解”“了解”分出级别并做出提示,内容上详简有别。

(3) PPT课件的建设可以按照知识点为单位,将一个章节的内容节选为多个PPT,并以知识点名称命名,方便学习者灵活地选择学习。

五、结语

本课题研究设计领域和研究方法较新颖,对于本课程和本课题小组成员都是一次具有挑战性的尝试。经历了资料搜集、实验设计、实验组织、数据整理分析、课题总结等过程后,得到了预计的研究结果,但也发现本实验研究还有一些遗憾与不足。

(1) 实验设计不够合理,造成四类数字资源学习体验的客观数据的可比性降低。本课题实验的对象是成人在职学习者,工学矛盾突出,在时间上同一组实验对象较难保证每次实验全部参加。受实验对象和实验室安排的时间限制,本次课题研究的实验分两次完成,每次2～2.5小时,进行两类数字资源的学习体验测评。这样的安排,测评时间过长,学习者感觉较疲劳,两类资源测评的先后顺序对测评结果尤其是客观数据采集的影响较大,造成四类数字资源学习体验的客观数据的可比性降低。如果能够安排四次,每次测评一类资源,测评结果会更具可比性。

另外,本次研究受条件所限,仅仅选取一组实验对象进行测评。如果能够选取不同的多组实验对象(不同教学点、不同专业等),并对测评结果进行比较分析,会得出更全面的研究结论。

(2) 评估的资源种类中缺少互动性资源,缺少互动性指标的评估,使评估结论不够全面。在当前的网络环境中,数字化资源的学习更需要交互的过程。在现实的和虚拟的空间交互中学习者不但可以充分表达自身需求,其学习需求也由单一化需求向多元化、个性化双重需求(追求自由、实现自我)转变,个性展现与自我发展成为交互中学习体验的突出特点。本课题研究选取的四类数字化资源中,仅仅Flash课件中有操作提示和错误提示的简单交互,评估指标中对交互功能的考虑也较少。

上述问题希望能在以后的数字化资源建设、使用和研究中加以弥补和完善。

参考文献

[1] 力志.论数字化学习资源对学习者的行为控制[J].南京广播电视大学学报,2007(4):82-84.

[2] 叶萍,姜慧.开放大学——推进继续教育转型的新途径[J].南京广播电视大学学报,2013

(2)：26－28.

[3] 冉利龙，朱东鸣.继续教育数字化学习资源开放服务探索与实践[J].成人教育，2013(7)：95－97.

[4] 叶冬连，焦建利.国外开放教育资源的比较及启示[J].中国电化教育，2010(10)：71－75.

[5] 杨晓宏，贾巍.现代学习理念导向下的数字化学习资源构建研究[J].中国电化教育，2013(3)：84－88.

[6] 傅晓兴.开放大学学习资源建设研究[J].中国教育信息化，2013(3)：26－28.

多元数字化学习资源使用效果评价研究

——以“物流学概论”课程资源为例

张书源

（上海开放大学经济管理学院，上海 200433）

摘要： 数字化学习资源在教育信息化发展过程中发挥着日益重要的作用，不同资源使用效果评价是数字化学习资源开发与利用领域关注的热点问题之一。本文对数字化学习资源及学习资源使用效果评估进行了界定，对数字化学习资源质量评价相关标准进行了综述。在此基础上，提出了数字化学习资源建设的合理建议，并对相关评价方法进行了分析，最后提出了数字化学习资源建设的相关策略。

关键词： 数字化学习资源；学习资源体系合理化；评价；标准

引言

基于用户体验的多元数字化学习资源使用效果的评价，是建设多元数字化学习资源的依据。本文以“物流学概论”课程的多元数字化教学资源为研究切入点，对该课程的数字化教学资源的各个使用环节进行分析、实验，针对该课程数字教学资源的使用，发掘其对上海开放大学远程教学的支持作用，提出对课程数字化教学资源建设改革的要求，取得第一手资料，以便于今后进一步教改的需要。同时，也为我们更好地使用课程数字化教学资源提供第一手数据支持。这项研究在该课程中从未做过，具有很大的实践指导意义和创新价值。

一、数字化学习资源

数字化学习资源丰富了学习资源，顺应了现代学生的学习习惯，改变了学习环境，满足了学习者对于学习资源多样化的需求。作为学习资源的提供者，我们迫切需要对具体学习效果进行评估，以便于更进一步完善我们的教学模式，提供更好的教学资源。

数字化学习资源作为新兴的教育资源，为教育的创新提供了技术手段，对于教育理念的更新、教育方法的改进等提供了广阔的前景，适应了新时代学习的要求，具有巨大的发展潜力和空间。为了确保网络教育健康、持久、稳定发展，必须重视资源使用的效果评估问题，建立一套适用于远程教育方式的有效监控教学质量的管理模式和管理手段。

1. 国外研究现状

目前，由于缺乏坚实的信息质量理论的支持和统一的应用研究领域，数字化学习资源质量评估的研究还处于探索阶段，还没有一个能被广泛认同的评估体系。基于对信息资源质量的不同理解和不同的学科背景，不同学者提出了各自的评估指标体系。Lee Y 等指出，对于不同的信息用户和不同的信息内容，需采用不同的信息质量评价体系；Wand 和 Wang 采取本体论方法构建了信息资源质量模型，该模型严格定义了信息资源质量的四个维度：正确性、明确性、完整性和重要性；2002 年：Yang W. Leea 和 Diane M. Strong 提出信息资源质量包括内在质量（Intrinsic IQ）、情景质量（Contextual IQ）、表达质量（Representational IQ）和获取质量（Accessibility IQ）；2003 年，Matthew Bovee 等人提出，应从可获取性、可解释性、完整性和相关性这四个方面来进行全面信息资源质量评估；Alison 等建立了一个可变的测量电子信息资源质量的框架，该框架包括技术或组织变量、认知变量、感情变量和社会变量四个方面。

国际上数字化学习资源体验评估的理论研究和实践的时间不长，从分析的侧重点来看，研究结果主要可以分为以下两类："其一是以欧洲现代远程教育和终身教育研究学者为代表，他们重视网络教育以学生为中心的特征，强调以满足学生需求为核心来评价网络教育的质量；其二是以北美的开放教育研究者为代表，他们重视网络教育的高技术特征，强调通过对新技术的合理评价及运用来提高网络教育的质量。"关于远程教育质量保障的认证制度的研究，英国和美国的远程高等教育在教学质量保障方面都采取了认证制度，以此衡量教育机构的办学水平和能力，用以规范和督促教育机构的办学行为。两国的认证机构都由民间、非官方的专业机构来承担认证工作，其中，美国的认证机构由教育部指定，并受到高等教育认证理事会和政府的监督和协调；英国对教育质量的认证是由英国开放远程学习质量委员会和英语高等教育质量保证处联合负责，其认证业务主要由开放远程学习质量委员会承担。由此看出，英美两国的认证机构并非由政府强制执行，接受认证的学校是自愿申请参与认证，目的为了提高学校的办学质量和社会认可度。

2. 国内研究现状

我国发展网络教育的十多年来，国内学者对数字化学习资源的研究可谓是从点到面、从里到外，论述的重点从早期的教学模式探索到中期的办学规模建设，再到后期的质量工程的策略研究。可以看到，发展网络教育的指导思想在不断成熟，从数量转为质量，从外延转向内涵建设。

国内学者对网络远程教育资源质量研究的文献比较集中地论述了以下三个方面。

（1）关于网络教育资源质量保证体系建设的研究。安徽电大资源质量保障体系专题研究小组根据办学实践，构建出由教学质量规范系统、教学质量管理系统、教学过程实施系统、教学质量监控与评价系统所构成的质量保障体系。徐世浩和林辉针对当前网络教育发展存在的不足，提出有必要加大对质量的深入研究，而核心问题就是建设好质量保证体系，他们构建了质量保证体系的框架，即质量标准、保证平台、评估体系、服务支持和法律法规五个架构。王福胜、徐乃庄对内部质量的研究进行了总结，认为内部质量保证体系应包括“规划、实施和监控三个层次”和“五个基本要素”，即教学规划、教学资源、教学管理、支持服务和过程监控。为了纠正网络教育发展中存在的问题，钱滨认为有必要建立网络教育质量保证体系，他把质量保证体系的内涵界定为按照确定的培养目标和质量标准，组织实施的各种保证措施和监控手段组成的有机整体，而教学过程质量管理、课程教学的质量以及师生信息能力是建立科学体系的建议措施。

以上学者的论述中都提到了构建网络教育资源质量保证体系的建议，并且从微观和宏观的角度，全方位、多角度地探索了建立教学质量的机制，以确保网络教育的教学质量。质量保证体系是提高教育质量的保障措施并渗透于教育活动的全过程，为教育活动进行的全部环节提供全方位的保证服务，而质量保证体系的构建中都包含了监控环节。

(2) 关于网络教育的资源质量问题及策略研究。随着网络教育的迅速发展，其规模效益与质量保障之间的矛盾越来越突出，质量问题自然成为首先要解决的问题。李潇提出网络教育要引导好发展方向，使其成为弥补高等教育的重要手段和主要途径，就必须把好质量关，迫切需要建立适用于我国远程高等教育的质量标准。根据网络教育的特点和面临的问题，童少颖和戴静鸿提出了保证现代远程教育质量的策略有如下六个：一是国家“制定统一完善的质量标准，规范网络教育的运行”；二是加强对教师的培训，使其熟悉和适应网络教育的教学模式；三是“完善教学管理平台”，加大对学生的支持服务水平；四是加强网络教学资源的建设；五是提高学生网上学习的技能；六是加强教学管理力度。腾翼飞、彭文辉对远程教育的质量做出界定，认为教育质量取决于教育设置的目标，远程教育是为在职成人教育提供继续教育和培训的学习形式，强调的是全民性的终身教育任务，因此在提高质量的对策上，主要从资源建设、学习过程控制、教学支持服务、评价体系建设这四个方面进行阐述。

从以上文献可以看到，提高网络教育资源的质量是多方面的，无论是各区域对远程教育的发展需求和准则，还是来自学校内部的管理措施和质量标准，归根到底，还是要由国家对网络远程教育质量制定统一的质量标准和指导意见，网络教育才能健康稳定地持续发展。

(3) 关于远程教育质量监控的研究。对远程教育的质量监控是多方面的，孙锡昌从宏观的角度出发，阐述了在全新的高等教育质量观的指导下，通过国家立法“建立教育质量认证制度”“建立质量评估监控体系”，设立独立中介评估机构并制订科学的教学质量评价指标体系，形成国家、区域和学校三者的全方位、立体化的评估监控网络，确保我国网络教育的教学质量。王福胜和徐乃庄提出在质量监控层面上，应建立过程监控机制，包括教师教学评价、学校评价、教学站监管、考试管理、运行机制等各方面。针对网络教育的教学特点，周延军和吴国祥认为，远程教育中教学手段的现代化使师生可以不用面对面教学产生的问题，只有通过加强教学全过程的监控才能提高教学质量。

影响教育质量的因素是多方面的，从上述文献中看到，学者们纷纷提到监控的重要性，在网络教学环境下，教学与学习的过程都处于相对开放的状态下进行，传统课堂教学模式与管理对教学质量的措施不适用于网络教学，因此有必要对数字化学习资源的建设采取多方面的监控手段，以保证教育质量。

3. 数字化学习资源的特征

数字化学习资源是在信息技术发展前提下学习资源的延展和提升，是指经过数字化处理的学习资源，包括文字、图像、声音、动画、课件和视频等。数字化学习资源中，有些是教学环境型的资源，本身不是纯粹的资源，但是它可以依托自身的环境构成为学习者提供相应的学习资源服务，基于此，数字化学习资源可以分为资源型学习资源和系统环境型学习资源。数字化学习资源依托信息技术的优势，较传统学习资源具有多样性、共享性、互动性、扩展性、再生性等特点。

(1) 多样性：信息内容以多种形式呈现，极大地丰富了信息内容的表现力。

(2) 共享性：互联网环境下实现学习资源的共享。

(3) 互动性：数字化学习资源的双向传递及反馈功能使得学习者之间、学习者与学习内容、学习者与教师之间的互动更为便捷和有效。

(4) 扩展性：允许对学习资源进行横向或纵向的精加工，以满足不同学习者的学习需求。

(5) 再生性：在学习者参与下，可以利用信息技术对学习资源进行整合和二次开发。国际标准化组织 ISO 9000 将质量定义为“一组固有特性满足要求的程度”。固有特性是事物本来就有的，它是通过产品、过程或体系设计和开发及其后之实现过程形成的属性。

数字化学习资源质量是一个相对的概念，随着信息技术的发展和学习技术的更新而不断深化。国内外学者对数字化学习资源质量的认识逐渐由单纯判断资源好坏的客观标准发展为包含用户主观价值取向因素在内的多个属性的集合。从文献检索的情况来看，目前对数字化学习资源质量评价方面的研究很少，可参照内容不多。因此，本文将借鉴信息资源质量评价领域的一些相关研究成果。在信息资源质量评价领域，有学者提出信息资源质量是一个三元结构，认为信息资源质量包括信息内容质量、信息符号质量以及信息接收者对信息的解释和效用的质量；另有人认为信息资源质量表征的是信息资源满足用户和社会现实的、潜在的信息需求的能力，包括技术质量和功能质量两个方面的内容。技术质量指的是用户已获得的信息资源的一些基本属性，常常用信息资源的数量、可靠性、新颖性等指标衡量；功能质量研究的是用户如何获得信息资源，即获取过程，大多是用户的一些主观感受，如资源界面的友好性、资源环境的优劣等。Eppler 等人指出，信息资源质量是一个多维概念，是由信息资源质量的多种属性构成的集合，由多个质量维度取值情况来表现和决定。本文在综合以上观点的基础上，认为数字化学习资源的质量评价应该分为技术质量、功能质量和使用绩效三个维度。其中的使用绩效是从用户满意度角度出发，对资源使用效果的评估。

二、"物流学概论"数字化学习资源概况

"物流学概论"网络课程是上海开放大学物流管理专业的必修课。主要分为课程学习、案例集锦、实践课堂和专业广角镜四大部分。其中章节学习是网络课程的主体内容，按照"导学—自学—助学—测试"将每章的内容串起来；案例集锦模块，为学生更好地学习物流管理知识奠定了基础，实践课堂凸显了课程的应用性，让学生能足不出户地接触到企业实际并能进行实景操作；专业广角镜模块是网络课程辅助内容，包括课程介绍、教学团队、专题讲座、在线学习、专业广角镜、到实践中去、教学评价共七大部分。

表 1　主要呈现各个部分的资源内容和媒体表现形式

一级菜单	二级菜单	主　要　内　容
章节学习（按章节，共 9 章）	导学	案例导入、学习目标
	助学	学习要点、电子教案（PPT）、案例分析、教学视频
	自学	释疑解惑、在线答疑
	测试	章节自测（是非题、单选题、多选题）
案例集锦	分章节、综合两部分	章节案例（9 个）、综合案例（12 个）
实践课堂	按训练内容	包装（多媒体课件）、装卸搬运（多媒体课件）；运输（多媒体课件）、仓储（多媒体课件）、流通加工与配送（多媒体课件）、物流信息处理（多媒体课件）；利用平台功能记分，作为形考依据
课程介绍	按文件名	教学大纲、实施方案、形考细则、一体化方案
实地学习	按文件名	上传各分校到实际公司参观学习视频
在线学习	网上作业	两次作业，利用平台功能记分
专业广角镜	物流动态	提供行业规范、发展等阅读资料
	阅读资料	提供按实务内容分类的阅读资料
	参考书目	提供参考书目列表
	相关链接	提供网站链接列表
教学评价	多方评价	教师评价、学生评价、获奖情况

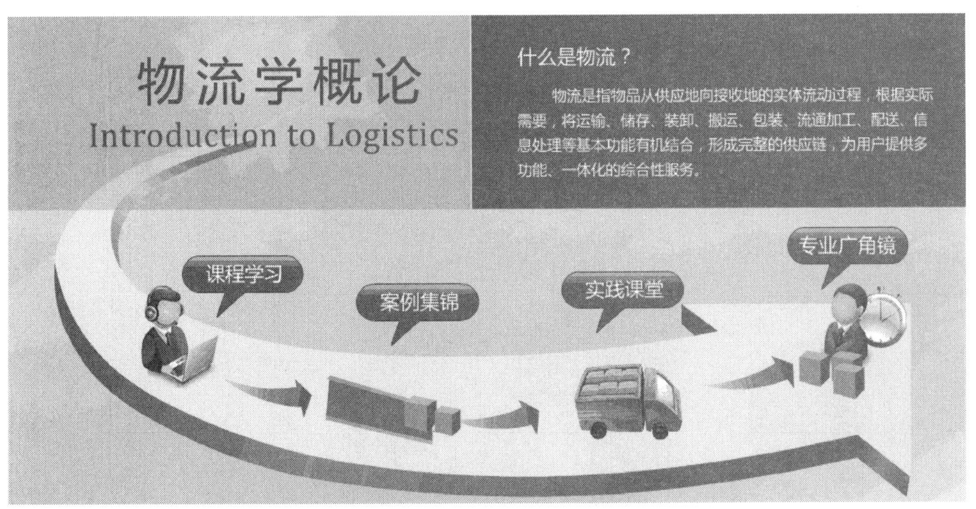

图 1　“物流学概论”网络课程资源总体概况

图 2　“物流学概论”网络课程文字资源

图 3 “物流学概论”网络课程 Flash 资源

图 4 “物流学概论”网络课程 PPT 资源

图 5　“物流学概论”网络课程视频资源

三、基于用户体验的学习资源使用效果评估

1. 数字化学习资源的学习者体验

数字化学习资源体验是学习者在获取与利用信息产品(服务)过程中建立起来的一种纯主观的心理与感知，是学习者对基于学习资源与数字化平台服务的特性、功能、价值等所做、所想、所感的综合反映。学习者体验是信息交互中用户内在状态(倾向、期望、需求、动机、情绪等)、系统特征(复杂度、目标、可用性、功能等)与特定情境(或环境)相互作用的产物。

2. 数字化学习资源评估的意义

(1) 数字化教学资源体验评估，是解决学习资源冗余的关键手段。知识经济时代，信息资源在社会、经济、生活等方面发挥着日益重要的作用。随着信息技术的发展和社会信息化进程的加快，信息资源总量呈“爆炸式”增长，但与此同时，信息冗余、信息污染、信息侵权、信息失真等问题越来越普遍，用户难以获取有用的信息，使得信息资源利用率低。究其原因，主要在于信息资源质量缺乏准确评估和有效控制。信息资源质量评估问题是当今信息资源开发与利用领域的热点问题之一。信息资源质量评估具有重要的现实意义和理论意义。本文在全面阐述数字化教学资源质量的内涵和外延的基础上，建立了数字化教学资源质量评估的指标体系，归纳总结出信息资源评估的定性、定量和半定量三类方法，并分别说明了这些方法的优劣。在评估过程中，要遵循既定的评估原则和程序，同时根据各种信息资源的具体特征采用恰当的方法，使评估结果科学化、合理化。

(2) 数字化教学资源体验评估，是提高课程数字化建设质量的关键步骤。经过多年的课程开放资源建设，数字化资源作为必要的学习资源，成为广大学生十分依赖的学习资源，对于该类资源的使用效果的评估研究，可以为我们提高课程资源建设使用效率提供良好的实验数据。

3. 数字化学习资源评估方法

(1) 定性评估方法。定性评估是评估主体按照一定的评估标准，借助专业知识和个人经验进行估计和推断的一种评估方法。信息资源质量的定性评估则是在信息价值哲学的指导下，从质量评估的基本标准（实用价值、科学价值、社会价值、人文价值）出发对某种信息资源质量进行分析和评定，以定性说明其质量状况。整个过程专家主要利用比较、评价、判断、推理、分析和综合等各种哲学思辨方法，所评估出的结果也是一般意义上的质量标准。信息资源质量评估的定性方法包括问卷法、访谈法、观察法、对比法、模拟法、同行评议等多种方法。其中，对比法是指比较同类信息资源得出大概结果的方法；模拟法是指采用人工或计算机做定性的模拟计算而估计出实际效果的方法；同行评议是一种典型的定性评估方法，是当今国际上惯用的科研技术成果质量评估方法。定性评估有利于从整体上把握信息资源质量的概念，能对难以量化的指标进行评估。它不仅适用于对具体信息产品或信息服务的简单评价，还能很好地应用于复杂信息资源系统、信息行为的全面评估。

(2) 定量评估方法。定量评估主要是通过数字或其他科学手段对对象的量做出判定和分析评估，保证评估结果在一定的置信范围内，具有相当的可靠性，使得评估结果更加科学、客观、公正。具体包括：基于信息熵的信息量评估和信息计量学评估法。

(3) 半定量评估方法。半定量评估方法是一种定性和定量相结合的方法。其主要做法是在定性评估方法中引入数学手段，将定性问题（如专家评估意见和分析结论）按人为标准打分并做出定量化处理，具有数理统计的特征。常用的半定量评估方法主要有德尔菲法、模糊综合评估法、层次分析法、关联矩阵法等。

四、数字化资源使用效果评估实验研究

课程数字资源的整合、课程数字资源的使用、教学效果的评估、数字化资源使用的测评等问题是本文的研究关键所在。本文所有实验数据均来自“物流学概论”课程教学实验。实验场所是上海开放大学工程部远程教育实验室。

1. 实验研究

课题实验内容主要对文本、视频、PPT、Flash 四种数字资源媒体进行教学实验评估，具体实验分两步：

(1) 采用量化分析与定性分析相结合的方法，评估学习者的资源使用效果。对于不同章节分别采用文本、视频、PPT、Flash 四种数字资源媒体进行教学，之后进行问卷调研。

(2) 采用定量分析方法，学习结束之后进行考核，评估学习效果。

具体说明：上述实验分别采用眼动仪、脑波仪器同时采集相关数据。

2. 实验结果分析

学习者对于不同数字资源的反应评估的实验结果如下(见图 6 至图 9)。

(1) 统计数据。

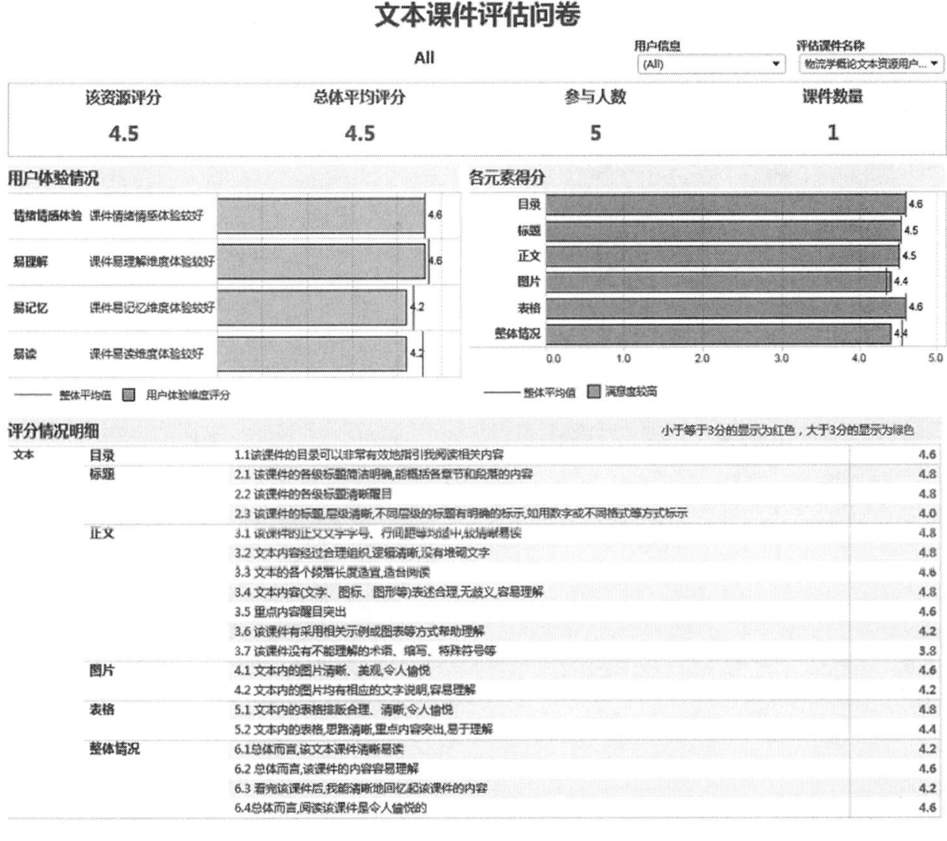

图 6　文本课件评估问卷

以上四组统计数据表明(见图 10)，学生对于以上四种不同表现形式的学习资源的体验评分分别是：文本资源总体得分 4.5 分(满分 5 分)，PPT 资源总体得分 4.6 分(满分 5 分)，Flash 资源总体得分 4.7 分(满分 5 分)，视频资源总体得分 4.4 分(满分 5 分)，实验者对于这些资源总体是非常满意的。

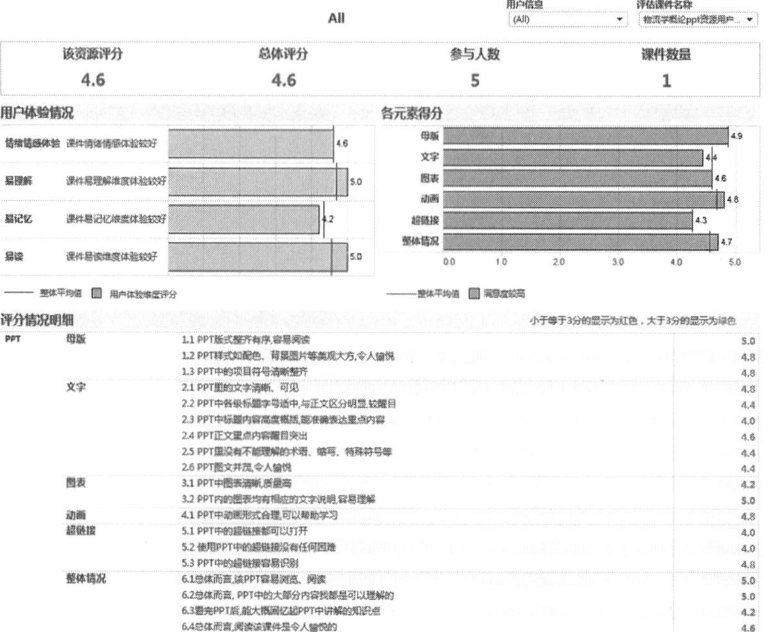

图 7　PPT 课件评估问卷

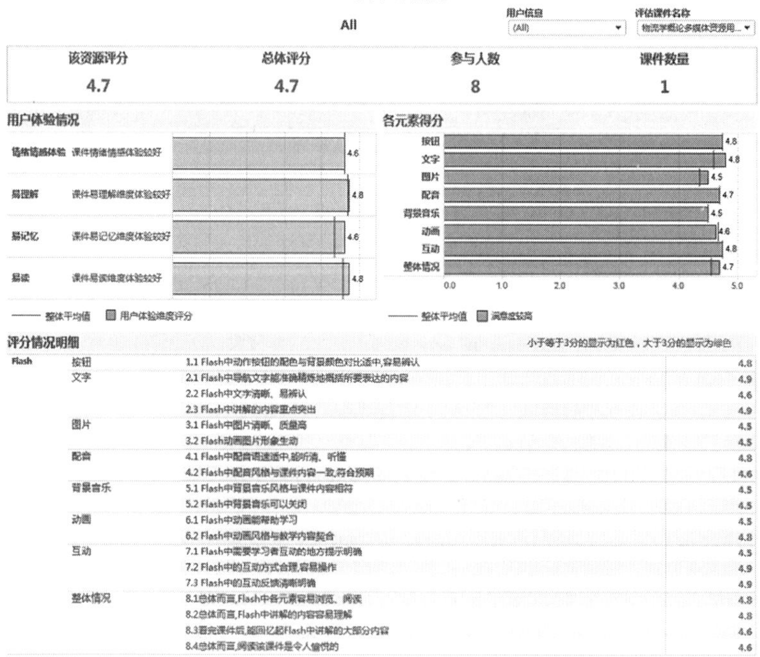

图 8　Flash 课件评估问卷

视频课件评估问卷
All
用户信息
评估课件名称
该资源评分 4.4
总体评分 4.4
参与人数 5
课件数量 1
用户体验情况
各元素得分
评分情况明细
小于等于3分的显示为红色，大于3分的显示为绿色

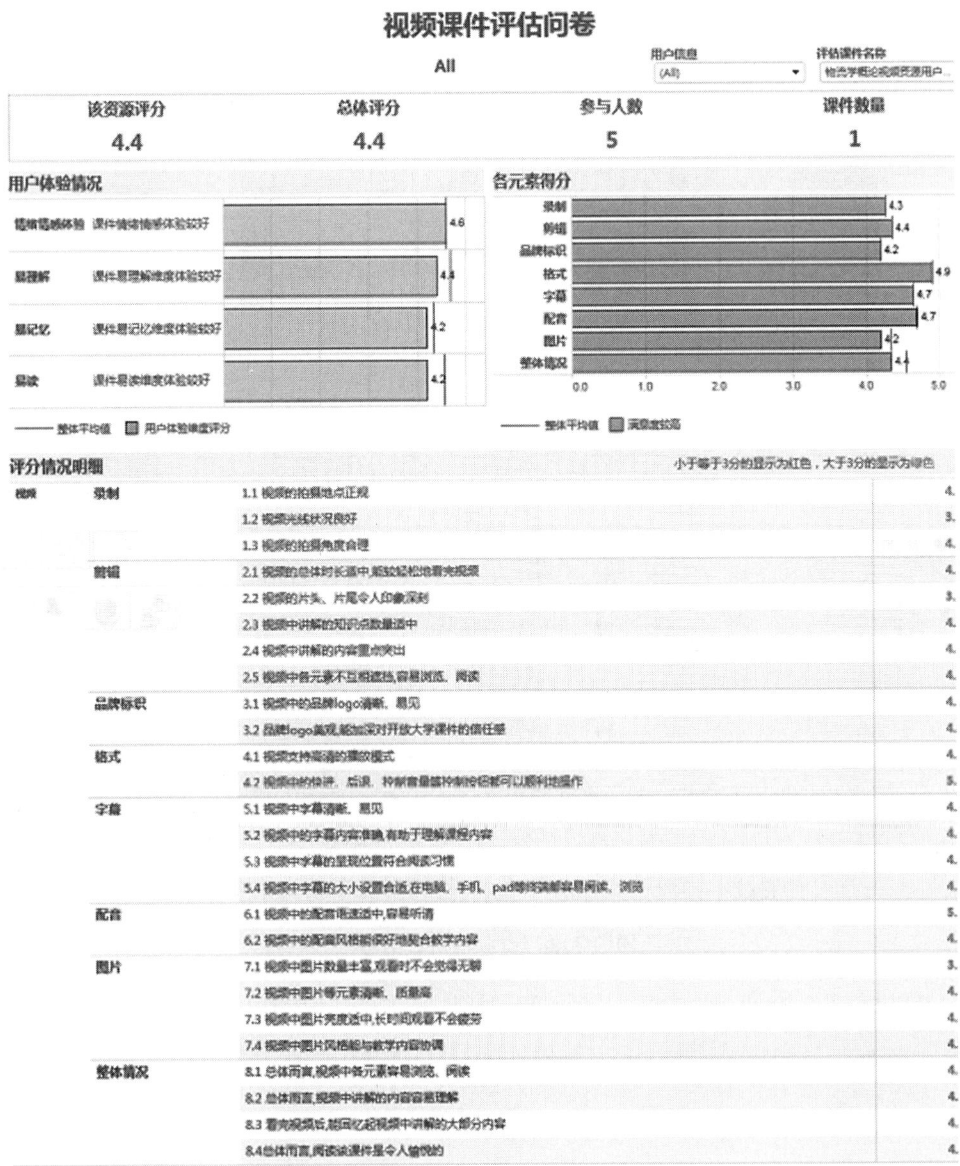

图 9　视频课件评估问卷

开放学习资源用户体验整体评估

用户体验情况

资源类型	情绪情感体验	易理解	易记忆	易读
Flash	4.6	4.8	4.6	4.8
PPT	4.6	5.0	4.2	5.0
文本	4.6	4.6	4.2	4.2
视频	4.6	4.4	4.2	4.2

用户体验情况

资源类型	总体评分	评分者数量	课件数量
Flash	4.7	8	1
PPT	4.6	5	1
文本	4.5	5	1
视频	4.4	5	1

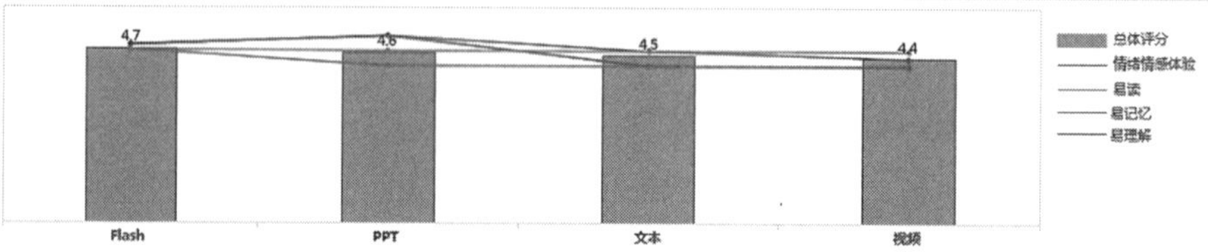

图 10　四种资源问卷评估汇总

表 2　四种数字学习资源注意力与情绪统计(眼动仪、脑波仪实验数据采集)

	用户 1		用户 2		用户 3	
	注意力	情绪	注意力	情绪	注意力	情绪
文本	46	39	56	59	47	48
PPT	49	47	60	44	46	45
视频	43	59	46	49	35	41
Flash	58	44	56	45	48	49

通过一系列实验(见表 2),可以看出 Flash 最能吸引学习者的注意力,实验对象 100%在看 Flash 得到了注意力的最高分;视频资源最能调动学习者的情绪。

(2) 学习者通过不同数字资源的学习,进行的书面考核结果统计。

表 3　不同数字学习资源使用后的考核分数统计

学生姓名	文本资源	PPT 资源	Flash 资源	视频资源
李艳青	80	50	63	62
陈　杰	73	10	63	56
包　棋	69	50	50	62
方　琦	82	50	70	62
王依娜	94	48	75	72
平均分	79.6	41.6	64.2	62.8

通过对学习者的书面试卷考核结果的统计分析(见表3),可以看到文本资源的学习得分最高,平均分为79.6分;Flash资源平均得分64.2分,位于第二;视频资源平均得分62.8分,排列第三;PPT资源得分最低,平均分为41.6分,处在全体不及格的状态。当然,我们的实验是在单独使用不同资源下的结论,还不够全面,实际情况应该是所有资源学生都会使用,结果可能是综合成绩及格率会高于单独项目考核的统计成绩的。

表3是我们统计的一个分校综合应用这四种学习资源之后的最终考核结果,通过考核结果分析,除了没参加考核的同学之外,全体同学均达到及格水平,平均分数为71分,远远高于使用单一数字化学习资源的情况。多维度、多种形式的数字化学习资源,是提高学习者学习效率的有效支持手段。

五、结论

通过对“物流学概论”课程数字化学习资源体验的一系列评估研究,我们得出了一个关键的结论,那就是数字化学习资源类型要多元化,但也不能泛滥,任何一门学科都应该建立一个科学合理的数字化学习资源体系,根据学习者的要求合理设计资源类型,提供适当的资源信息量,才能够更好地满足学习者的需求。因而,推进数字化学习资源合理化,可以采取以下三个策略。

1. 需求推动下的数字化学习资源开发

要拓展数字化学习资源的形式。数字化学习资源有各种各样的表现形式,显然,各种不同的人群对数字化学习资源的形式要求也是各有差异的,只有充分考虑人群的差异,才能使数字化学习资源得到充分的认同和应用。知识人群会对数字图书更青睐,青少年会对数字动画更执着,老年人会对视频资源更喜欢等,这也就是我们开发资源的出发点。由此可见,对数字化学习资源开发的基本原则是:表现形式要宽,人群针对性要强。要丰富数字化学习资源的内容。如果说数字化学习资源的形式可以引起学习者的兴趣和喜好,那么资源的内容才是真正影响学习者参与数字化学习的动力。要根据不同的需求考虑内容,要根据不同的人群特点设计内容。数字化学习资源应该有科学合理的分类,如文化涵养类、生活保健类、工作技能类等,便于各类人员选择学习。在数字化学习资源的开发过程中,只有通过自建、共建、共享等多种途径,才能使资源更加丰富,更能满足需求。

2. 需求指导下的数字化学习资源研究

从研究的必要性来看,通过研究,可以对学习者数字化学习资源的需求进行全面、深入的梳理,获取第一手的参考资料和依据。同时,为理清思路并开展数字化资源建设奠定基础。从研究的途径来看,要注重在实践中开展,并以实践探索为主,如围绕资源的获得途径、资源内容、表现形式、持续长度、更新周期等要素,通过实践并配以一定的研究方法逐步总结。从研究的分析方法来看，要综合多方面调研的结果，在信度、效度检验的基础上，开展定性分析并借助相关工具进行定量分析，明确学习者对数字化学习资源的主要需求及不同的需求分布情况，以此作为开展数字化学习资源整合的依据。

3. 保障数字化学习资源的有效运用

保障数字化学习资源的有效运用，属于组织支持服务，这项支持服务包括推进措施、服务系统和学习方式等。

（1）要建立数字化学习资源的推进措施。数字化学习资源的全面推广，重点是要解决学习者对数字化学习资源的知晓度、认同度和参与度问题。要利用网络、报刊、广播、电视等途径进行宣传，公开资源信息，形成由政府主导、民间组织积极参与、社会各方积极响应的沟通机制，扩大学习者的知晓度；要努力提高人们的信息素养，培养整合信息、利用信息、融入信息社会的态度和能力，加强学习者的认同度；要通过创设环境、主题活动、成果展示、榜样激励等办法，调动大家数字化学习的积极性，提高学习者的参与度。

（2）要完善数字化学习资源的服务系统。这里所述的数字化学习资源服务系统包括平台支持服务和技术支持服务等。所谓平台支持服务，是数字化学习依靠的基础，学习者依托各种平台，可以开展各类学习，完成各项学习任务，主要有：网络平台支持服务、学习平台支持服务和管理平台支持服务等。所谓技术支持服务，是解决学习者学习中技术问题的一个重要环节，旨在帮助学习者克服数字化学习障碍，充分运用好数字化设施，使数字化学习达到效益最大化，主要有：技术指导支持服务、技术维护支持服务、软件建设支持服务和技术培训支持服务等。

（3）要推广数字化学习资源的学习方法。这里所说的学习方式，是指学习者在数字化学习环境下，利用数字化学习资源，开展各种学习活动的基本行为，体现了学习者在自主性、探究性和合作性方面的基本特征。在数字化学习中，学习方式的作用不仅具有优化学习过程的作用，更具有导向、激发、聚合等作用。所谓导向，就是用一定的方法让大家按照一种正确的流程进行学习；所谓激发，就是用一种科学的方法调动大家的学习积极性，引起更广泛的学习；所谓聚合，就是以一种特定的学习形式将大家凝聚在一起共同学习。由此可见，科学合理的学习方法在数字化学习中至关重要。本文提出的数字化学习资源的学习策略是提倡自主式学习，推广集中式学习，重视互动式学习，加强探索式学习，运用组合式学习，旨在让学习者充分运用自身的能力和社会的支持，在浩瀚的数字化学习资源中享受数字化学习的快乐和自在美好。

参考文献

[1] 徐世浩，林辉.网络教育质量保证体系建设策略研究[J].高等农业教育，2006(03)：39-44.

[2] 李潇.现代远程高等教育质量的提升策略[J].科教文汇,2009(20):54-54.
[3] 王福胜,徐乃庄.高校网络教育内部质量保证体系构建[J].开放教育研究,2007,13(4):46-49.
[4] 周延军,吴国祥.加强教学全过程的监控是开放教育之基本建设[J].中国远程教育,2001(2):29-31.
[5] 安徽电大质量保障体系专题研究小组,周先宁.现代远程开放教育试点质量保障体系构建之实践[J].安徽广播电视大学学报,2006(4):40-44.
[6] 宋亦芳.学习型社会视域下数字化学习资源整合策略分析[J].中国成人教育,2012(7):48-51.
[7] Garrison D R, Baynton M. Concepts: beyond independence in distance education: the concept of control[J]. American Journal of Distance Education, 1987, 1(1): 3-15.
[8] Thompson G. The foundations of distance education [J]. International Journal of E-Learning & Distance Education, 1988, 3(2): 133-135.
[9] Desmond Keegan. The principles of distance education [M]. London and New York: Routledge, 1993.
[10] 叶义成,柯丽华,黄德育.系统综合评价技术及其应用[M].北京:冶金工业出版社,2006.

“艺术欣赏”在线课程用户体验分析评估

鄞　珺[1]　顾　超[2]

（1. 上海开放大学青浦分校；2. 上海理工大学附属中学）

摘要：文章对“艺术欣赏”在线课程开展相关用户体验分析，从用户体验方法出发进行用户体验评估，发现在线课程设计中的学习体验问题，通过测试发现教学产品的使用效率、效能和用户满意度，并重点研究脑波注意力指数、脑波情绪指数、体态安静指数等学习满意度客观指标，从教学需求的角度出发开展远程在线学习行为指标设计及数据分析，并以数据为依据加强对课程设计方案的改进和完善。采用问卷调查、用户访谈和实验研究等方法收集用户（学习者）对开放教育资源的体验测试数据，评价资源的效用，尝试提出开放教育资源建设标准，以增进开放教育资源的优化设计和开发。

关键词：艺术欣赏；在线课程；用户体验

引言

开放大学的教学主要是通过远程开放教育平台来进行的，作为最新的远程教育形式，在线课程既可以为那些不方便接受传统课堂教育的学生提供新的教育机会，又可以为缺乏师资的专业引进教学资源。因此，研究在线课程设计具有很强的现实意义。在开放大学艺术教学中开展艺术在线课程的设计及用户体验分析顺应视觉文化时代发展的要求，也符合信息科技社会对艺术教育发展的要求。本文以学生在在线课程学习中的相关行为分析和诊断的主要指标，利用在线学习行为数据分析来提升艺术欣赏在线课程的后续设计。

一、研究背景

21世纪，随着信息社会的发展，大数据时代已经到来，对社会政治、经济、文化、日常生活等各方面都带来深远的影响，教育也在发生变革，追求由标准化教育逐渐向个性化教育的转变。我们身处一个视觉文化迅猛发展的时代，信息科技时代机遇与挑战并存，信息科技不仅改变了人们的生活，更对传统的艺术教育带来了极大的冲击。在线课程是此次变革中出现的一个典型代表，它能充分体现个性化教育的需求，比如 24 小时全天候的共享平台、线上线下随时交流讨论的学习氛围、可供随时观看下载的课程视频资源等，让大家在碎片化的时间里接受教育，这些相比传统的课堂教学无疑更为便捷和实用。大数据时代对在线课程教育的新的要求也是在线课程发展过程中的挑战，这使得以在线课程设计为主的艺术课程教学及针对此开展的用户体验分析成为艺术教学的重要课题。如何使开放大学的艺术教育课程内容与时俱进是信息化社会发展对艺术教育工作者提出的重要课题。2015 年 5 月我们成功立项了上海开放远程教育工程技术研究中心开放课题(教学实验专项)"'艺术欣赏'在线课程的设计和用户体验分析"，试图通过对"艺术欣赏"在线课程的设计及开大学生的用户学习体验做相关评估分析，以便更好地设计我们的艺术在线课程，为教学服务。

二、"艺术欣赏"在线课程的内容设计

在线课程在设计上围绕在线学习、混合式学习等方式，结合"艺术欣赏"课程的教学，充分利用开放教学数字实验室系统以及新型在线学习平台，通过线上线下、不同新型媒体(如线上学习平台、移动学习工具、增强现实工具、问卷互动工具等)等组合的方式，根据艺术课程的审美性、人文性、综合性等特点采用在线学习、翻转课堂教学、移动学习、基于微课的小组协作学习等不同的教学方式开展。其中包括提供视频观看，根据需求也可以提供课堂在线的直播形式以实现师生的实时互动，在线平台同时开放线下课程服务，提供资料下载、测试，互动交流区则通过留言互动实现学习交流。线上教育的课程不仅需要教师在教学前作整体规划准备，更需要在开发前对课程体系作出合理安排。所以我们在在线课程的内容选择上选取了古今中外最典型的艺术作品按照年代及相关画派进行划分梳理，并设置为单元的课程，单元课程配套有相关视频、课件 PPT 并在学习网站中提供互动交流及学习资料下载。以中国传统绘画为例，我们按照三大画科"人物、山水、花鸟"形成专题，选择各个画科在其发展辉煌鼎盛状态的作品进行赏析，同时我们也精选了中国十大传世名画制作系列课程和相关微视频、课件，形成一系列的配套学习资源供学生学习。在线艺术课程的设计以传统艺术的人文底蕴为内核，把不断发展的信息科技手段作为支点，为艺术教育的深入开展创设空间和平台。课程充分利用开大学生的生活经验和开大远程教育工程技术研究中心的资源，鼓励学生进行体验式、探究性学习，为学生提供多元化的艺术体验感受及创作机会，丰富学生的艺术表达途径。同时，课题研究利用开放教学集教学、研究、测试、分析于一体的服务平台，拓展艺术视野，增强视觉文化素养，提高整体素质，使艺术学习更有趣、更容易，帮助每个学生获得成功感，促进学生在个性、能力和特长等方面的全面发展，同时也推动了教师的专业化发展，形成教学相长。经过一阶段的学习，我们以学生在在线课程学习中的相关行为分析和诊断的主要指标，利用在线学习行为数据分析来提升课程的后续设计。

三、在线课程的评估及用户体验数据分析

2016年“艺术欣赏”在线课程的设计教师与上海开放大学的数字实验中心合作，主要以正在建设中的在线课程学习、教学管理平台等相关学习行为数据为基础，从教学需求的角度出发对开展远程在线学习行为指标及用户体验数据展开分析，并以数据为依据加强对自身教学资源设计、教学管理等方面的提升。在课题的实施中，上海开放大学工程中心提供了学习行为分析方法及可视化分析工具的支持。我们对“艺术欣赏”在线课程开展相关用户体验分析，从用户体验方法出发进行用户体验评估，发现在线课程设计中的学习体验问题，通过测试发现教学产品的使用效率、效能和用户满意度，并重点研究脑波注意力指数、脑波情绪指数、体态安静指数等学习满意度客观指标，从教学需求的角度出发开展远程在线学习行为指标设计及数据分析，并以数据为依据加强对课程设计方案的改进和完善。

在本次针对“艺术欣赏”在线课程的测试评估中，我们用到的开放教学数字化实验室主要教学设备包括脑波评测系统和眼动监测系统。在脑波评测系统的测试中，老师让学生佩戴脑波设备进入在线课程的学习，学习分析系统将实时记录学生的脑波变化情况，并计算出注意力和情绪变化指数，并将数据传送给学习分析系统进行综合数据分析；眼动监测系统，采集记录学习者学习过程中的眼动信息、视觉热点信息等数据，并能进行分析及展示。我们利用上海开放大学数字化实验室数字化学习综合分析系统来针对学生的在线学习行为、脑波、行为体征等进行记录并进行综合分析。

以眼动监测系统为例：早在19世纪就有人通过考察人的眼球运动来研究人的心理活动，通过分析记录到的眼动数据来探讨眼动与人的心理活动的关系。眼动记录仪的问世为心理学家利用眼动记录技术探索人在各种不同条件下的视觉信息加工机制，观察其与心理活动直接或间接的奇妙而有趣的关系，提供了新的有效工具[1]。

眼动记录仪即眼动仪，是继脑电仪、生理多导仪之后，用于心理学实验室的大型精密仪器，是眼动实验中最主要的实验设备，它主要运用于人类的视觉认知研究领域。眼动仪是一种记录人的眼动轨迹变化的精密仪器，它能捕捉并记录人眼的任何一个细小动作，如注视、眼跳、瞳孔大小、视觉轨迹等。然后通过对这些记录下的眼动轨迹数据进行分析，可以发现人眼在看某个事物时的视觉反应和规律[2]。

实验素材：我们选择了“西方现实主义作品——米勒《拾穗者》赏析”的在线微课课程组织学生的观看学习。

实验被试：本实验共选择了6位在上海开放大学国顺校区学前教育专业选修“艺术欣赏”课程的学生，平均年龄28岁，其中男性2人，女性4人。受试者的裸眼或矫正视力均正常。

实验环境：为避开户外阳光和强日光的直接照射对眼动追踪的干扰，本实验选择

在极其安静、无干扰、封闭的上海开放大学数字化实验室进行，室温控制在25摄氏度。

我们将通过眼动仪记录学习者对课程的喜好及接受度。

第一，运行应用软件，连接眼动仪，打开眼动记录文件准备记录。

第二，主试者指导受试者坐在与眼动仪显示器有一定距离的椅子上，调节座椅与眼动仪。

第三，调整显示器的距离和座椅高度及受试者坐姿，并保持姿势端正，使仪器能够捕捉到受试者双眼的数据。

第四，实验主试者向受试者说明指导语对受试者观看时的任务要求，在受试者正确掌握了指导语后正式开始练习实验。

第五，当受试者较好地完成了练习实验后且主试者确认受试者完全理解该实验的任务要求后，开始正式实验[3]。

实验结果与分析：将学生对课程总体喜好度的主观评价结果与眼动特征各指标数据分别对应起来进行比较分析，得知总注视次数、末视点总个数、总注视时间这三个眼动特征指标分别与喜好度的主观评价结果之间具有一致的变化趋势。当微课程的制作过程中教师适当运用白板笔标注配合动画演示时，学生的总注视次数、末视点总个数、总注视时间这三项眼动指标明显增强，显然学生更喜欢教师以生动有趣的讲解方式来帮助理解作品。如图1、图2、图3、图4所示。

图1　眼动仪记录结果图集1

图2　眼动仪记录结果图集2

图3　眼动仪记录结果图集3

图4　眼动仪记录结果图集4

通过相关联数值的检验，都显著地表现为高度密切的线性正相关并且分别都通过值检验的线性回归方程说明了喜好度评价等级分别与总注视次数、末视点总个数、总注视时间这三项眼动特征指标之间存在显著线性正相关的具体形式[4]。

从受试者人群对课程接受程度认知评价的结果来看，受试者人群对以录屏形式呈现的在线课程具有较高的喜好度。原因是录屏课程以 PPT 辅助教师讲解及白板笔绘图等方式介绍作品的欣赏方法更易于接受。学生对于课程中图片的清晰度、教师讲解的可理解度及背景音乐的合适度的综合评价结果，很具代表性地反映出了受试者人群倾向喜好的在线课程的客观综合特征。

眼动仪实验的结果表明课程的设计风格也是直接影响受试者注意力关注程度的重要指标，对于青年受试者而言，制作精美、图文并茂、带有动画效果的微课程视频更能吸引他们的注意力，能提高其持续学习的兴趣[5]。从学生注意力平均值的分布(图5)来看，首先，注意力上升较明显的时间段往往出现在视频画面有动画及白板图示部分。其次，课程的开始和结尾部分也往往比较容易受到学生的关注，所以课程的导入及结尾部分也值得教师思考斟酌如何吸引学生的学习兴趣。最后，注意力往往在课程的后半段会有小回落，可见长时间的微课不利于学生的学习。受试者人群对课程视频时间的长短的评价结果反映出微视频时间应合理控制于 8 分钟以内，过于繁复冗长的课程易使学习者产生疲劳感，受试者对此不具倾向性喜好。所以，在对艺术欣赏课程进行设计时要注意学习者的喜好，充分恰当地把握和处理好微课程视频的长短时间，以获得学习者的满意和喜爱。

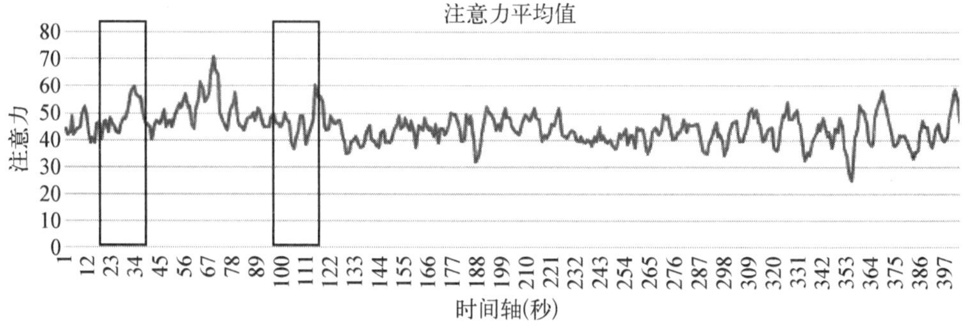

图 5　注意力平均值分布图

通过运用学习行为分析方法进行综合评估后，我们发现受试对象对于艺术欣赏的在线课程普遍评价较高，如图 6 所示。

受访学生对于以录屏为主的微视频制作方法较为认可，认为视频流畅、图片清晰，PPT 制作精美、图文并茂，具有视觉美感。微课程背景音乐舒缓，适合课程主题。对于主讲老师的授课评价较高，认为语言清晰易懂，讲解生动，课程容易接受和理解。当然也有部分受试者提出在微课程视频的时间上存在时长过长的问题，容易产生视觉疲

图 6　视频课件评估问卷

劳，建议将微课程的视频时间压缩在 8 分钟以内。

四、结语

通过此次“艺术欣赏”在线课程用户体验及数据分析，帮助课程开发者掌握了大量的实验数据，对于实验数据的分析评估则可以帮助开发者了解目前课程中存在的问题以便为后续课程更好地服务于学习者奠定基础。课题研究利用实验室教学评估工具开展课程实施后的用户体验分析，对学习效果进行对比，以探索适应开大的在线课程学习模式。

在顺应以学习者学习需求为导向的课程设计趋向下，对课程进行后续改进都需获取第一手的来自用户体验的资料，这是帮助课程进行改进和深入完善的重要前提。在后续课程的设计中，我们将针对此次评估实验中存在的问题对课程进行有针对性的修改和调整，以使线上的艺术学习课程更趋于完美，满足不同学习者的需求。

参考文献

[1] 李娟.基于眼动记录的沙发形态设计评价研究[D].南京：南京林业大学，2011：1-3.

[2] 朱生银.基于眼动仪的藏汉远程教育用户界面设计研究[D].兰州：西北民族大学，2012：1-3.

[3] 陈一民，陈明，姚争为，黄诗华，陆意骏，陈伟，邹一波，李启明，谭志鹏，刘燕.基于眼动轨迹跟踪的景深融合增强显示方法及系统[J].2009(2)：13-16.

[4] 吴昊.数字媒体艺术的发展现状及人才培养的若干思考[J].新乡学院学报(社会科学版)，2012,26(1)：133-135.

[5] 钱初熹.迎接视觉文化挑战的美术教育[M].上海：华东师范大学出版社，2006.

第四部分

学习分析研究

基于情感认知的开放学习者兴趣画像

陈海建[1]　戴永辉[2,3]　韩冬梅[3,4]　夏丽华[3]

（1. 上海开放大学理工学院，上海 200433；
2. 上海对外经贸大学工商管理学院，上海 201620；
3. 上海财经大学信息管理与工程学院，上海 200433；
4. 上海财经大学上海市金融信息技术研究重点实验室，上海 200433）

摘要： 在开放式教学中，学习者能否完成学业与学习者兴趣密切相关，在此，以情感认知理论为基础，从情感认知视角对学习者兴趣进行研究，通过脑认知实验观测以及学习者学习行为的挖掘来研究学习兴趣，在情境学习兴趣的脑认知机制基础上，选取五类学习行为作为参数建立兴趣模型。实验结果表明，依照上述方法建立的模型，能够有效表征开放式教学中学习者的兴趣。

关键词： 开放教学；学习者兴趣；情感认知；兴趣挖掘

引言

信息技术的发展使得教学方式发生了深刻的变革，20 世纪末出现的 E-learning 学习方式在培养学生的创新思维、自学能力上效果良好。然而，它也暴露出学习过程中师生之间缺乏直接面对面的交流、过度依赖数字化教学技术、较高的辍学率、易产生厌倦情绪等新问题。因而，混合式教学便应运而生，其可看作是结合了传统教学和网络化教学的优势而提出的一种新的、以获得更佳教学效果的教学方式[1]，深受开放学习者的喜爱。在网络教学中，各平台面临的最大窘境是“高辍学率、低完成率”。如：加州大学伯克利分校在 Coursera 平台上的“软件工程”课程，虽然有 5 万多注册学员，但仅有 7%的完成率，出现此种现象，与学员学习兴趣的转移不无关系。据国内果壳 MOOC 学院发布的“2014 年慕课学习者大调查”的结果显示，学习兴趣位列学习的三大动力之首[2]。

在学习兴趣的研究上，以往学者大多从学习者的在线学习路径、Web 日志数据入手进行兴趣挖掘，获得了很多有意义的研究成果。然而，“开放式教学”的学习者通常来自不同的社会群体，其学习经历、学科背景与相关基础知识均存在较大差异，这些个体特征导致学习者在学习行为上表现迥异。此外,网络学习的日志数据往往在 TB 级别以上,而且学习过程中伴随着大量的文本、图片等半结构化和非结构化的数据,从而使得开放学习者的兴趣挖掘呈现出复杂性,仅仅依靠传统的 Web 日志数据挖掘手段对学习者兴趣进行研究,效果欠佳。因而本文借助认知神经科学研究近年来在情感[3]、记忆与注意力等方面所取得的进展[4]-[6],将其引入学习者兴趣研究中,为海量数据的挖掘、分析和理解开辟新的途径[7]。

一、情感认知理论

1. 情感分类理论

情感是人对客观事物是否满足自己的需要而产生的态度体验[8]。对于情感的分类,学者们至今仍有争议,相对来说,从心理学的角度对情感进行划分较被认可,即,情感的基本情绪论和维度空间论[9]。

基本情绪论认为人类情绪由其特定的主观体验、外部表现和生理唤醒构成[10]。所谓主观体验即人们常说的自身感觉、自我感受;外部表现则指伴随个人情感而表现出的异于日常的面部表情、体态姿势、语调表情等身体各部分的动作表现;生理唤醒指的是个人的生理激活水平方式,它具备多种反应模式,可看成是生理反应。古语中的"七情六欲"中的七情便是指喜、怒、哀、乐、惊、恐、思等基本情感。

维度空间论认为人类所有情绪都可看成是由多个维度空间构成,各种情感并不是各自独立的,而是连续的,各种情绪的相似性和差异性是依据彼此在维度空间中的距离来显示的。在维度的划分上,Plutchik 提出了情感轮分类方法。他认为情感可以分为狂喜、警惕、悲痛、惊奇、狂怒、恐惧、接受和憎恨等 8 个基本的类别,这些情感分布在一个以自然原点为中心的圆形的结构上,所有情感通过这 8 个基本情感进行组合都能得到,如:轻蔑就能由生气和厌恶组合而成。

在情感的维度划分中,Mahrabian 和 Russell 提出的 PAD 三维空间情感模型颇有影响,该模型认为情感由愉悦度、激活度、优势度三个维度组成,其中 P 为愉悦度(pleasure-displeasure),用来表示个体情感状态的正负特性;A 为激活度(arousal-nonarousal),用来表示个体的神经生理激活水平;D 为优势度(dominance-submissiveness),用来表示个体对情景和他人的控制状态[5]。

2. 认知心理学

认知心理学是一门以人的心理和心理进程为研究对象的学科,该学科研究人对信息的心理加工过程,如注意、知觉、表象、思维和言语等[11]。认知心理学之父 Ulric Neisser 认为"认知是指所有产生感官输入、转换、修剪、阐述、储存、恢复和使用的过程。任何人类的所作所为都可能会介入认知过程,每一个心理现象都是一种认知现象"[12]。

依据认知心理学的观点,学习可被看作是一个信息加工的过程。学习者个体参与学习，不断获取新的知识，其不断获取信息并储存到记忆中。加涅在对学习的模式进行研究后，把学习过程分成若干阶段，认为每一阶段是在进行不同的信息加工[13]，如图1所示。

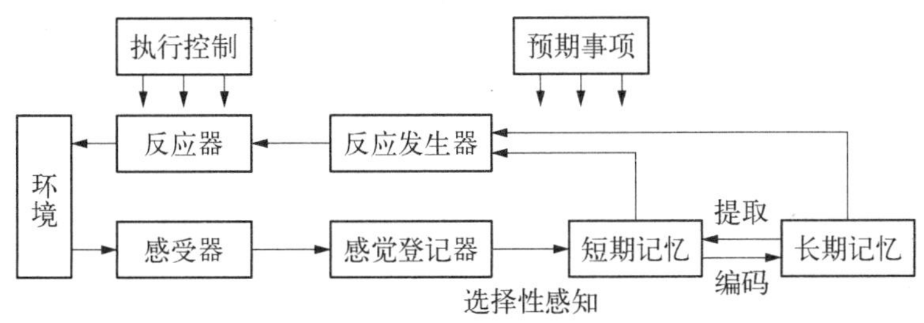

图1　加涅的学习的信息加工模式

二、情境学习兴趣脑认知

情境兴趣是指在从事活动或者学习任务时表现出的关注，进而激发个体所产生的对学习环境中的某种条件或者刺激的即时性情感反应，它有可能会持续较长时间，但也可能瞬间结束[14]。

1. 情境学习兴趣脑认知

在情境兴趣的脑认知过程中，随着情境的变化，其认知过程与兴趣也会不断发生变化。作为认知的结果，学习者的情感体验也是动态变化的。当学习者登录到网络学习平台时，网络课程页面的设计表现形式及其所蕴含的信息，将首先通过感觉通路在学习者的选择性关注机制作用下，被传递到学习者的大脑边缘系统，由此产生第一性情感信息，以上反应主要由刺激信号的表象信息所产生，因此如何设计有吸引力的网络课程界面并将能激发学习兴趣的具有表象力的情境信息传达给学习者，是学习平台设计中首先需要考虑的要素。

在第一性情感反应的基础上，刺激信号中的内容信息会进一步通过学习者的大脑高级皮层认知活动形成对其语义信息的第二性情感反应，由此形成进一步的情绪体验，这是网络学习平台在内容提供方面应该考虑的问题。应该针对学习者的需求，提供富有吸引力的学习内容与学习方案设计，从而充分调动学习者的自主学习兴趣。

在第一性和第二性情感体验基础上，学习者大脑会在记忆作用下对特定刺激符号构建情感符号规则系统，一旦出现熟悉的表象或语义信息符号时，学习者会以记忆中的情感体验对上述符号引发特定的选择性关注，并由此调节视觉、听觉与认知时间资源的分配。因此，愉悦的学习体验和经历对于学习者后续的学习兴趣激发具有重要的先导作用，有助于培养其自主学习兴趣和行为。

2. 情境学习兴趣脑认知实验

大脑只要在运作，就会产生脑电波。通过植入测试帽里的电极测量得到的大脑皮层电位变化，以时间为横轴、以电位为纵轴进行记录而得的波形图，称为脑电图(Electroencephalography，EEG)。由于脑电信号中存储了情感、思维、精神和心理活动等丰富内容，因而通过 EEG 信号来进行情感认知的研究已成为国内外诸多学者的选择[15]。

1) 实验人员

本实验参与者共 12 人，他们都是来自“上海学习网”的学习者，其中，男性 7 名，女性 5 名，平均年龄为 23.3 岁。所有被试身心健康，右利手，视力正常或矫正视力正常，在测试前都签了实验知情同意书。

2) 实验准备

(1) 文字素材准备。在正式实验之前先对刺激用素材做筛选，为此走访了一些老师，收集到 100 个相关词语。接着，请 20 位领域专家对所收集到的每个词语进行归类相关程度的等级判断(0～5 级)，其中，0 指毫无关系，5 表示相关性最高。最终，选出 50 个词语配以文字说明作为实验用的素材，同时，另选 50 个家庭生活用品类的词语作为中性词语材料。

(2) 多内容素材准备。对上述(1)中的文字素材，相应制作文字加动画、文字加音频、文字加色彩、文字加图形的素材页面。

(3) 实验用的网页准备。在实验用的网页中嵌入网络行为采集的代码，如对网页的点击行为、鼠标滚动行为、拖动行为等进行采集。屏幕录制软件预先装入测试用的计算机。

3) 实验过程

本次实验包括如下步骤。

步骤 1：被试准备。被试在进行过头部清洗后，坐在隔音实验室的沙发里，将带有 8 个通道电极(Fp1，Fp2，T3，T4，C3，C4，O1，O2)的脑电帽戴在头上，并连接到脑电图机进行阻抗测试。

步骤 2：开始实验。被试面对计算机屏幕的距离为 70 cm，水平×垂直视角约为 3.3°×2.4°，计算机的屏幕背景为黑色。刺激呈现的方式为：首先在屏幕中央呈现一个红色“+”字，1 秒之后出现刺激词语相关的图片，图片的呈现时间为 2 秒，2 秒时间间隔之后出现黑色背景。被试者通过键盘数字反馈自己的反应。然后，进入下一素材的实验，其间的时间间隔为 2 秒。

步骤 3：对被试进行信号采集，并将数据保存至计算机里。

4) 实验分析

测试者在完成任务(素材浏览)中的刺激词与中性词浏览实验后，其四类脑电波($\alpha,\beta,\delta,\theta$)的测试数据被采集。据生物医学研究的结果表明，当人类大脑在思考或兴奋时，β波就会大量出现，它被认为是大脑皮层在紧张或激动状态时出现的电位活动的主要表现，而β波在额部和颞部最为明显。当学习者对学习产生兴趣时，往往在注意力、情绪上会产生波动，引发β节律波，因此，本文以β节律波的相对能量比作为特征值，以分析学习者在不同认知负荷下的脑电信号表征。实时脑波图如图2所示。

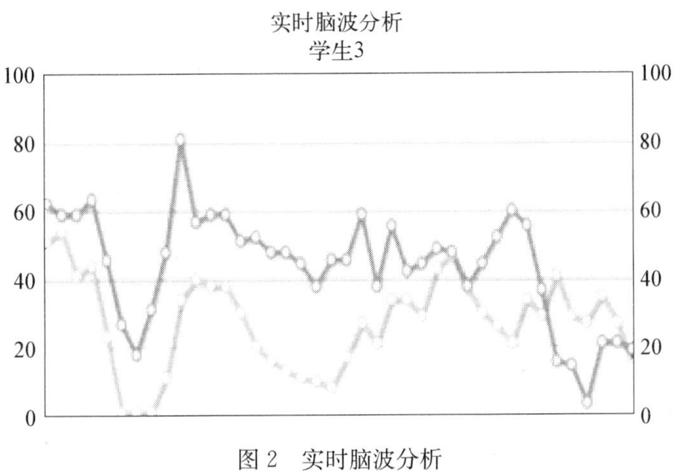

图2　实时脑波分析

此外，对学习者的刺激词和中性词的β节律波的相对能量绘图如图3所示。

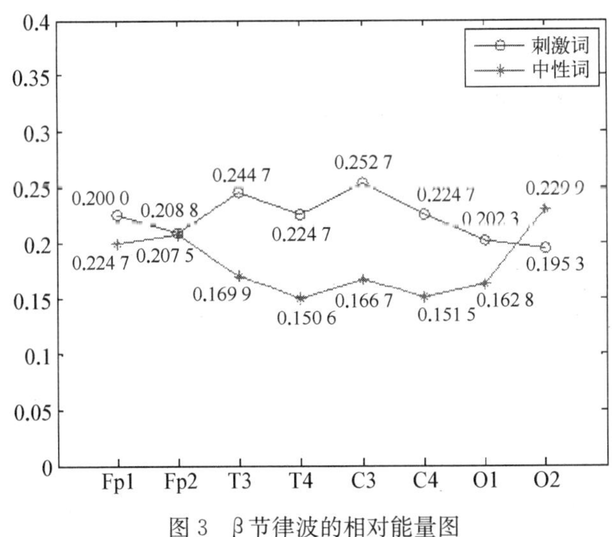

图3　β节律波的相对能量图

从图3可看出，相对于执行中性词任务，测试用户在执行刺激词任务时，除了O2区域的β节律波的相对能量要低以外，其他7个位置（Fp1，Fp2，T3，T4，C3，C4，O1）的β节律波的相对能量均要高，说明刺激词任务对额部和颞部区域的电波影响较大，表明测试用户此时注意较为集中，情绪较兴奋，认知负荷增加。

三、网络学习兴趣的表征

1. 网络操作行为参数化

学习者在上网过程中的操作在一定程度上反映了操作者的心理状态，是兴趣的重要表征。在参考以往学者对网络浏览行为兴趣分类的基础上把与兴趣相关的学习者的网络操作行为分为五类，如表1所示。

表1　与兴趣相关的学习者的网络操作行为

类　别	行　　为	参　数
1	标记的兴趣行为	次数
2	课程链接的兴趣行为	次数
3	学习时长的兴趣行为	时间
4	网页内滚动的兴趣行为	距离
5	文本的兴趣行为	相似度

根据表1所划分出的5种与兴趣相关的学习者的网络操作行为，以如下集合来表征网络学习兴趣：

$$I=(A1,A2,A3,A4,A5)$$

其中，A1为标记的兴趣行为类集合，A2为课程链接的兴趣行为类集合，A3为学习时长的兴趣行为类集合，A4为网页内移动跨度的兴趣行为类集合，A5为文本的兴趣行为类集合。

2. 网络操作行为的兴趣度量

(1) A1类行为的兴趣度量。对A1类行为的兴趣度量，是根据学习者参与标记行为的次数所给出的。通常认为标记行为均与兴趣有关，标记越多，说明学习者对这部分内容越感兴趣，用如公式(1)所示来计算操作行为参数：

$$I_{A1}=\sum A_{1i} \qquad \text{公式(1)}$$

其中，A_{1i}指所有标记行为的次数，包括列为标签，添加书签、保存页面、打印页面的次数。

(2) A2类行为的兴趣度量。对A2类行为的兴趣度量，是根据学习者参与点击课程资源的次数所给出的。根据学习理论，在线学习的集中注意力一般在10～30分钟，这段时间内学习效果最佳。网络学习过程一般都是断断续续，学习者会多次进入学习界面(包括复习、答题、提问、反馈等),学习的次数越多,说明对这个知识点越感兴趣。

$$I_{A2} = \sum A_{2i} \quad \text{公式(2)}$$

(3) A3类行为的兴趣度量。对A3类行为的兴趣度量,是根据学习者累计参与学习的时间给出的。通常来说,在某一学习资源中花费的时间越长,说明学习者对这部分内容越感兴趣,因此学习时间直接反映了兴趣程度。我们可以通过学习者开始进入时间与退出时间的差,来计算每一次学习时间,把对该资源的所有学习时间累加作为这个学习者对这个学习资源的学习时间。

$$I_{A3} = \sum (EndTime - StartTime)_i \quad \text{公式(3)}$$

(4) A4类行为的兴趣度量。对A4类行为的兴趣度量,是根据学习者在网页内移动距离所给出的。页面内跨度以坐标值来衡量,页面内跨度计算如公式(4)所示。

$$I_{A4} = \frac{d \mid EndPoint_{heigth} - StartPoint_{heigth} \mid}{d(ScreenWidth_{heigth})} \quad \text{公式(4)}$$

(5) A5类行为的兴趣度量。对A5类行为的兴趣度量,是根据学习者发布的文本与兴趣主题的匹配程度给出的。当学习者在网站平台进行关键字搜索或发表了文字信息,就能从这些文字信息中提取兴趣,对此类行为采用TF-IDF(term frequency-inverse document frequency)相似度计算来完成。

四、学习者兴趣建模

1. 样本数据选取

本研究选取的学习者样本数据来自“上海学习网”(http://www.shlll.net)上注册的学习者,将2012年1月至2015年1月的数据作为研究对象,取30位学习者的学习行为作为样本数据,并通过网上显示兴趣收集取得这些学习者的显示兴趣度,表2是经过归一化之后的学习者兴趣的样本数据。

表2　学习者兴趣数据

学　号	课程	A_1	A_2	A_3	A_4	A_5	兴趣
2011001	01001	0.658 7	0.311 1	0.422 9	0.789	0.320 5	0.69
2011002	01001	0.411 8	1.000 0	1.000 0	0.493 4	0.704 4	0.52
2011003	01001	0.881 1	0.555 6	0.695 0	1	0.300 4	0.98
2011004	01001	0.678 1	0.566 7	0.578 8	0.526 9	0.200 5	0.74

续表

学　号	课程	A_1	A_2	A_3	A_4	A_5	兴趣
2011005	01001	1.000 0	0.444 4	0.558 7	0.984 2	0.700 6	0.92
2011006	01001	0.776 5	0.677 8	0.657 5	0.789 5	0.100 2	0.83
2011007	01001	0.768 6	0.533 3	0.379 9	0.810 5	0.100 0	0.83
2011008	01001	0.782 4	0.555 6	0.530 7	0.663 2	0.545 3	0.71
2011009	01001	0.761 8	0.722 2	0.581 0	0.882 2	0.663 1	0.83
2011010	01001	0.632 9	0.488 9	0.983 2	0.615 8	0.443 2	0.62
…	…	…	…	…	…	…	…
2011030	01001	0.760 0	0.563 2	0.555 6	0.830 7	0.552 4	0.87

2. 模型构建

根据网络操作行为兴趣与调研反馈得到的兴趣值，建立多元回归模型。模型中的截距和各系数的值可由最小二乘估计法来获得，即，各系数 $\beta_1=0.561\,9$，$\beta_2=0.080\,3$，$\beta_3=0.040\,8$，$\beta_4=0.275\,8$，$\beta_5=0.010\,9$，截距为 0.030 3，因而，该课程的兴趣回归方程如公式(5)所示。

$$Y_{interest}=0.561\,9X_1+0.080\,3X_2+0.040\,8X_3+0.275\,8X_4+0.010\,9X_5+0.030\,3$$

公式(5)

式(5)中，X_1 为标记的兴趣行为类参数，X_2 为课程链接的兴趣行为类集合，X_3 为学习时长的兴趣行为类集合，X_4 为网页内移动跨度的兴趣行为类集合，X_5 为文本的兴趣行为类集合，其中 X_1 与 X_4 的系数较大，说明这两类行为在判断学习者兴趣上较重要；X_5 的系数较小，这与多数网络学习者不太参与文本讨论相关。此外，经检验，该模型的 $R^2=0.901\,6$，说明模型拟合效果较好，并且各系数的 P 值均小于 0.05，表明回归系数显著。

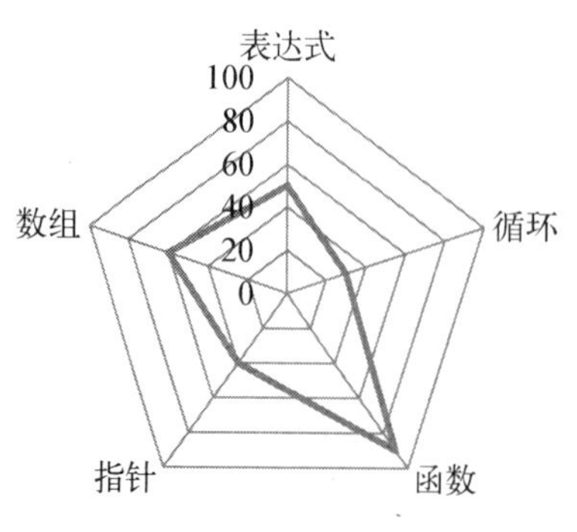

图 4　“C 程序设计”课程兴趣知识点分布

以“C 程序设计”课为例，对该课程的 5 个知识点，即：表达式、数组、指针、函数、循环来观察学生的兴趣，如图 4 所示。

为了测试所建立的多元回归方程模型的精确度，取该课程另外 10 位学习者的数据，代入回归方程计算兴趣度，并与显示获取的兴趣度做比较，结果如图 5 所示。

从对比数据来看，计算得到的兴趣度与显示获

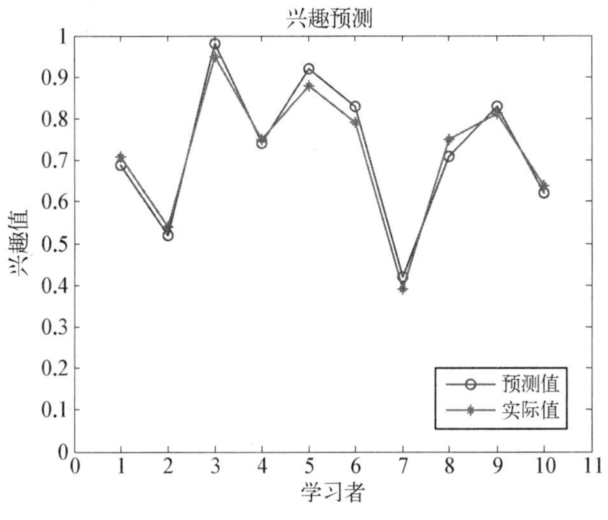

图 5　计算兴趣与显示兴趣度对比

取兴趣的总体精确度为 91.39%，效果较好，表明其能用于开放式教学方式下学习者的兴趣度预估。

五、结论

本文针对开放教育的特点，以情感理论等为指导，从情感认知视角对学习者兴趣建模进行研究，通过脑认知实验观测以及学习者学习行为的挖掘来研究学习兴趣，提出了情境学习兴趣脑认知机制和 6 种学习兴趣行为表征模式，并建立了学习者兴趣回归模型。实验表明，依照上述方法建立的模型，能够有效表征开放式教学中的学习者兴趣。

从总体来看，本文的研究工作还可从人的生理特征来对学习者的学习兴趣行为数据进行多角度采集与分析，比如，引入眼动仪、移动血压或其他可穿戴设备来测试学习者的生理反应数据，以便进一步完善兴趣建模。

参考文献

[1] Young K, Voci E, Blended learning working in a leadership development programme[J]. Industrial & Commercial Training, 2001, 33(5): 157 - 161.

[2] MOOC 学院，2014 年慕课学习者调查报告[EB/OL].(2014 - 08 - 11)[2018 - 03 - 04]. http://mooc.guokr.com/post/610674.

[3] Huang S, Zhou X, Xue K., et al. Neural cognition and affective computing on cyber language[J]. Computational Intelligence & Neuroscience, 2015, 2015(2): 1 - 10.

[4] Ma Q G, Feng Y D, Xu Q, et al. Brain potentials associated with the outcome processing in framing effects [J]. Neuroscience letters, 2012, 528(2): 110 - 113.

[5] Dai W H, Han D M, Dai Y H, et al., Emotion recognition and affective computing on vocal social media [J]. Information & Management, 2015, 52(7): 777 - 788.

[6] Ma Q G, Jin J, Wang L, The neural process of hazard perception and evaluation for warning signal words: Evidence from event-related potentials [J]. Neuroscience letters, 2010, 483(3): 206 - 210.

[7] 陈海建.慕课环境下学习者兴趣挖掘研究[D].上海：上海财经大学学位论文,2015.

[8] 林崇德.心理学大辞典[M].上海：上海教育出版社,2003：239 - 243.

[9] Adomavicius G, Tuzhilin A, Using Data Mining Methods to Build Customer Profiles [J]. Computer, 2001, 34(3): 74 - 82.

[10] Ortony A, Turner T J, What's basic about basic emotions? [J]. Psychological Review, 1990, 97(3): 315 - 331.

[11] Neisser U, Cognitive Psychology: Classic Edition[M], Psychology Press, 2014: 3 - 11.

[12] 张彦,张永奎,安增波,王鹏. 基于层次概念的用户兴趣模型研究[J].计算机工程与设计. 2008,1: 181 - 183.

[13] Blomberg O.Conceptions of Cognition for Cognitive Engineering [J].International Journal of Aviation Psychology, 2011, 21(21): 85 - 104.

[14] Hidi S, Renninger K A, The four-phase model of interest development[J].Educational psychologist, 2006, 41(2): 111 - 127.

[15] Ko K E, Yang H C, Sim K B, Emotion recognition using EEG signals with relative power values and Bayesian network[J], International Journal of Control Automation & Systems, 2009, 7(5): 865 - 870.

（本篇文章部分内容已经公开出版，刊于：①《开放教育研究》,2017 年第 3 期；② 3rd Annual International Conference on Information Technology and Applications; ③ 2016 IEEE International Conference on Progress in Informatics。）

面向大数据的多终端学习行为分析研究

吴　兵[1,2]

（1. 上海开放大学理工学院；2. 上海开放远程教育工程技术研究中心）

摘要：目前，大规模在线学习成为共享优质资源、实现教育公平的重要学习方式及途径。与此同时，学习行为分析是帮助学习者获得优质学习支持服务的重要手段。当前，在线学习的学习环境有了巨大的变化，以移动应用、社交学习为代表的新的学习手段及方式，推动学习分析向新的高度及深度发展。本文在大数据背景下，以桌面终端及移动终端上发生的学习行为为着眼点，探索多终端融合学习行为的发生状态及规律，构建了一个基于多终端融合学习行为的分析模型，并利用可视化分析工具对模型进行技术实现。通过一定数据规模的实证分析，表明模型能够获得学习者自然分布、学习用时以及学习频度等多个特征。这些特征可以对教学效果做及时准确的反馈，提供教育服务与个性化干预，有利于促进教与学。

关键词：学习行为分析；学习行为模型；移动学习；数据可视化

引言

面向大规模的在线教育，学习者的学习体验和教学者的教学体验都有颠覆性的改变。新的“教”与“学”过程的实施，必然是对学习者综合学习成效分析后，给出对学习者的反馈与指导的动态过程。在这个过程中，对学习者的学习行为进行的综合性分析，是实现有效指导、个性化服务、及时学习干预等学习支持服务的前提。

目前，大规模在线教育中的学习环境有极大的变化。在载体形式上，不仅有传统的桌面系统，还有学习者更倾向使用的智能移动终端，即各类智能手机。在内容服务上，学习者不仅有传统的学习系统的学习活动，还包括各类社交学习活动。因此，对现有的学习活动开展分析，必然是面向大数据应用环境的。针对大数据的特点，采用适当的学习分析方法，挖掘与整理这些学生学习行为，将成为能够跟踪学习、评价学习以及改进学习的最佳数据来源。

本文在文献调研的基础上，面向大数据环境，从学习分析需求出发，构建了一个面向多终端的在线学习行为分析模型,并借助高效的可视化技术进行实现。最后,开展了一定数据规模的实证分析,结合案例探讨了本文提出的模型的科学意义和应用价值。

一、相关研究

1. 大数据技术

早在1980年,著名未来学家托夫勒在其所著的《第三次浪潮》中就首次提出了"大数据"的概念,并将其称颂为"第三次浪潮的华彩乐章"。《自然》杂志在2008年9月推出了名为"大数据"的封面专栏。麦肯锡全球研究所对"大数据"给出的定义是:一种规模大到在获取、存储、管理、分析方面大大超出了传统数据库软件工具能力范围的数据集合,具有海量的数据规模、快速的数据流转、多样的数据类型和价值密度低四大特征。大数据的出现将会对社会各个领域产生深刻影响。美国政府2012年宣布投资2亿美元启动"大数据研究和发展计划",这是继1993年美国宣布"信息高速公路"计划后的又一次重大科技发展部署。美国政府认为大数据是"未来的新石油",一个国家拥有数据的规模和运用数据的能力将成为综合国力的重要组成部分。国际数据公司(IDC)认为"大数据"具有4V特性,即Volume(大量)、Velocity(高速)、Variety(多样)、Value(价值)等特点。在教育领域中体现出信息技术应用密集、信息数据产生数量庞大、数据分析应用需求突出的特点,尤其是以信息技术为支撑的网络教育更为显著。

2. 学习分析技术

学习分析的定义源于美国高等教育信息化协会的"下一代的挑战",其将学习分析定义为:使用数据和模型预测学生的学习进程和绩效并使用该信息进行干预。在国际上有专门针对学习分析研究和应用的国际会议"学习分析技术与知识国际会议",目前已举办两届。2011年,首届学习分析与知识国际会议将学习分析定义为"测量、收集、分析和报告有关学习者及其学习情景的数据集,以理解和优化学习及其发生情景"。媒体联盟将其定义为:利用松散耦合的数据收集工具和分析技术,研究分析学习者学习参与、学习表现和学习过程的相关数据,进而对课程、教学和评价进行实时修正。[1]

华东师范大学顾晓清教授在文献[2]中认为学习分析是围绕与学习者学习信息相关的数据,运用不同的分析方法和数据模型来解释这些数据,根据解释的结果来探究学习者的学习过程和情景,发现学习规律;或者根据数据阐释学习者的学习表现,为其提供相应的反馈从而促进其更加有效地学习。美国新媒体联盟(NMC)与美国高校教育信息化协会(EDUCAUSE)发布的《2013年地平线报告(高教版)》预测:学习分析技术将在未来的两到三年内成为主流技术,并得到广泛的应用[1]。

与学习分析相关的技术是教育数据挖掘。教育数据挖掘是综合运用数学统计机器学习和数据挖掘的技术和方法,对教育大数据进行处理和分析。通过数据建模发现学习者学习结果与学习内容、学习资源和教学行为等变量的相关关系,来预测学习者未来的学习趋势。《美国教育部报告》通过对教育数据挖掘领域专家进行访谈列出了教育数据挖掘的四个研究目标：① 通过整合学习者知识、动机、元认知和态度等详细信息进行学习者模型的构建，预测学习者未来的学习发展趋势；② 探索和改进包含最佳教学内容和教学顺序的领域模型；③ 研究各种学习软件所提供的教学支持的有效性；④ 通过构建包含学习者模型、领域模型和教育软件教学策略的数据计算模型促进学习者有效学习的发生。

教育数据挖掘和学习分析应用领域主要包括：学习者的知识、行为和经历建模，学习者建档，领域知识建模，趋势分析。表1是对两者应用详细的应用领域。

表1　数据挖掘和学习分析的应用领域

应用领域	研究问题	所 需 数 据
用户知识模型	学生已经掌握了哪些内容？（例如具体的技能、概念、过程性知识、高阶思维能力）	学生测验结果（正确、不正确、部分正确），答题前所需准备时间，是否需要提示，重复答错题目的次数，错选哪个选项，学生运用到的能力；基于在学习系统内的表现和标准化测验对学生学习表现的测量
用户行为模型	学生的行为类型对他们的学习意味着什么？ 学生是否有学习动力？	学生测验结果（正确、不正确、部分正确），答题前所需准备时间，是否需要提示，重复答错题目的次数，错选哪个选项； 教室和学校环境的变化
用户体验模型	学生对他们的学习体验是否满意？	问卷填答数据在后续学习单元和课程中的选择、行为和表现
用户描绘	学生可以被分为哪些类型？	学生测验结果（正确、不正确、部分正确），答题前所需准备时间，是否需要提示，重复答错题目的次数，错选哪个选项
领域模型	某个话题应该在哪些节点上被分成不同的模块？这些模块的讲授顺序应该是怎样的？	学生测验结果（正确、不正确、部分正确），以及学生在不同大小的模块中的表现 领域模型分类学不同问题之间的联系，以及能力和问题之间的联系
学习要素分析和教学原理分析	哪些要素有利于提高学习效果？ 哪些学习原理是有效的？	整个的课程设计效果如何？ 学生测验结果（正确、不正确、部分正确），以及学生在不同大小的模块中的表现； 领域模型分类学不同问题之间的联系，以及能力和问题之间的联系
趋势分析	随时间变化的趋势是怎样的？	取决于研究者感兴趣的信息； 一般至少要有三个时间点的数据； 数据包括：入学信息、生源信息、学位、完成情况、高中信息等

续表

应用领域	研究问题	所 需 数 据
适应性和个性化	对于学生的下一步学习行动有什么建议？ 对于后续选课学生，应如何改善他们的学习体验？ 应该如何对学生的学习体验进行即时调整？	取决于所提建议的领域； 关于学生、课程的历史数据； 学生学业表现数据

3. 学习行为及学习行为模型

行为科学与教育学结合的研究，最早见于教师教学行为，例如瑞恩斯、罗森谢尔等对教师课堂教学行为标准的研究；盖茨、帕森斯等对教师角色行为的研究；弗兰德斯师生互动行为研究以及我国学者对教师行为、师生互动行为的研究（傅道、佐斌、吴康宁等）。关于网络学习行为的性质、内涵，国外在这方面的研究主要集中在行为特征、行为规律的描述以及基于学习者模型的学习过程及特征分析等方面。国内部分学者从行为发生的数字化环境这一特征出发对网络学习行为下了定义，例如：杨开城等人[3]认为，网络学习行为指学习者在由现代信息技术所创设的、具有全新沟通机制与丰富资源的学习环境中，开展的远程自主学习行为。王佑镁认为，网络自主学习行为指学习者在学习目标的指引下，在计算机网络所创设的、具有丰富学习资源与全新沟通机制的学习环境中进行的意义建构、问题解决和社会化交互活动的总和[4]。

对于用户模型标准化的工作，最著名的有 IEEE 定义的 PAPI 模型和 IMS 的 LIPS 模型。PAPI 模型中，包括：learner personal info，learner relations info，learner security info，learner preference info，learner performance info，learner portfolio info。LIP 模型包含的信息有：goal、activity、interest、identification、affiliation、security key 等。比较两个模型，PAPI 模型注重描述学习者基本信息及学习表现信息。LIP 模型将学习目标等因素考虑在内。此外，关于网络学习行为的研究模型中，技术接受模型（technology acceptance model，简称 TAM）是认可度较高的理论模型之一。技术接受模型是 Davis 在 1989 年运用理性行为理论研究用户对信息系统接受度时提出的一个模型。后来又经过多位学者的完善，形成了现在应用最为广泛的技术接受模型（如图 1 所示）。技术接受模型提出了两个主要的决定性因素：第一，感知有用性，反映一个人对使用某一具体系统来提高他的工作业绩的认可程度；第二，感知易用性，反映一个人对使用某个具体系统所认为的容易度。根据技术接受模型，外部变量会影响感知有用性和感知易用性，而感知有用性和感知易用性会决定系统使用者的行为态度，行为态度决定行为意图，行为意图最终决定用户对系统的使用。文献[5]探讨学习者的在线学习行为的建模机制，建立了数据、机制、结果三层次模型，并从网络挖掘的角度对学习数据进行模式分类与解析。文献[6]从 data and environments（what?），stakeholders（who?）， objectives (why?), and methods (how?)四个角度提出了一个学习分析的模型,并依据该模型分析了现有的学习分析研究及未来学习分析在四个角度的挑战与工作。

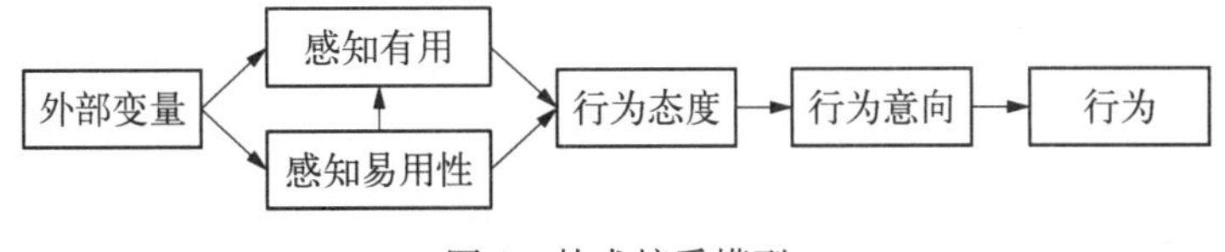

图 1 技术接受模型

对于学习分析的实现,国外一些学者尝试通过工具软件跟踪和分析网络学习者的操作行为。例如,Karin Anna Hummel 曾采用基于 Web 平台的学习系统,并通过该系统的数据库访问记录和服务器访问日志文件来获取学习者学习行为的相关数据,为分析提供数据源。Jia-Jiunn Lo 等则通过学习者在线学习的路径、浏览顺序和习惯,来确定该学习者可能具有的学习风格和学习偏好,为学习者推荐相应的学习资源[7]。台湾学者朱抬平对学习行为分类从算法角度探索了多种方法,在文献[8]中使用遗传算法结合 KNN 对学习者偏好进行分类。在文献[9][10]中提出使用高阶有色 Petri 网(CPN)对网络学习者的学习行为模式进行描述,实证结果表明生成的行为模式可在智能学习系统中有效预测学习者的学习行为及学习风格分类。文献[11]从 Web 语义的角度开展学习建模研究。其他的学习分析方法包括:模糊逻辑、基于案例的推理、贝叶斯网络以及决策树等。

二、多终端融合学习行为研究框架

随着大数据时代的来临、网络环境的不断优化以及大学生信息素养的提升,系统易用性与系统有用性的内涵正在不断丰富,网络学习行为过程中对学习资源的要求也在不断提高。内容丰富、来源可靠、形式多样、任务驱动的网络学习资源是吸引大学生参与网络学习的重要影响因素,也是提高网络学习用户黏性的关键要素。据此,以理性行为理论和技术接受模型为理论框架,本研究提出如下理论假设,即:在网络学习过程中,系统易用性受到资源形式与任务特征的影响,系统有用性受到资源内容与资料来源的影响,系统有用性及系统易用性同时影响学习者的学习态度,学习者的学习态度影响学习者的行为意图。当然研究不排除其他因素对大学生网络学习行为的影响。

本研究侧重于从资源及技术角度探讨网络学习行为的影响因素,研究框架如图 2 所示。在框架中,以学习行为模型由学习者背景、学习行为发生、学习行为内容为基础,构成学习行为模型的要素。学习行为模型最终支持学习效果评价、学习资源建设、学习知识发现、学习方式发现、个性化学习资源服务等学习支持服务。

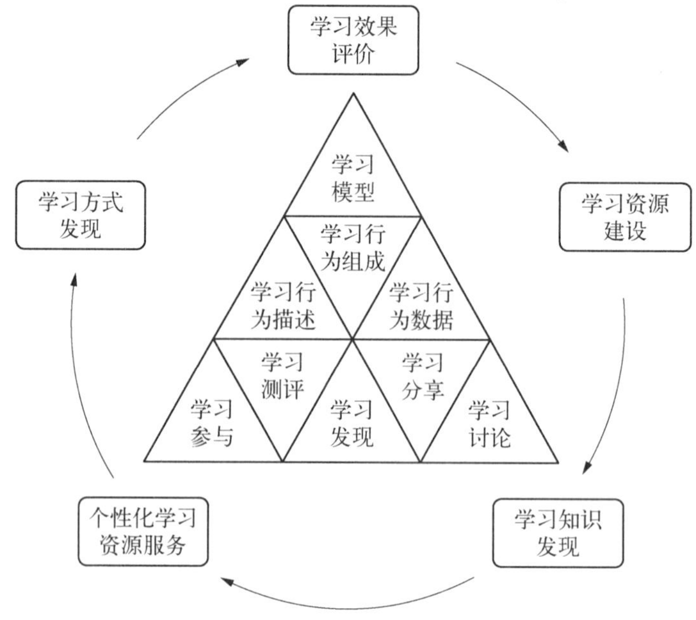

图 2　多终端融合学习行为研究框

三、多终端融合学习行为模型

1. 大数据环境下融合学习行为的多维设计

在大数据环境下，学习者学习行为呈现多维度的情况。学习者本身信息存在多维度情况，如图 3 所示。同时，学习行为发生存在多维度情况，如图 4、图 5 所示，可以包括学习行为访问方式维度、学习行为内容维度等多种分类。LMS 平台通过使用积累，可以详细地记录上述信息。然而，当前对上述信息的利用处于较为简单的方式，主要以文字、数组报表的形式出现，阅读和理解起来不够直观明了。此外，现有的报表形

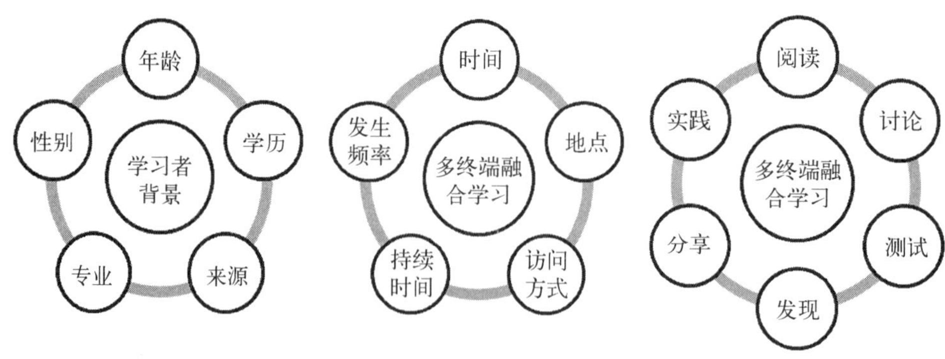

图 3　学习者背景多维信息　图 4　学习行为访问方式维度　图 5　学习行为内容维度

式，一个报表集中在一个主题，无法提供综合主题的信息呈现。因此，对学习行为的观察与理解，需要保留多维度的特点，并通过信息技术手段进行综合呈现。

2. 基于大数据分析的多终端学习行为可视化分析系统模型

为服务于大规模开放学习，本文设计了一个基于大数据多终端分析的可视化行为分析系统模型，如图 6 所示。在该模型中，学习者通过 LMS 提供的学习资源，利用桌面终端或者移动终端开展自主学习。LMS 记录学习者的各类学习行为，包括：资源访问、学习活动参与、作业完成、移动学习情况等。通过构建数据抽取引擎，对学习行为数据进行抽取及整理，形成学习行为记录数据库及多维分析立方体。通过可视化分析引擎对学习行为数据进行可视化展示，为教师提供直观学习过程效果展示，从而辅助教师进行各类教学决策，包括：调整教学策略以适应学习者，学习资源的补充，教学活动的开展等。

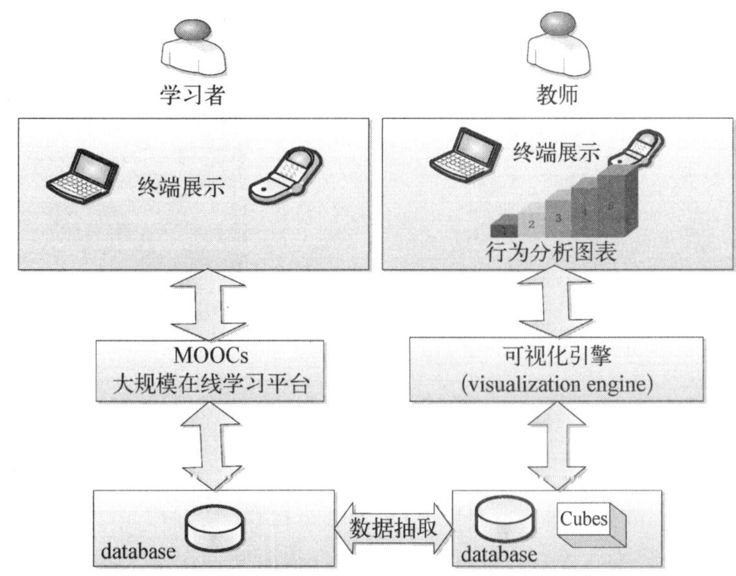

图 6　基于大数据分析的多终端学习行为可视化分析系统模型

四、基于大数据的可视化融合学习行为案例分析

1. 研究案例背景

上海开放大学自 2016 年秋季学期开始，全面启用新的教学平台。本研究从 2016 年秋季上海开放大学教学平台中选取了典型课程的学习数据，课程包括：办公自动化、网站设计与开发、智能终端操作与维护、公共管理、管理学概论、机械制造技术。课程涉及专业包括：软件工程、机械电子工程、工商管理、公共管理专业。采集的数据包括：学生信息、学习行为信息、学习资源信息、作业信息等。数据选取截止时间为 2016 年

11月中旬。

2. 基于可视化的学习行为案例分析

(1) 学生自然情况分析。通过数据分析，我们获得了各个课程的学习者性别、平均年龄及注册人数情况，如图7所示。其中，我们可以直观地看到，在公共管理学、管理学概论课程中，女性学习者多于男性学习者。涉及理工类课程，如机械制造技术、网站设计与开发，男性学习者人数多于女性学习者人数。学习公共管理学课程的学习者平均年龄男性为30.745，女性为31.289，高于其他课程的学习者。智能终端操作与维护及办公自动化课程的学习者年龄较为年轻，分别为24岁和28岁左右，男性学习者年龄更加年轻，该类课程属于专科层次。上述图形分析可以较为直观地表现课程学习者的差异。

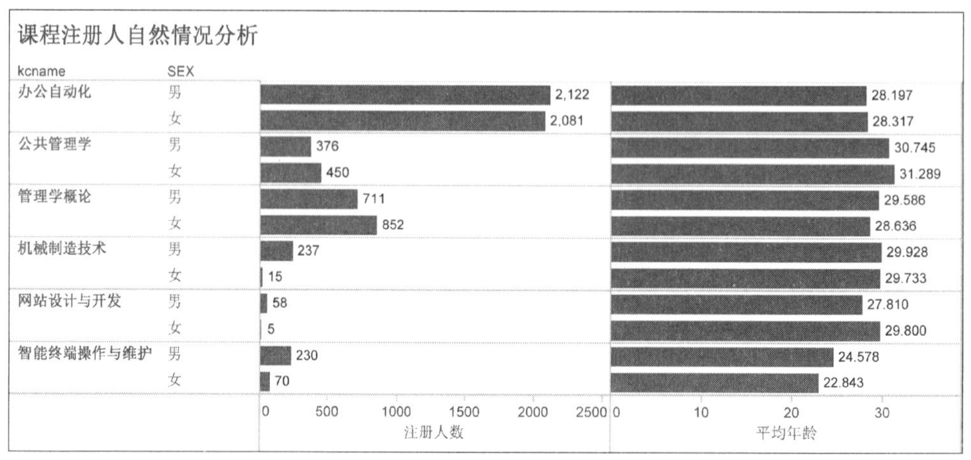

图7 课程学习者自然情况分析

(2) 学生来源情况分析。由于优质教育资源在全国分布的不均衡性，来自不同地区的学习者有不同的教育质量背景。同时，来源也体现出课程需求来源及人口流动的情况。然而，以往的学习背景分析中，很难将上述信息表现出来。本研究中，在地理信息的支持下展现出学生来源的信息，课程的学习者中上海地区的学习者最多，其次是安徽地区、浙江地区及河南地区。

通过对不同课程的分类分析，我们发现不同课程学习者的来源也有显著的差异如办公自动化课程、公共管理学、管理学概论覆盖面较大，在各省范围内均有分布，该类课程学习者来源范围较为广泛。而网页设计、机械制造技术课程主要来源于东部地区。

(3) 学习时长分析。学习者在学习平台的各类活动中，学习者的访问时长有较为典型的意义，它反映出学习者自主学习的持续过程。从图10(a)、图10(b)可以看出，学习者对课程单元学习资源的访问平均时长集中在20分钟以内。同时，不同课程也存在差异，从图8(a)和图8(b)中我们可以看出办公自动化、智能操作与维护课程的学习时长较其他课程显著较高。

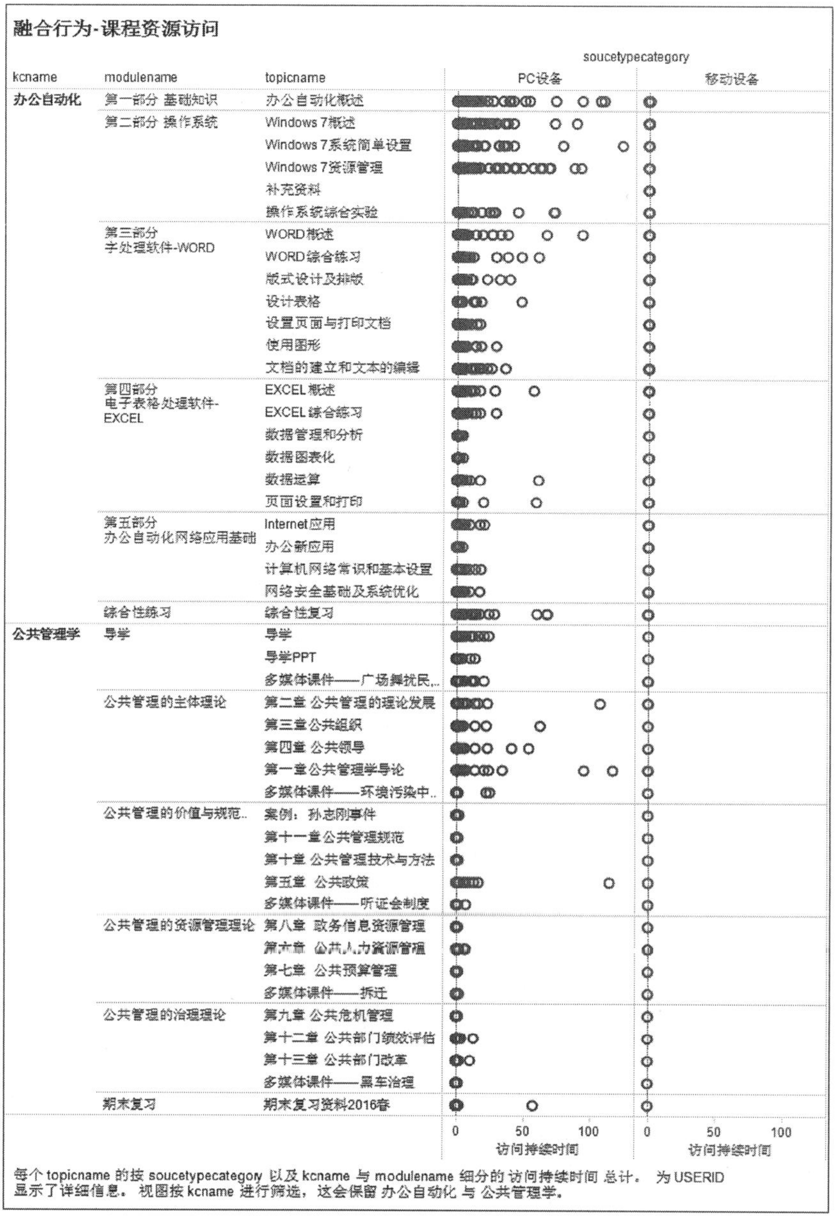

融合行为-课程资源访问

soucetypecategory

kcname | modulename | topicname | PC设备 | 移动设备

办公自动化
第一部分 基础知识 — 办公自动化概述
第二部分 操作系统 — Windows 7概述; Windows 7系统简单设置; Windows 7资源管理; 补充资料; 操作系统综合实验
第三部分 字处理软件-WORD — WORD概述; WORD综合练习; 版式设计及排版; 设计表格; 设置页面与打印文档; 使用图形; 文档的建立和文本的编辑
第四部分 电子表格处理软件-EXCEL — EXCEL概述; EXCEL综合练习; 数据管理和分析; 数据图表化; 数据运算; 页面设置和打印
第五部分 办公自动化网络应用基础 — Internet应用; 办公新应用; 计算机网络常识和基本设置; 网络安全基础及系统优化
综合性练习 — 综合性复习

公共管理学
导学 — 导学; 导学PPT; 多媒体课件——广场舞扰民...
公共管理的主体理论 — 第二章 公共管理的理论发展; 第三章公共组织; 第四章 公共领导; 第一章公共管理学导论; 多媒体课件——环境污染中..
公共管理的价值与规范.. — 案例：孙志刚事件; 第十一章公共管理规范; 第十章 公共管理技术与方法; 第五章 公共政策; 多媒体课件——听证会制度
公共管理的资源管理理论 — 第八章 政务信息资源管理; 第六章 公共人力资源管理; 第七章 公共预算管理; 多媒体课件——拆迁
公共管理的治理理论 — 第九章 公共危机管理; 第十二章 公共部门绩效评估; 第十三章 公共部门改革; 多媒体课件——黑车治理
期末复习 — 期末复习资料2016春

0 50 100 访问持续时间 | 0 50 100 访问持续时间

每个 topicname 的按 soucetypecategory 以及 kcname 与 modulename 细分的 访问持续时间 总计。 为 USERID 显示了详细信息。 视图按 kcname 进行筛选，这会保留 办公自动化 与 公共管理学。

图 8(a) 课程学习时长可视化分析

(4) 作业完成情况分析。课程作业完成情况可以作为学习者学习成效的重要依据。其中，作业完成时间、作业完成成绩是重要指标。研究对象课程的作业完成情况如图 9 所示。其中，上部分是作业成绩，下部分是使用时间。从该图可以直观地观察出对于课程各个部分学习者的实际情况。各个课程差异较为显著，课程内不同章节作业差异也较为显著。如办公自动化作为公共基础课程，难度较低，学习者容易通过。

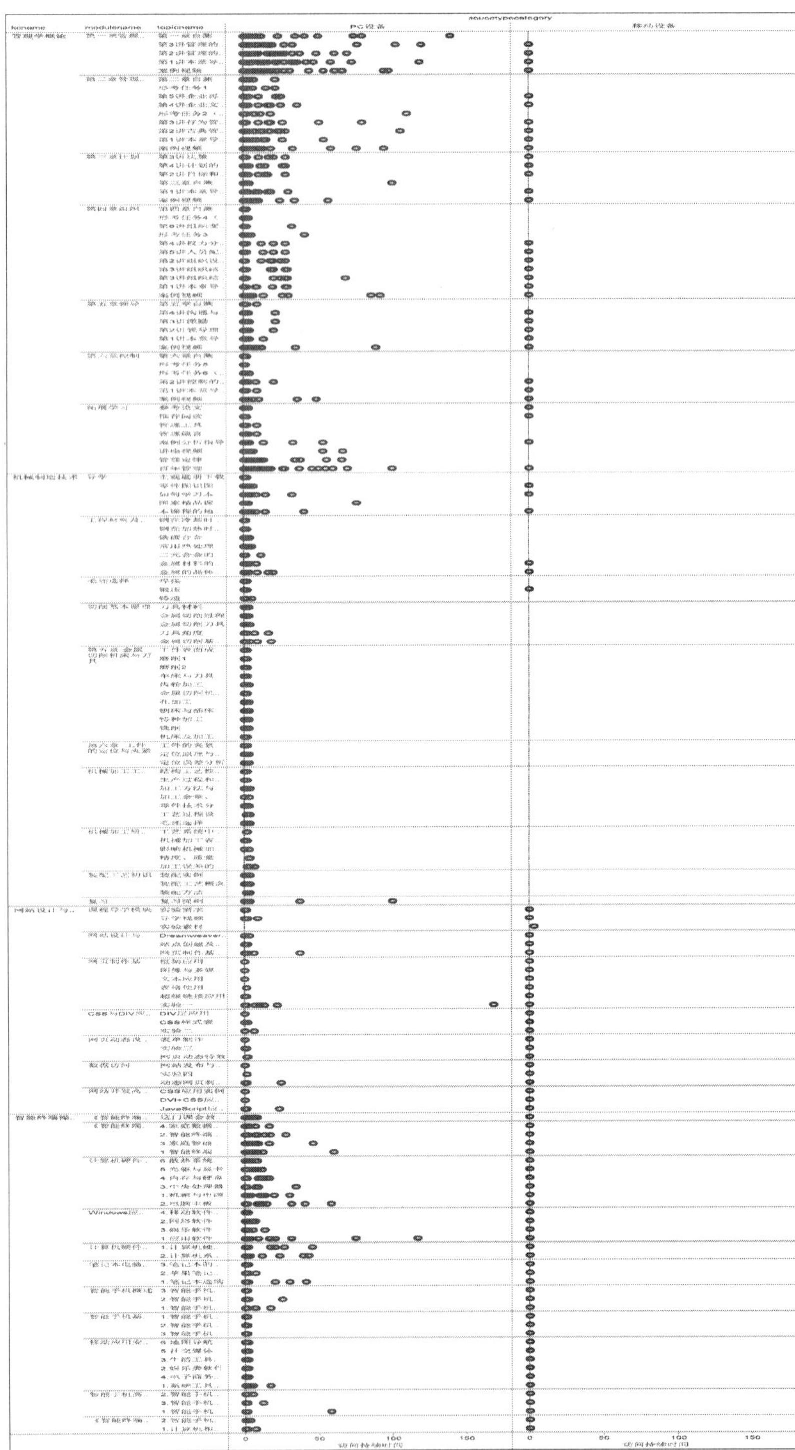

图 8(b)　课程学习时长可视化分析

管理学概论课程、公共管理学课程作为专业课程，难度与前者有较大差别，学习者花费时间及成绩与前者有较为显著的差异。

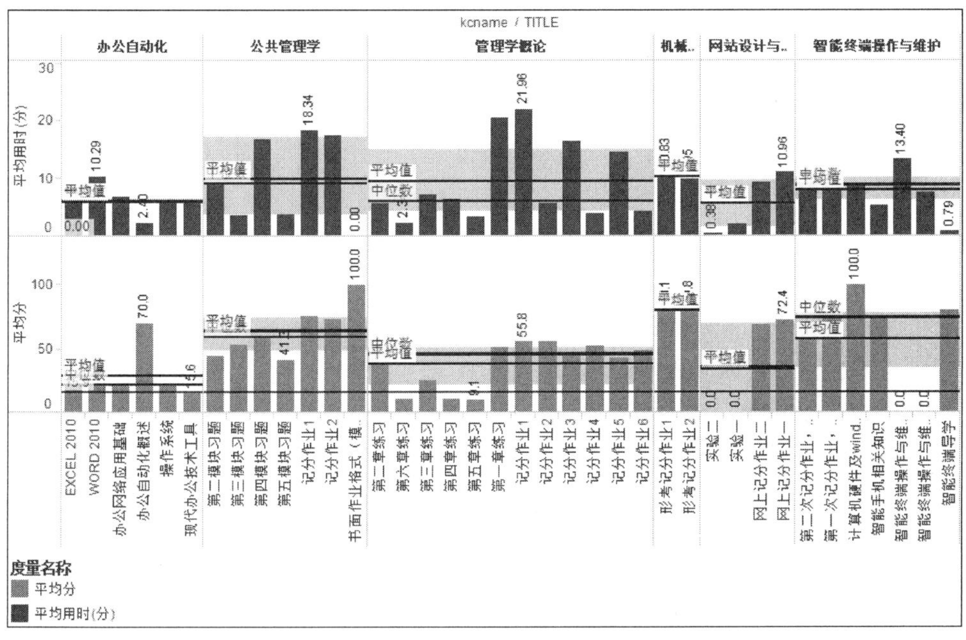

图 9　课程作业完成情况可视化分析

(5) 课程资源访问频度时间分析。课程资源访问频度可能反映出如下情况：学习者参与学习的积极性，在课程教学进程中学习者的兴趣所在及困难所在，学习者对特定学习内容的兴趣情况等。

图 10(a)及图 10(b)展示了案例课程的访问频度情况。从两张图可以看出第 42～43 周学习者的访问频度明显提高，之前的时间访问频度较低。该时间段年度的 10 月中下旬，为整个课程学习的后半程。从访问内容分析，对于管理学概论课程中的“拓展部分”，学习者有较高的访问率。对于办公自动化及智能终端操作与维护课程，学习者对各个章节的资源访问率都较高。上述两门课程都布置了大量的实践练习作业。学习者观看学习资源的频度也较高。

(6) 移动终端学习行为分析。移动学习是在线学习的重要组成部分。上海开放大学目前建设的新在线学习平台同时支持移动学习。新平台自 2016 年秋季学期开始大规模使用。通过学习行为数据分析发现，目前大部分学生访问数据还是通过 PC 端实现。移动端使用比例较少。图 11 显示了案例课程移动端的整体访问情况，从中发现男性性学习者更偏好尝试使用移动端进行学习。在年龄分布上分析，30 岁以内的学习者更愿意尝试移动学习。按照课程类型，将学习者分为两类。图 12(a)显示了管理学基础与公共管理课程学习者移动学习的情况，图 12(b)显示了其余理科课程的学习者

VIEWSTARTTIME

kcname | modulename | 周 37 | 周 38 | 周 39 | 周 40 | 周 41 | 周 42 | 周 43 | 周 44

公共管理学
公共管理的主体理论
公共管理的价值与规范..
公共管理的治理理论
公共管理的资源管理理论
导学
期末复习

管理学概论
拓展学习
第一章管理的基本问题
第三章计划
第二章管理理论的发展
第五章领导
第六章控制
第四章组织

记录数
1
1,000
2,000
3,000
3,747

SORTORDERmodule
1 26,229

图 10(a) 课程资源访问点击时间分析

访问情况。对比分析后发现，理科课程学习者在多个年龄段以及访问频率上，较文科学习者更愿意尝试移动学习。

(7) 多主题、多维度综合分析。前文的分析维度虽然可以直观地表达一个主题下各个课程的比较，发现差异，但是没有体现大数据环境下融合学习行为的全部特点，没有发挥出综合判断的功能。对此，本文通过设计将上述各个主题信息综合为一体，构建一个多维综合报表。以办公自动化课程为例，一门课程的多维度分析如图 13 所示。从该报表中可以直观地观察出选修该课程的学生来源、学生的学习时间、学习的点击率，以及学生作业完成情况。同时为了做出横向对比，报表设置了横向对比功能，如图 14，这样可以直观地观察到当前课程与其他课程的比较。

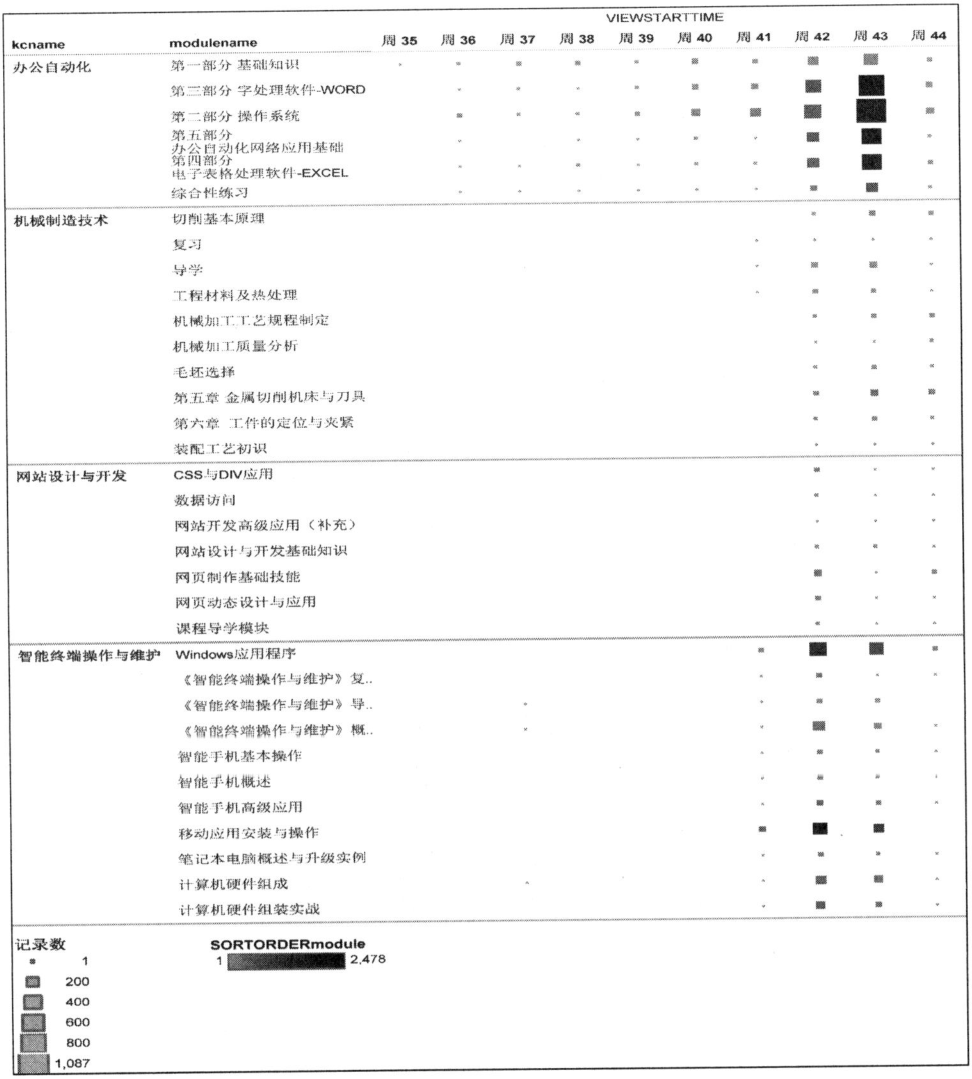

VIEWSTARTTIME

kcname	modulename	周 35	周 36	周 37	周 38	周 39	周 40	周 41	周 42	周 43	周 44
办公自动化	第一部分 基础知识										
	第三部分 字处理软件-WORD										
	第二部分 操作系统										
	第五部分 办公自动化网络应用基础										
	第四部分 电子表格处理软件-EXCEL										
	综合性练习										
机械制造技术	切削基本原理										
	复习										
	导学										
	工程材料及热处理										
	机械加工工艺规程制定										
	机械加工质量分析										
	毛坯选择										
	第五章 金属切削机床与刀具										
	第六章 工件的定位与夹紧										
	装配工艺初识										
网站设计与开发	CSS与DIV应用										
	数据访问										
	网站开发高级应用（补充）										
	网站设计与开发基础知识										
	网页制作基础技能										
	网页动态设计与应用										
	课程导学模块										
智能终端操作与维护	Windows应用程序										
	《智能终端操作与维护》 复..										
	《智能终端操作与维护》 导..										
	《智能终端操作与维护》 概..										
	智能手机基本操作										
	智能手机概述										
	智能手机高级应用										
	移动应用安装与操作										
	笔记本电脑概述与升级实例										
	计算机硬件组成										
	计算机硬件组装实战										

记录数
1
200
400
600
800
1,087

SORTORDERmodule
1　2,478

图 10(b)　课程资源访问点击时间分析

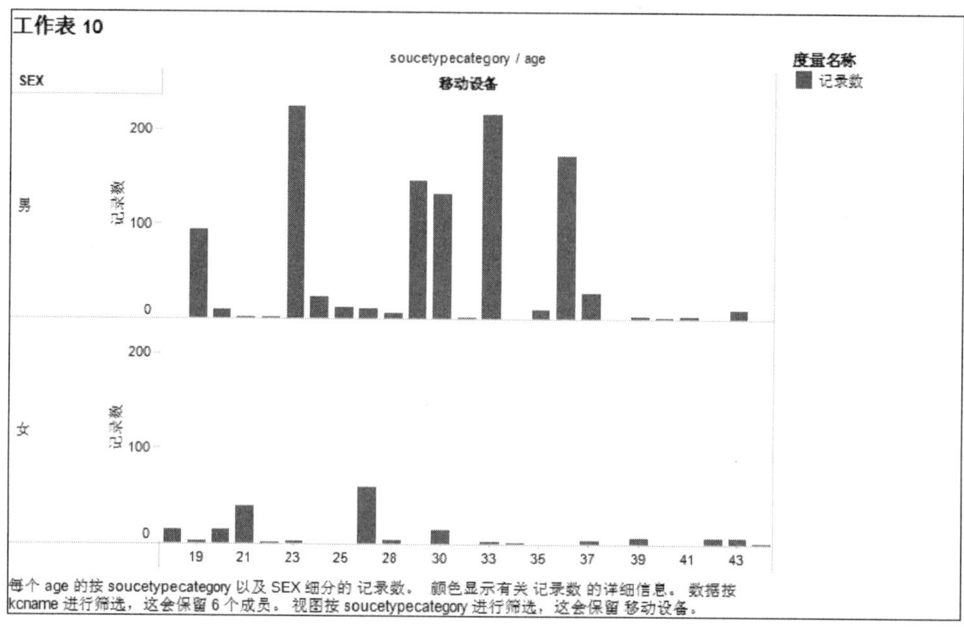

图 11　移动终端使用情况分析

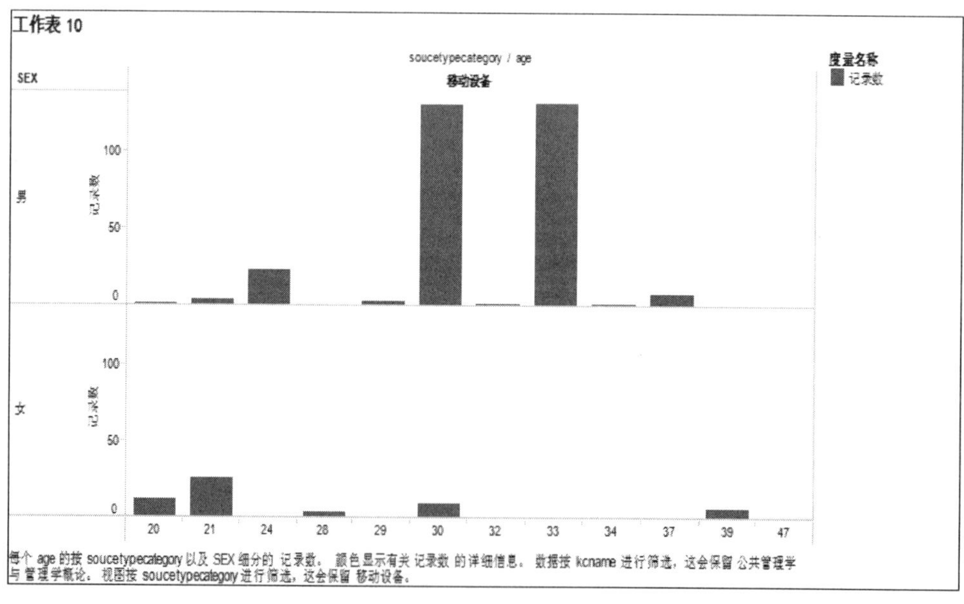

图 12(a)　分类课程学习者移动终端使用情况分析

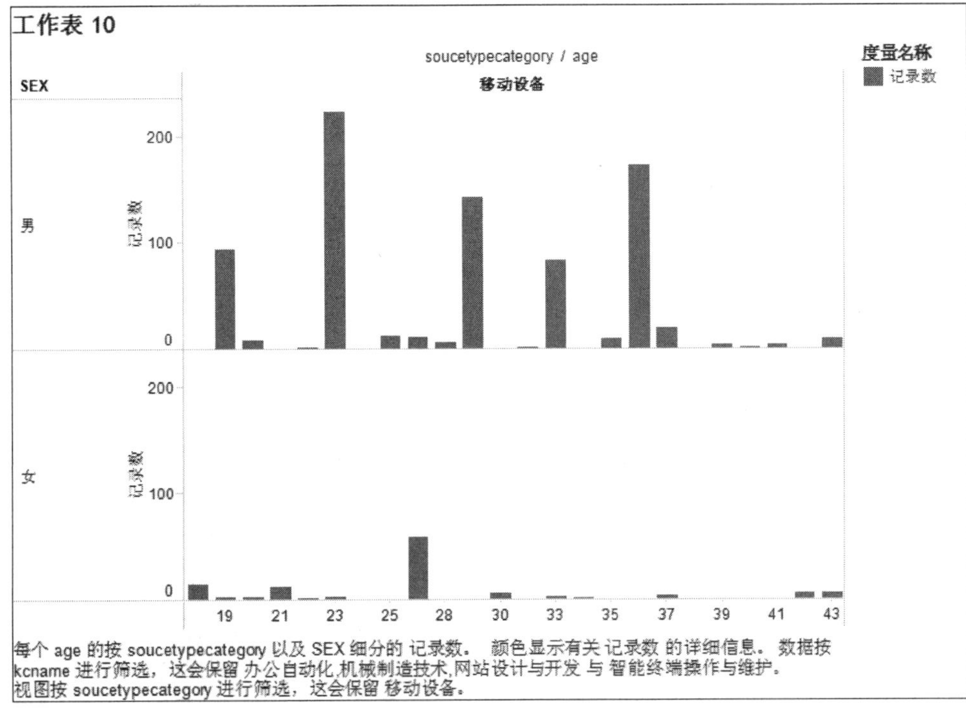

图 12(b)　分类课程学习者移动终端使用情况分析

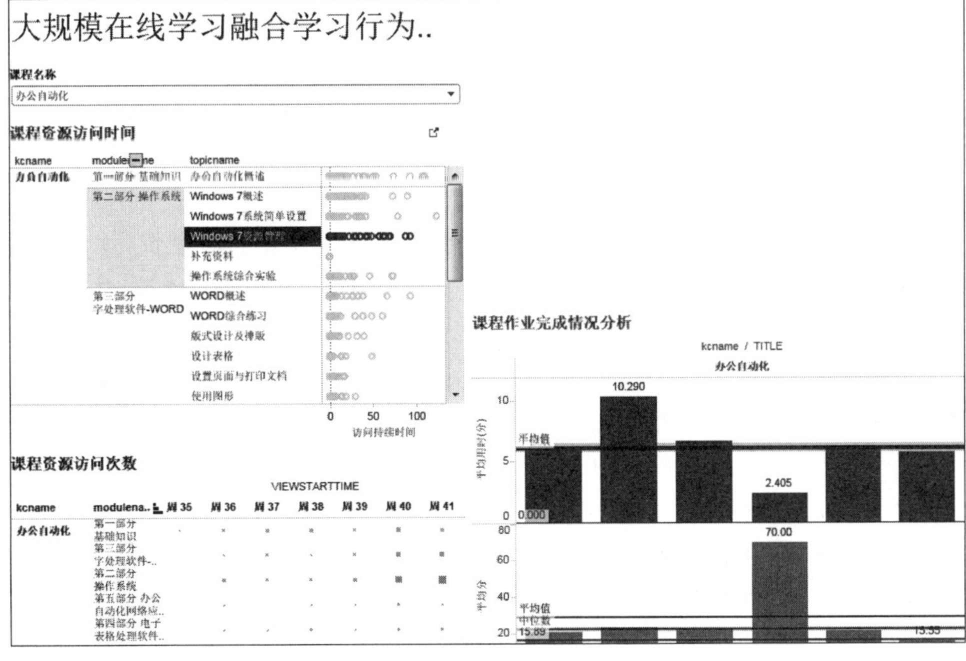

图 13　办公自动化课程多主题综合分析

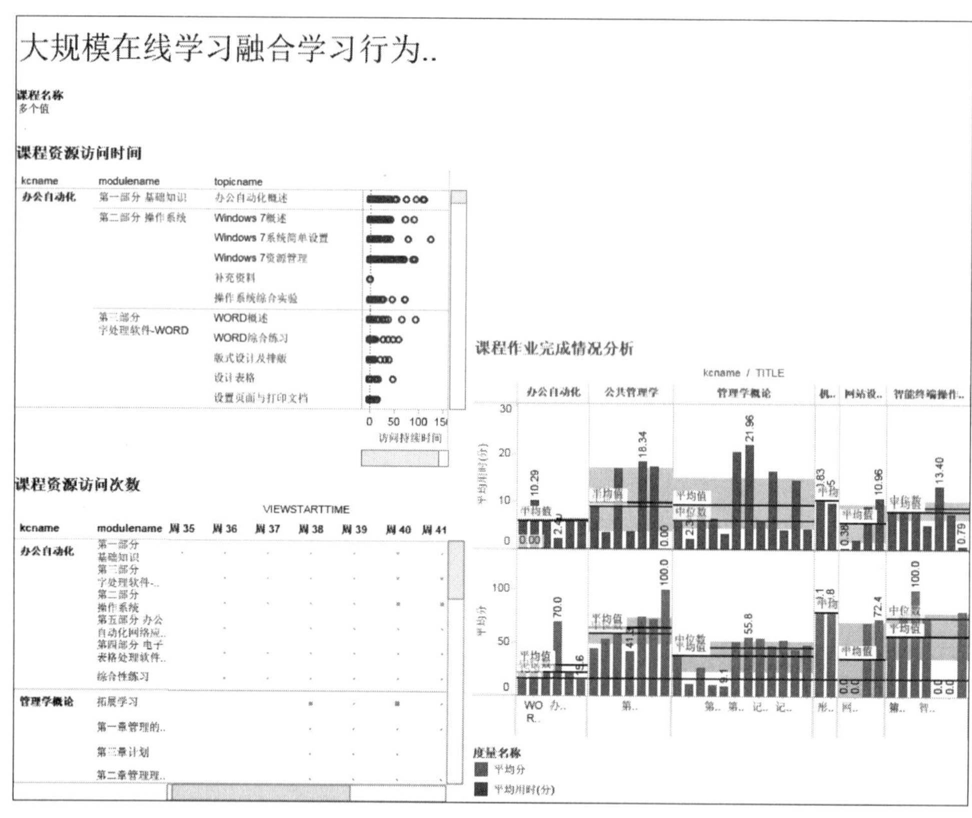

图 14 办公自动化课程多主题综合对比分析

图 15、图 16 显示了公共管理学课程的学习行为情况。对比办公自动化课程与公共管理课程，我们会发现，这两门课程的学习者来源有所差异，前者集中在上海及安徽地区，后者集中在上海地区。从学习访问时间分析，办公自动化学习者访问较为持续发生，公共管理学在后续章节访问人数减少，持续性较之办公自动化较少。上述问题的产生，与课程资源的建设形式和要求有关。办公自动化资源以视频讲解、演示类居多。年轻的学习者较为容易接受视频学习的形式，因此学习行为持续性较好。

从作业完成情况分析，公共管理学作业完成效率较高。这与两门课程的作业设置情况差异有关，办公自动化作业采用实践练习方式，并且可以做多次，采用课程实验系统完成。因此学习者多次训练后可以获得较好的成绩。相比较而言，公共管理学课程作业以理论习题为主，学习者需要回忆知识，训练的形式较为单一。

3. 基于模型的案例小结与建议

移动学习是大规模在线学习教学模式探索的重要组成部分。当前，全球互联网大变革、大发展、大融合日益加深，世界范围内教育信息化飞速发展，手机等移动设备应用于教学的项目、研究等屡见不鲜，移动学习推动教育变革的机遇不容错失。与此同

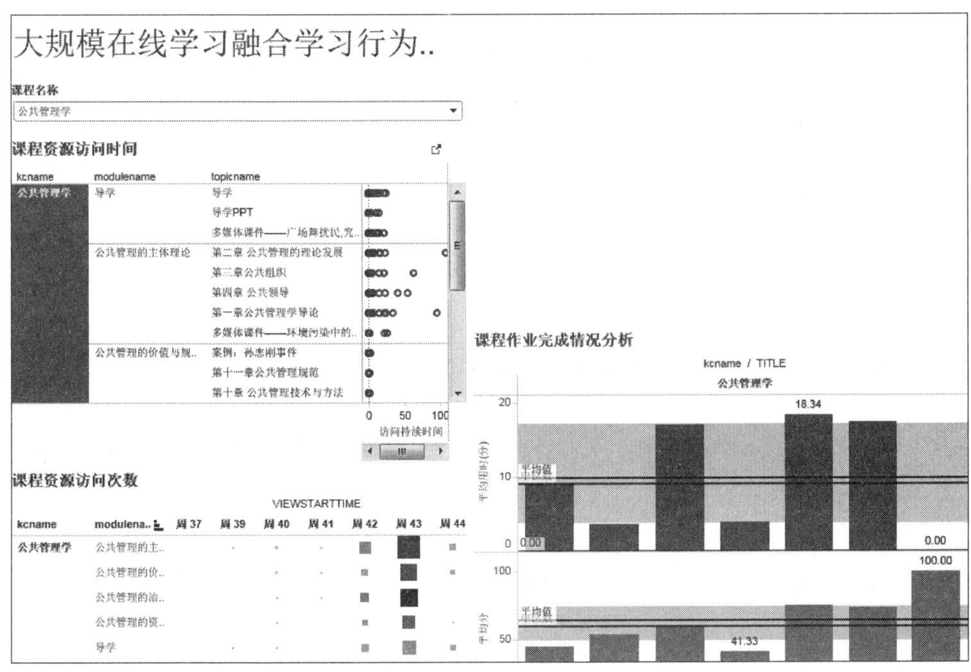

图 15　公共管理学课程多主题综合分析

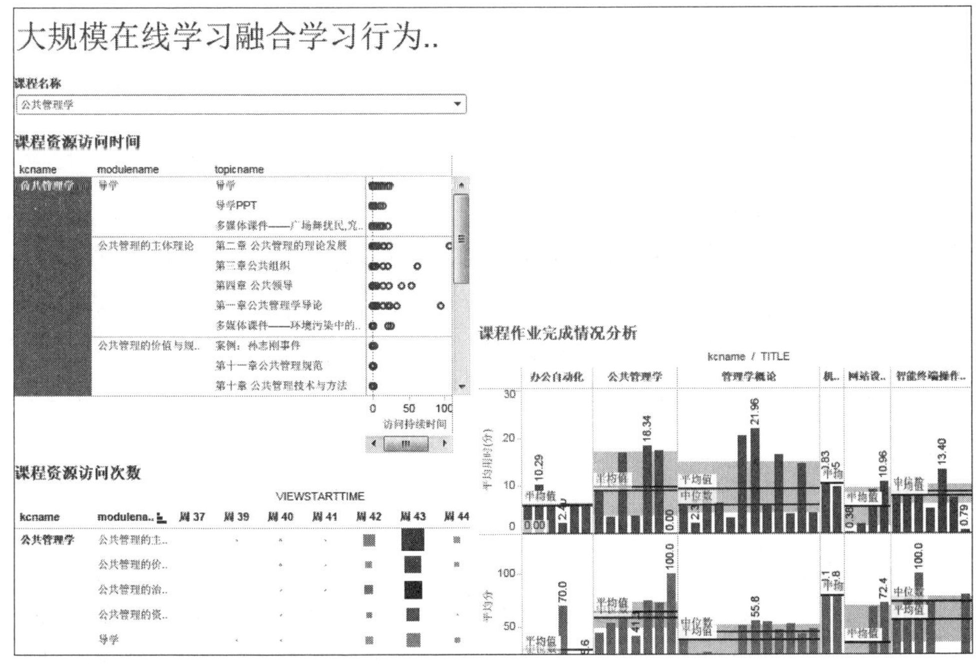

图 16　公共管理学课程多主题综合分析

时，教师和学生之间的关系也在发生变化，教师不再是知识的拥有者、问题的答疑者、教学的主宰者，而是与学生一样共同面对着信息化的大浪潮，在这样的情况下，经验丰富、学识深厚的教师也会面临如何应用移动技术有效开展教学、如何处理师生关系等难题。因此，对教师提供移动教学培训、移动教学资源的制作培训是十分有必要的。通过调查我们也发现，大部分研究者、教学者已经充分认识到移动学习的重要性，同时感受到新兴信息技术对未来教育的改变。

从资源建设的角度分析，在任何一种学习模式中，学习资源质量的好坏将直接影响学习的效率和效果，尤其是移动学习这样一种新型的学习方式，在学习的时间、地点和学习者等方面都有着灵活多变的特性，对资源的内容和形式都有着新的要求，因此资源设计和开发的重要性不言而喻。

另一方面，应加快移动学习资源的评价标准制定。目前，移动学习领域中资源类型、终端设备、开发平台和应用模式纷繁复杂，移动学习资源的标准化建设迫在眉睫。标准的缺乏对于资源的优化、开发进程和移动学习的发展无疑是一个严重的阻碍。若能尽快确立相关的标准，那么资源的优化和开发将有据可依，资源的应用也将形成一定的秩序，使移动学习能够可持续发展。

对于案例课程教学的改进，以“办公自动化”课程为例，通过一个学年的实践，按照本文设计的模型，通过对学习者背景及学习行为的可视化观察，对课程教学内容、过程、资源进行了同步调整。在课程建设伊始，成立了教学团队，由总校教师与分校骨干教师共同组成。完善了教学资源的内容建设，设计了课程教学大纲、考核目标以及第一版的课程教学资源。同时，利用集中教研活动，统一教学要求，研讨教学重难点，提高分校教师教学水平。

经过一个学期的教学实践，收集整理学习者学习行为数据之后，经过可视化行为分析，课程教学团队获得了学习者直观的学习效果情况，包括：① 学习者来源地区差异显著，教学中应关注来自教育欠发达地区学习者的信息化应用能力，解决学习障碍；② 部分学习者依然存有“唯期末考试”观念，对平时考核放松要求，不按期完成作业；③ 学习参与率有待提高，在线学习人数与注册人数有一定差距，需要引导学习者参与网上学习；④ 面授教师对课程实验的重视率不高，不能积极引导学习完成。

对照模型对于办公自动化课程在新学期的教学进行了改造，具体工作包括：① 对课程实验项目内容进行了再设计，使得实验内容更符合教学目标；② 对形考的项目次数进行了调整，避免了工学矛盾；③ 对课程资源内容进行了补充，特别是针对实验指导类资源视频等；④ 增设课程教学活动，设计活动主题，吸引学习者参与在线学习；⑤ 通过专项教研活动、公开课等形式，对分校师资进行了培训，提高分校的教学质量。

五、结论

大数据环境下探索大规模在线教育的新教学模式是现代教育面对的重要问题。本文以教学大数据应用为背景，以桌面终端及移动终端上发生的学习行为为着眼点，探索多终端融合学习行为的发生规律及状态。文献研究总结了现有学习行为研究的成果。本文提出了基于多终端的学习行为分析框架，基于该框架具体设计了多终端融合学习行为分析的模型。模型核心是通过可视化技术动态跟踪、展示多维的学习行为特点，为教学过程的实施、调整，教学资源的补充、更新提供依据。

本文先后收集了30万条学习记录数据，开展实证研究，研究结果显示：上海开放大学学习者对学习资源的时间有典型时序特点，集中在学期的后半程，学习参与度不均衡；对于学习参与度，男性学习者有更高的学习参与度；对于移动设备的应用，男性学习者有更多的尝试；对于移动设备的年龄分布，30岁至40岁的人群，多于20岁至30岁的人群等特点。通过实证研究，表明本文设计的模型及技术实现有较好的应用价值。

本文的研究也有不足之处，包括：限于现有教学平台的支持，移动学习数据的采集数据较少；模型中对学生的支持服务可以进一步构建个性化方案，如个性化推荐、语义服务等。在后续研究中，可以将学习资源、学习者知识掌握情况以知识图谱形式展示，帮助学习者了解课程内容体系以及自我评价。

参考文献

[1] NMC.2013 horizon report [EB/OL].(2013-07-14)[2017-02-09].http: //www.nmc.org/publications/2013-horizon report higher ed.

[2] 顾小清，张进良，蔡慧英.学习分析：正在浮现中的数据技术[J].远程教育杂志，2012(1)：18.

[3] 杨开城，李文光，胡学农.现代教学设计的理论体系初探[J].中国电化教育，2002(02)：12-18.

[4] 王佑镁.网络学习环境中学习反思行为的交互分析[J].远程教育杂志，2008(5)：55-58.

[5] 胡艺龄，顾小清，赵春.在线学习行为分析建模及挖掘[J].开放教育研究，2014，20(2)：102-110.

[6] Chatti M A, Dyckhoff A L, Schroeder U, et al. A reference model for learning analytics [J]. International Journal of Technology Enhanced Learning, 2012, 4(5-6): 318-331.

[7] Lo J J, Shu P C. Identification of learning styles online by observing learners' browsing behaviour through a neural network[J]. British Journal of Educational Technology, 2005, 36(1): 43-55.

[8] Chang, Y.-C., et al. A learning style classification mechanism for e-learning. Computers

& Education, 2009,53(2): 273 - 285.

[9] Chang Y C, Chu C P. Applying learning behavioral Petri nets to the analysis of learning behavior in web-based learning environments[J]. Information Sciences, 2010, 180(6): 995 - 1009.

[10] Chang Y C, Huang Y C, Chu C P. B 2 model: A browsing behavior model based on High-Level Petri Nets to generate behavioral patterns for e-learning[J]. Expert Systems with Applications, 2009, 36(10): 12423 - 12440.

[11] Dolog, P. and W. Nejdl. Challenges and benefits of the semantic web for user modelling [C]. in Proc. of AH2003 workshop at 12th World Wide Web Conference, Budapest, Hungary, 2003.